A. Crusius

Der Winterfeldzug in Holland, Brabant und Flandern

A. Crusius

Der Winterfeldzug in Holland, Brabant und Flandern

ISBN/EAN: 9783743302402

Hergestellt in Europa, USA, Kanada, Australien, Japan

Cover: Foto ©ninafisch / pixelio.de

Manufactured and distributed by brebook publishing software
(www.brebook.com)

A. Crusius

Der Winterfeldzug in Holland, Brabant und Flandern

Der
Winterfeldzug

in

Holland, Brabant und Flandern,

eine Episode aus dem Befreiungskriege

1813 und 1814.

Nach den besten Quellen zusammengestellt und bearbeitet und mit 8 Karten
und Plänen versehen

von

A. Crusius,

Major in der Königl. Preußischen 8. Artillerie-Brigade.

———◆———

Luxemburg,
Verlag von V. Bück.

——

1865.

Luxemburg. — Druck von P. Bück.

Vorwort.

———

Der Verfaſſer des nachſtehenden Werkes hatte an ſich und bei manchem im Übrigen in der Kriegsgeſchichte ſehr wohl bewanderten Kameraden die Erfahrung gemacht, wie leicht es ſei, über die großen Schlachtenzüge der glorreichen Jahre 1813—15 ſelbſt diejenigen Epiſoden zu vergeſſen oder wenigſtens doch ſtiefmütterlich zu behandeln, welche, wie die des Winterfeldzuges in Holland, Brabant und Flandern, immerhin nicht nur von erheblichem Einfluſſe auf den gewaltigen Gang der Ereigniſſe geweſen ſind, ſondern auch des Lehrreichen und Intereſſanten ſo Vieles bieten.

An das ernſtliche Studium dieſer Epiſode herantretend, zeigte es ſich indeß, daß eine zuſammenhängende Darſtellung derſelben nicht vorliege, und daß, um eine ſolche zu Stande zu bringen, ein beharrliches Herniederſteigen in eine namhafte Menge von Quellen erforderlich ſei.

Der Verfaſſer hat das Letztere, ſoweit ihm die Mittel an Privatmittheilungen, Werken und Karten irgend zu Gebote ſtanden, nicht geſcheuet; und obgleich er ſehr wohl überzeugt iſt, daß hier und da noch Lücken auszufüllen und Verbeſſerungen und Berichtigungen nachzuholen ſein mögen: ſo bietet er doch, dem Wunſche mehrerer Gönner und Freunde folgend, ſeinen jüngeren Herren

Kameraden diese Arbeit zur Erleichterung ihres desfallsigen Studiums mit dem Wunsche, gütige Nachsicht nicht ausschließen zu wollen. —

Aber auch so manchem Veteranen, der unter seinem gefeierten Helden Bülow den kühnen Zug desselben durch Holland mitgemacht, der unter dem ritterlichen Herzoge Carl August von Weimar die unausgesetzte Thätigkeit und Rührigkeit desselben in Brabant und Flandern getheilt, dürfte die zusammenhängende Erinnerung an jene lebensfrische glänzende Zeit nicht unerwünscht sein. Auch ihnen und ihren Freunden reicht seine schlichte Darstellung jenes Feldzuges

der **Verfasser.**

Die Quellen,

welche bei nachstehendem Werke benutzt sind.

1. Notizen und Tagebücher von Officieren, welche der hier dargestellten Campagne beiwohnten, besonders:
   a) Des Lieutenants Baron v. Eberstein vom 5. Reserve-Infanterie-Regiment, Ritter des eisernen Kreuzes. Starb 1864 als Generalmajor und Kommandant von Jülich.
   b) Des Lieutenants Stumpff vom 8. Ostpreußischen Landwehr-Infanterie-Regiment, Ritter des eisernen Kreuzes. Starb 1858 als Rector in Colberg.
   c) Viele kleinere briefliche und mündliche Mittheilungen.
2. Carl v. Plotho: Der Krieg in Deutschland und Frankreich in den Jahren 1813 und 14. Berlin 1817.
3. Geschichte der Kriege in Europa seit dem Jahre 1792, als Folge der Staatsveränderung in Frankreich unter König Ludwig XVI., Berlin 1841; 10., 11., 12., 13. Theil.
4. v. Grolmann und v. Damitz: Geschichte des Feldzuges 1814 in dem östlichen und nördlichen Frankreich bis zur Einnahme von Paris als Beitrag zur neueren Kriegsgeschichte. Berlin 1842.
5. Freiherr v. Valentini: Die Lehre vom Kriege, 2. Theil. Berlin, Bocke 1833.
6. L. F. Bucher, Kgl. Sächsischer Obristlieutenant: Der Feldzug des III. deutschen Armee-Corps in Flandern im Befreiungskriege 1814. Mit Benutzung der amtlichen Quellen des Kriegsarchivs bearbeitet. (Sehr werthvoll für die behandelte Periode dieses Feldzuges.)
7. Der Feldzug des Corps des Generals Grafen Ludwig von Wallmoden-Gimborn an der Nieder-Elbe und in Belgien in den Jahren 1813 und 14. Altenburg, Pierer 1848.
8. Militair-Wochenblatt, Jahrgang 1838 und a. m. a. O.
9. Zeitschrift für Kunst und Wissenschaft des Krieges. Jahrg. 1836.
10. Österreichische Militair-Zeitschrift. Jahrg. 1827.
11. H. J. Sporschill: Die Geschichte der Deutschen. Regensburg bei Manz. 1852. 4. Band.
12. L. E. Baron de Bignon: Geschichte des Kaiserreichs.
13. R. G. von Kampen: Verkorte Geschiedenis der Nederlanden. Tweede Deel. Te Haarlem, bij de erven Fr. Bohn. 1827.
14. Heeren und Ukert: Geschichte der europäischen Staaten. Hamburg 1833 bei Fr. Perthes.
15. Major A. Strähle: Lexikon der Schlachten, Treffen pp. Neuwied, v. d. Beek, 1853.

16. H. C. W. von der Lühe: Militair-Conversations-Lexikon. Adorf, 1857.
17. v. Malinowski I und v. Bonin: Geschichte der Brandenburgisch-Preußischen Artillerie. Berlin, Humbert 1842.
18. Kurd Wolfgang v. Schöning: Historisch-biographische Nachrichten zur Geschichte der Brandenburgisch-Preußischen Artillerie. 3. Theil. Berlin 1845 bei L. S. Mittler.
19. Vogel: Geschichte mehrerer preußischer Batterien: die 6pfündige Fuß-Batterie Nr. 6; die 6pfündige (schwere) Fuß-Batterie Nr. 10.
20. C. Lange II: Geschichte der preußischen Landwehr. Berlin, Wolff, 1857.
21. Oberst F. S. Seydel: Nachrichten über vaterländische Festungskriege. Leipzig, Darrmann, 1824.
22. Oberst W. Mente: Von der Piele auf. Erinnerungen an eine 49jährige Dienstzeit in der Kgl. Preußischen Artillerie. Berlin, Duncker, 1861.
23. General Graf Bülow von Dennewitz in den Feldzügen von 1813 und 14. Von einem Preußischen Officier. Leipzig, Brockhaus, 1843.
24. K. A. Barnhagen von Ense: Leben des Generals Grafen Bülow von Dennewitz. Berlin, Reimer, 1853.
25. Generallieutenant v. Puttkamer: Zur Erinnerung an den am 14. October 1855 aus dem Leben abgerufenen Generallieutenant a. D. Ludwig v. Jenichen. Berlin, Mittler, 1855.
26. Aus dem Tagebuche des Rittmeisters v. Colomb. Streifzüge 1818 und 1814. Berlin, Mittler, 1854.
27. Major v. Bajensky: Geschichte des Colbergischen Infanterie-Regiments. Colberg, Post, 1842.
28. Major A. v. Mack: Geschichte des 2. Infanterie- genannt Königs-Regiments. Berlin, Mittler, 1843.
29. v. Fransecky: Geschichte des 16. Infanterie-Regiments.
30. Hauptmann v. Stawitzky: Geschichte des 25. Infanterie-Regiments incl. des Lützow'schen Freicorps. Coblenz, Bädeler, 1857.
31. H. Ravenstein: Geschichte des Kgl. Preußischen 2. Küralsier-Regiments „Königin". Minden, 1862.
32. R. W. v. Schöning: Geschichte des Kgl. Preußischen Fünften Husaren-Regiments. Berlin, 1843.
33. F. P. v. Probst: Geschichte des Kgl. Preußischen 2. Dragoner-Regiments. Schwedt, 1829.
34. Fr. Harkort: Die Zeiten des 1. Westphälischen (16.) Landwehr-Regiments. Essen bei Bädeler, 1845.
35. Barthold v. Quistorp: Die Kaiserlich russisch-deutsche Legion. Ein Beitrag zur Preußischen Armee-Geschichte. Berlin bei Heymann 1860 (Sehr werthvoll und eingehend.)
36. G. v. Ziegler: Das Kgl. Preußische 17. Infanterie-Regiment. Köln, Greven, 1853.
37. F. P. Tissot: Mémoires historiques et militaires sur Carnot, rédigés d'après ses manuscrits, sa correspondance inédite et ses écrits.

Inhalt.

XI

1. Geschichtliche Einleitung.

Bereits über ein Jahrhundert lang war Holland der Kampfplatz seiner constitutionellen Republicaner und seiner Absolutisten gewesen. England und Preußen hatten das Haus Nassau-Oranien mit Geld und Waffengewalt unterstützt; Frankreich dagegen die sogenannten Patrioten nur mit Verheißungen und unerfüllten Tractaten hingehalten.

Bei dem Ausbruche der französischen Revolution belebte sich die Hoffnung der letzteren; sie fingen an, ungestört ihr Haupt zu erheben. Der Erbstatthalter Wilhelm V trat für Ludwig XVI in die Schranken, und am 1. Februar 1793 erklärte der National-Convent ihm und England den Krieg.

Dumouriez's Waffenglück bei Jemappes, Breda und Gertruidenberg wurde durch die Erfolge der Kaiserlichen bei Albenhoven und Eschweiler paralysirt, und die Schlacht bei Neerwinden, der Verrath des französischen Generals, die Landung eines englischen Heeres und der Anmarsch der Preußen (unter Knobelsdorf) ließen Wilhelm V vollends auf einen günstigen Ausgang des Krieges hoffen.

Da aber vereitelten Pichegru und Jourdan alle weiteren Pläne der Coalition durch ihre glücklichen Operationen. Herzogenbusch, Grave, Venloo und Nymwegen fielen, die Waal wurde überschritten. In Leyden pflanzten die Patrioten den ersten Freiheitsbaum auf; Utrecht und Amsterdam ergaben sich; die oranischen Behörden wurden ab- und die Patrioten zu solchen eingesetzt; die Holländer Paullus und Schimmelpennink riefen die Volkssouverainetät aus.

Der Erbstatthalter legte im Januar 1795 für sich und seine Söhne seine bisherigen Ämter nieder und schiffte sich zu Scheveningen nach Yarmouth ein. Die Engländer zogen sich auf ihre Flotte zurück.

1

Am 1. März 1796 eröffnete der Präsident Paulus die Natio=
nalversammlung der batavischen Republik. Ihre Land= und Sce=
macht wurde zu Frankreichs Verfügung gestellt. Ein Jahr darauf
entstand eine Directorial=Regierung nach dem Muster der franzö=
fischen. Die bereits ausgebrochene Unzufriedenheit des Volkes
ward in verschiedenen Theilen des Landes noch vergrößert, als
General Dändels mit Joubert's Hülfe das Directorium stürzte.
Da nur wenige holländische und französische Truppen auf dem
Gebiete der batavischen Republik waren, so landeten 1799 vom
17. August an 24,000 Engländer unter Abercrombie und dem
Herzog von York nebst 10,000 Russen unter General Herman,
denen Brune und Dändels gegenüberstanden. Mit abwechselndem
Glücke ward bis zum Anfange des Herbstes gestritten. Der Tag
bei Alkmaer entschied für das Bestehen der batavischen Republik,
verknüpfte sie indeß immer dauernder mit der französischen, — bis
der Kaiser Napoleon am 24. Mai 1806 seinen jüngern Bruder
Louis zur Annahme der Königskrone von Holland zwang.

Während dieser König in rechtlicher Auffassung seines Verhält=
nisses sich wirklich für sein junges Königreich interessirte, ließ ihn
Napoleon oft fühlen, daß er in ihm nur einen Vasallen zu sehen
geneigt sei. So tauschte er im Januar 1808 Vliessingen gegen
Ostfriesland und Jever von ihm ein; vor Allem aber war es die
Continentalsperre gegen England, welche zu öfteren Zerwürfnissen
des Königs von Holland mit Napoleon führte, da die stricte Aus=
führung derselben Holland an den Abgrund des Verderbens führen
mußte. Napoleon andererseits konnte sein einmal in's Werk ge=
setztes System hier nicht durchlöchern lassen. Noch einmal wurden
im Vertrage vom 16. März 1810 dem Könige von Holland neue
harte Bedingungen gesetzt. Als dieser aber einsah, daß er den
stets wachsenden Anforderungen Napoleon's nicht weiter genügen
konnte, legte er am 1. Juli 1810 seine Krone nieder, trat in's
Privatleben zurück, und Holland wurde am 9. August desselben
Jahres mit Frankreich vereinigt. Zu gleicher Zeit und in der
Absicht, England noch sicherer vom Festlande abzuschließen, nahm

Napoleon auch einen Theil Westphalens, Oldenburg, Hamburg und Bremen in Besitz.

Es kann nicht abgeläugnet werden, daß nach der Einverleibung Holland's sich Napoleon rastlos mit Lage und Bedürfnissen dieses Landes beschäftigte. Bignon sagt in seiner Geschichte des Kaiser= reichs: „Im Ganzen war Holland zur Zeit der Abdankung Louis in so großer Verwirrung, daß es für dies Land ein Glück war, daß es mit Frankreich vereinigt wurde. Der Kaiser schätzte die holländische Nation. Er glaubte vor Allem sich ihr Vertrauen erwerben zu müssen."

Nach französischen Ansichten mag dies wahr sein, aber die Holländer seufzten mehr als je unter dem Joche des Eroberers. Dieser hatte allerdings als seinen Generalstatthalter einen Mann hingeschickt, der geeignet war, seinem Herrn sowohl wie dem Lande den möglichsten Vortheil zu bringen, wenn sich Beides nur hätte vereinigen lassen. Es war dies der Erzschatzmeister des Reiches, Lebrun, Herzog von Piacenza, ehrwürdig durch sein Alter, und ebenso durch seinen Geist, wie durch sein artiges Benehmen ausgezeichnet.

Die Regulirung der traurigen Finanzverhältnisse legte dem Lande neue Bedrückungen auf, umsomehr, als Napoleon's Haupt= Hintergedanke, durch die holländische Flotte die französische bedeu= tend zu verstärken, damit im Zusammenhange stand. Er wollte die holländische Kriegs=Marine nicht nur erhalten, sondern sie erweitern und entwickeln. Er stellte ein Jahr Frist, bis wohin Holland 19 Kriegsschiffe disponibel haben sollte, sieben davon im Hafen von Helvoetsluis und zwölf in Texel.

An der stricten Durchführung der Continentalsperre gegen Eng= land hielt er unerbittlich fest, alle Gegenvorstellungen Lebrun's nachsichtslos über den Haufen werfend.

So sah denn das vormals so reiche und blühende Land bis zum Jahre 1813 seinen Handel und seine Schifffahrt, die Quellen sei= nes unermeßlichen Reichthums, vernichtet, seine wohlgepflegten Colonien in den Besitz Englands übergegangen, seine Nationalität verwischt. Unerschwingliche Abgaben lasteten auf dem Volke, das in unaufhörlichen Kriegen für fremde Zwecke blutete.

Als aber besonders nach dem russischen Feldzuge alle waffen= fähigen Holländer von 18 bis 60 Jahren zum Eintritt in die Na= tionalgarde, die nur zur Rekrutirung für das Heer bestimmt schien, gezwungen wurden; und als sich Napoleon, um sich des hollän= dischen Adels zu versichern, sogar eine Ehrenwache für seine Per= son aus den Söhnen desselben bildete, und sein Präfect be Celles und dessen würdiger Secretär du Bois mit der zwecklosesten Grau= samkeit dabei zu Werke gingen: da regte es sich aller Orten, und mit Spannung erwartete man die günstige Gelegenheit zur Empörung.

Da erhob sich Preußen gegen Napoleon. Die allgemeine Auflehnung gegen den unwürdigen Zustand der Bedrückung und Demüthigung fand im Freiheitssinn der Niederländer den allsei= tigsten Anklang. Der Fluch der Zerrissenheit der Partheien war zwar anfangs nicht ganz zu bannen, die alten Patrioten und die oranisch Gesinnten suchten noch immer auseinandergehende Zwecke zu förbern: dennoch überwog der Haß gegen den Bedrücker endlich alle Nebenrücksichten, und es vermochte sich ein Bild erhebender Thätigkeit für die gute Sache zu entfalten, dessen Lichtseiten deren wenigen Schatten vollständig überstrahlten.

Aus der Parthei der oranisch Gesinnten gingen zunächst die Männer hervor, die sich entschlossen, bei der ersten Gelegenheit entscheidende Schritte zur Wiederherstellung der Freiheit und Zu= rückrufung des Prinzen von Oranien zu wagen.

Der Prinz von Oranien lebte bei seinen wackeren Landsleuten noch im treuen Andenken fort; mit der innigsten Theilnahme waren sie seinem harten Geschicke gefolgt und hatten ihn beklagt, als er fast aller seiner Erbbesitzungen beraubt ward. Für den Verlust in den Niederlanden hatte er bei den Unterhandlungen über den Schadenersatz im Jahre 1802 die Lande Fulda, Wein= garten und Corvay erhalten, doch diese, nebst seinen nassauischen Erblanden, in Preußens unglücklichen Tagen von 1806 wieder verloren. Zu Erfurt fiel er sogar in die Hände der Franzosen. Wieder in Freiheit, diente er nach dem Tilsiter Frieden als Freiwilliger im österreichischen Heere bis zur Schlacht bei Wagram. Diese, welche das Festland Europa's für immer dem Joche des Eroberers zu unterwerfen schien, benahm auch dem Prinzen, dessen Vater mittlerweile im Jahre 1806 zu Braunschweig gestorben war, alle Hoffnung, seine Güter und Rechte wieder zu erlangen. Er verließ Deutschland und befand sich 1813 in England, was man jedoch in Holland nicht sicher wußte.

Unter seinen in allen Revolutionen unerschütterlichen Anhängern war Gysbert Karl van Hogendorp, aus einem berühmten Adelsgeschlechte, ein Enkel von Onno Zwier van Haren, einer der vorzüglichsten. Er hatte unter keiner der oft wechselnden Regierungen ein Amt angenommen und beschäftigte sich in glücklicher Vorahnung besserer Tage, mitten im Siegeslauf Napoleon's, mit einem Constitutions-Entwurfe für die Niederlande.

Zu dieses Mannes wirksamsten Freunden gehörten die Herren van der Duin van Maasdam, van Limburg-Styrum, Repelaar, de Jonge und Changuion, Männer seiner Denkweise und Vaterlandsliebe.

Um sich nicht zu vorzeitig zu verrathen und dadurch der guten Sache Schaden zu thun, nahmen sie keinen Theil an den verschiedenen im Frühjahr 1813 bereits aufflackernden Verschwörungen und Aufständen. Erst als die Schlacht bei Leipzig eine sicherere Garantie für die Niederlage der französischen Zwingherrschaft bot, gingen sie kräftiger vor, wählten sich, ohne jede schriftliche Verbindung, jeder vier andere Personen, und diese sich wieder jeder vier Vertraute. Außer den Häuptern wußte Keiner vom Andern: eine gewiß sehr zweckmäßige Maßregel gegen den Verrath in Mitten der hundert Augen napoleonischer Polizei.

Schon zeigten sich die ersten russischen Truppen in den Provinzen Grönland und Friesland, und vor ihnen flohen die Schaaren französischer Beamten und Zollbedienten über die Zuidersee nach Holland. Diese andauernden Fluchtscenen in Verbindung mit ver-

frühten und übertriebenen Gerüchten von Napoleon's Sturz be=
wirkten den Ausbruch der Revolution zu Amsterdam am 15. No=
vember 1813. Der Pöbel, der bei derlei Gelegenheiten etwas
Sicht= und Greifbares haben will, verbrannte die Zollhäuser und
trieb den Generalstatthalter Lebrun und den Präfecten be Celles
in die Flucht.

Die Häupter des Aufstandes, selbst überrascht durch das vor=
zeitige Losbrechen des Volkes, machten sich mit anerkennenswerther
Klugheit zu Herren desselben, versammelten, unter dem Vorwande
die Ruhe zu bewahren, die Häupter der Nationalgarde, und stellten
auf Anrathen des Kapitäns Falck, eines edlen Vaterlandsfreundes,
die volksthümliche Schuttery (bewaffnete Bürgerschaft) wieder her,
indem die Sache dieselbe blieb, aber der verhaßte Name Natio=
nalgarde abgeschafft wurde.

Da Amsterdam und Utrecht indeß von den französischen Macht=
habern aus den nahen Festungen allzuleicht im Zaum gehalten
werden konnten, so wurde Haag zu entscheidenberen Schritten aus=
ersehen.

Am 17. November erschienen die Söhne Hogendorps und Graf
Limburg=Styrum daselbst zuerst mit der Oranien=Cocarde auf den
Hüten, und unter dem Jubel des Volks wurde der Prinz von
Oranien die Parole der Freiheitsfreunde. Der französische Gou=
verneur Stassart entwich nach Gorkum; Graf Leopold von Lim=
burg=Styrum übernahm das Militär=Commando und das Gou=
vernement im Haag, entledigte sich der 500 Mann starken Be=
satzung (meist Ausländer) auf gütlichem Wege, und constituirte
sich — da der Versuch, eine Versammlung der Generalstaaten zu
bilden, vergeblich blieb — daselbst mit seinem Freunde, dem Frei=
herrn van der Duin van Maasdam, am 21. November zur „all=
gemeinen Regierung der vereinigten Staaten im Namen des
Prinzen von Oranien." Die Städte Leyden, Rotterdam, Dor=
brecht nebst der Flotille unter dem Viceabmiral Kickert erklärten
sich voller Begeisterung für den Haag, und so durfte man dreist
annehmen, daß es der allgemeine Wunsch der Nation sei, den

Erbstatthalter in die Mitte seines Volkes zurückzuführen. Die
Herren Fagel und be Perponcher gingen nach England, ihn dort
zu suchen, während der Kapitän Wauthier den gleichen Auftrag
für Deutschland hatte und sich zunächst nach Frankfurt am Main
wandte.

Die Unternehmung mußte als eine höchst gewagte erscheinen:
das Land war unbewaffnet, Gewehre und Munition gab es fast
nur in den von den Franzosen besetzten Festungen, — allein die
Vaterlandsfreunde schoben die ängstlichen Berechnungen ihrer
Kräfte von der Hand, und gingen mit der Volksbewaffnung vor.
Um den Feind zu schrecken und die Schwachen anzufeuern, gab
man den wenigen Fähnlein, die sich aus Bürgern vom Haag und
von Leyden gebildet und mit zwei alten Feldstücken versehen hatten,
den Namen eines Heeres; General de Jonge führte es nach
Woerden, der alten Grenzfestung der Provinz Holland, die damals
nicht besetzt war. Ein anderes solches „Heer" führte be Smeers
nach Rotterdam, be Landas nach Dordrecht. Letztere Expeditionen
gelangen.

Der französische Divisions-General, General-Lieutenant Graf
Molitor, hatte mittlerweile seine Truppen aus Amsterdam, dem
Haag und aus verschiedenen bedrohten Seeplätzen zurückgezogen,
sammelte sie bei Utrecht, organisirte sie und sandte Beobachtungsposten an die Yssel vor.

Er durfte die Erhebungen in seinem Rücken nicht ruhig mit
ansehen. Er sandte eine Truppenabtheilung aus Gorkum, um
Dordrecht zu beschießen. Die Stadt ward aufgefordert sich zu ergeben. Das Bombardement begann; doch ein holländisches Kano-
nenboot, das auf dem Flusse vor der Stadt lag, wehrte sich
tapfer und nach einigen glücklichen Schüssen mit dem letzten Rest
der geringfügigen Munition hatte es die Genugthuung, den
Feind abziehen zu sehen.

Nicht so glücklich fiel der mit allzu wenig Vorsicht unternom-
mene Marsch nach Woerden aus. Die Bürger empfingen zwar
unter lautem Jubel ihre bewaffneten Mitbürger; doch diese, des

Krieges ungewohnt und gar keinen Feind erwartend, versäumten
sich durch Posten zu decken, wurden von einer Truppenabtheilung
aus Utrecht überrascht, zum Theil niedergemetzelt und zogen auch
25 friedliche Einwohner des Städtchens mit in ihr Verderben.
Alles ward ausgeplündert, und die Beute nach Utrecht geschafft.

Diese Schreckenspost war vollständig dazu angethan, den jungen
Eifer zu lähmen. Hätten die Franzosen diesen Moment ausge=
beutet, die ganze Erhebung wäre vorläufig unterdrückt gewesen.
Aber sie begnügten sich mit der Besetzung Woerdens. Indeß er=
klärte sich Amsterdam offen für die gute Sache und öffnete den
Kosaken die Thore, ein um so kühneres Unternehmen, als Mo=
litor mit seiner Macht nur fünf deutsche Meilen davon entfernt
in Utrecht stand.

Die Gefahr für die reiche, aber an allem Kriegsvorrath arme
Hauptstadt wohl ermessend, betrieb der glühende Vaterlandsfreund
Professor der Rechte, Melchior Kemper, die Absendung des Ra=
pitains Wauthier in das Hauptquartier Bülows nach Münster,
sowie die des Herrn van der Hoeven zu den Russen, die unter
dem Fürsten Narischkin und dem General Benkendorf schon die
Provinz Ober=Yssel besetzten.

Wauthier legte dem im Anmarsch durch Westphalen begriffenen
preußischen Helden die Verhältnisse und die Nothwendigkeit eines
schnellen Vorrückens mit beredten Worten dar, während die rus=
sischen Befehlshaber dringend wegen einer Entsendung nach Am=
sterdam angegangen wurden. Das Erscheinen verbündeter Streit=
kräfte mußte allerdings die Zuversicht der großen Masse erwünscht
steigern und befestigen.

Das war der Stand der Dinge in Holland in der Mitte des
Monats November 1813.

II. Characteristik des Kriegstheaters und seiner Bewohner.

Die älteren Geographen sagen nicht ganz mit Unrecht, daß
ganz Holland ein urbar gemachter Morast sei, den man mit un=

zähligen Kanälen durchschnitten und mit kostbaren Dämmen gegen Ueberschwemmungen verwahrt habe. Das Land ist dem Meere und den zahlreichen Flußmündungen abgerungen und muß sich, großentheils niedriger als diese Wassermassen liegend, durch starke Dämme fortdauernd gegen dieselben vertheidigen.

Das Land ist ganz ohne Gebirge; doch bemerken wir, im Gelder= und Utrechter=Lande eine Kette von Bergen. Es ist dies ein rauher Strich erhöheten Haidelandes, mit Strauchwerk und Stubbenholz bedeckt, von mehreren steilen Gründen durchbrochen, welches Rhein und Yssel begleitend, erst bei Elburg und Naarden an der Zuider=See endet.

Weniger in die Augen fallend, zieht sich auch auf dem linken Maas=Ufer und längs der Nordbraband'schen und Flandern'schen Küsten bei Breda und Antwerpen höher liegendes Haideland mit Bruchland und Torfmooren vermischt und von Sumpfstrecken — besonders De Peel — durchzogen, hin, wodurch der ganze Landstrich einen sterilen Character erhält.

Diese Ausnahmen abgerechnet, ist in den vereinigten Provinzen Hollands der reiche Anbau, die Benutzung des Bodens und der aus der Cultur und dem Handel hervorgehende Wohlstand des Landes allgemein bemerkbar.

In den Ebenen scheiden Baumreihen die Ackerfelder, und hohe lebendige Hecken durchziehen dieselben nach allen Richtungen.

In militärischer Beziehung bilden die großen Flüsse und die Kanäle schon an und für sich bedeutende Terrainabschnitte, welche dadurch noch erheblicher werden, daß durch ein wohlorganisirtes Schleusensystem das umliegende Acker= und Wiesenland durch Ueberschwemmungen ungangbar gemacht und die ganze Communication nur auf die Dämme beschränkt werden kann. Dörfer und Ortschaften liegen deßhalb meistens entweder auf künstlichen Erhöhungen, oder auf beiden Dammseiten hingestreckt, oder tiefer liegend, sind sie von Dämmen rundum eingeschlossen.

Die Ausmündungen des Rheins, des Lek, der Waal, der Maaß und der Schelde in die Nordsee bilden mit ihren vielen kleinen und größeren Inseln, wohin auch die Bethuve, das Thieler und Bommeler Waard zu rechnen, einen südlichen Abschnitt gegen Flandern und Brabant, während gegen Norden die Zuider=See den Hauptstrich Hollands zu becken vermag.

Solchergestalt schon einer natürlichen Festung gleichend, hat indeß auch die Kunst nicht verabsäumt, die Dämme, Brücken und Pässe durch feste Plätze, Forts und Schanzen zu sperren. Diese, aus dem spanischen Kriege meist noch alle mit Erdwällen umge=ben, sind nur auf wenigen Punkten zugänglich und angreifbar und gewähren, selbst in verfallenem Zustande ihrer Brustwehren, den Vertheidigern noch namhafte Vortheile, indem der Angreifer stets gezwungen ist, sich auf Defileen zu bewegen und sich einem umfassenden Feuer auszusetzen. Deßhalb konnten Veteranen, Re=kruten und Reconvalescenten, die für den offnen Feldkrieg un=tauglich waren, hier noch sehr wohl verwendet werden, und genügten, frische Kräfte des Gegners zu absorbiren.

Eine zahlreiche Cavallerie ist hier, gleich Belagerungs= und Brücken=Material, mehr eine Last, als wirklicher Vortheil; dagegen bieten die zahllosen kleinen und größeren Wasser=Fahrzeuge der Bewohner von Städten und Dörfern stets für Freund und Feind bereite Transportmittel.

Zwei Reihen Festungen schirmen und becken diesen kleinen, aber schönen und reichen Winkel Erde, vornehmlich gegen Deutschland hin: die erste Reihe besteht aus:

Grave, an der Maas, mit 2000 Einwohnern;

Nymwegen, an der Waal, mit circa 15,000 Einwohnern;

Arnheim, am Rhein, mit circa 10,000 Einwohnern;

Doesburg, am Zusammenfluß der alten und neuen Yssel, be=deutend kleiner;

Zütphen, am Einfluß der Berkel in die neue Yssel;

Deventer, am Einfluß der Schipbeck in dieselbe, mit circa 10,000 Einw.;

Zwolle, am Flüßchen Aa und zwischen der Vechte und neuen Yssel, mit circa 12,000 Einw.;

Hasselt, ein kleiner Platz an der Vechte;

Koeverden, unweit der Vechte, vor der ersten Linie als Vor=
posten vorspringend, regelmäßig und gut befestigt, mit einer
von Sümpfen umgebenen Citadelle.

Die zweite Reihe aus:

Gertuidenberg, am Biesbosch, südwärts von Utrecht, mit circa
1500 Einw.;

Heusden, unweit der Maas, mit circa 1600 Einw.;

Gorkum, an der Meerwede, circa 30,000 Einw.;

Utrecht, am alten Rhein (ouden Rhyn), der die Stadt als
Graben umfließt und in 2 Armen durch die Stadt geht:

Vianen, am Lek, circa 1900 Einw.;

Nieuwersluis, wo sich Vecht und Amstel trennen, südlich von
Muiden;

Weesep, an der Vecht, 1000 Einw.;

Muiden an der Vecht und am Zuider=See, vorwärts Amster=
dam, 1000 Einw.;

Naarden und Harberwyk am Zuider=See, als Zwischenposten
zur ersten Linie;

Woerden, am alten Rhein, als Rückhaltsposten für Utrecht und
Vianen.

Gegen Süden und Westen decken: Sluis, Hulst, Goes, Bergen
op Zoom, Steenbergen, Willemstadt, Breda, Herzogenbusch. —

Der südliche Theil des früheren Königreiches der Niederlande,
das heutige Belgien, nähert sich in seinem allseitigen Volks=
wie Landes=Character dem französischen.

Es besteht gleichsam aus drei natürlichen Abtheilungen: da wo
das Land an die letzten Gebirge des Rheins und der Maas stößt,
ist es ein wahres Hügelland, in welchem Thäler und Höhen —
ohne eigentliche Bergform — beständig wechseln und dessen un=
unterbrochene Pflanzendecke besonders reich an Bäumen und Wiesen
ist. Alle Ackerfelder und Wiesen sind mit hohen Gesträuch=Hecken
eingezäunt und allenthalben sind Baumgruppen dazwischen gestreut.

Die Dörfer stellen sich weniger in größeren Häuser-Complexen, als vielmehr in einer großen Menge einzelner Gehöfte oder in Gruppen von drei bis vier zusammenstehenden Häusern, welche von Obstbäumen umgeben sind, dar. Die Landstraßen steigen beständig auf und ab.

Auf dieses vollkommene Hügelland an der innersten Continentalgrenze folgt eine weithin sich ausdehnende wellenförmige Ebene aus langgestreckten breiten Höhen, welche mitunter, wiewohl selten, einen steileren Abhang haben. Sie nimmt den größten Theil des heutigen Belgiens ein, hat sehr fruchtbaren Boden und ist fast ganz mit Getreidefeldern bedeckt. Waldungen sind beinahe nirgends, kleine Gehölze selten zu sehen, und Bäume, von denen die Ulmen und Pappeln die vorherrschenden sind, finden sich meist nur in der nächsten Umgebung der Ortschaften und Gehöfe. Diese liegen oft weit von einander entfernt, sind schmuck, oft großartig, so daß das Land außerhalb der Nähe der Städte wie eine Anzahl von Besitzungen großer Gutsherren erscheint.

Je mehr man sich dem Küstenstrich nähert, um so mehr geht der Character des Ganzen in den der dritten Abtheilung über. Der Boden wird immer flacher und feuchter, man sieht in dem Übergangsstriche viele Gräben, Kanäle, stehende Wasser und Baum-Reihen in Gruppen an denselben, sowie häufig kleine Gehölze und Wiesen. Der Baum-Reichthum überwiegt hier den der früher vorherrschenden Getreidefelder. Die mit Bäumen umgebenen Ortschaften dehnen sich meist sehr in die Länge aus. Die Häuser haben den Character des Hoch- und Breitfensterigen und des Soliden.

Aus dem Übergangslande gelangt man zuletzt über einen immer sandigeren Boden in die vollkommene Fläche der Nordsee-Küste, welche, sumpfig und grabenreich, nur noch wenige Bäume hat und so ein offenes Land bildet, das fast ganz mit Gras bedeckt ist. Es ist ein luft- und bodenfeuchtes Halb-Wasserland, das sich gegen das Meer durch eine einförmige niedrige Sandhügelküste

abgrenzt. Die Ortschaften, nur mehr noch durch häufige Wind=
mühlen untermischt, tragen meist den Character des vorhin er=
wähnten Landstriches.

An Festungen nennen wir:

Antwerpen an der Schelde;

Ostende
Nieuwport } an der Nordseeküste;

Ypern an der Yperle und einem Kanale, 9000 Einw.;

Menin an der Lys, 8000 Einw.;

Tournay (Doornick) an der Schelde, 30000 Einw.;

Ath an der Dender, 8000 Einw.;

Mons an der Trouille, 20000 Einw.;

Charleroi an der Sambre, 6000 Einw.;

Marienburg zwischen dem schwarzen und weißen Wasser, 600
Einw.;

Philippeville in der Provinz Namür, 1500 Einw.;

Namür an der Maas, 20000 Einw.;

Mastricht am Zusammenfluß der Zaar mit der Maas, 20000
Einwohner. —

Zum Verständniß des holländischen Wesens, wie wir es
im Laufe der zu beschreibenden Kriegs=Episode des Öfteren be=
gegnen werden, mögen hier noch einige Worte über den Volks=
Character eingeschaltet werden.

Wer nach Holland kommt aus andern deutschen Landen, wenn
er die Menschen und ihre Art und ihr Leben sieht, ihre Flüsse,
Kanäle, Gräben, Schleusen, Deiche, ihre mächtigen Häfen,
Werften, Landstraßen, Städte, Festen, Schlösser und Thürme,
die Tüchtigkeit, Kühnheit, Zweckmäßigkeit, Nettigkeit, Sauberkeit,
Klarheit in Allem, den überkommt Staunen und Wundern.

Alles das hat der denkende und arbeitsame Mensch aus dem
Schlamm herausgehoben und zum Theil den Wogen des Meeres
abgewonnen. Wenn dies allerdings meist nur vom Holländer und
Seeländer gilt, so haben doch diese gerade der ganzen Bevölkerung
ihren Character aufzudrücken gewußt.

Die flüchtige Beobachtung hält diesen Character für steif, kalt, pedantisch und förmlich. Wer ihn aber von innen heraus verstehen lernen will, der sieht bald, daß das alte, schaffende, kräftige Geschlecht noch einem schlechteren und matteren nicht Platz gemacht hat. Der Holländer steht da im Bewußtsein der Wohlhäbigkeit und Behaglichkeit, er drückt in seiner Person den ganzen Inhalt des weichen holländischen Wortes „mooje" aus, welches der Inbegriff alles Zierlichen, Bequemen und Lustigen in sich schließt. Man sehe indeß den Holländer auf seinem zweiten Elemente, dem Wasser, dann ist er ein ganz anderer Mensch. Hartnäckig und trotzig zeigt er eine Festigkeit und Entschlossenheit des Willens, die nicht zu beugen sind. Unter dem stillen und oft wie mit einem dämmernden Schlummer übergossenen Aeußeren, verbirgt er einen trotzigen Muth und eine tiefe Leidenschaft, gleich seinen Voreltern aus Alba's Tagen.

Auf das feste Land nimmt er das Gefühl mit, daß dieses Land im eigensten Sinn sein Land ist, das er sich geschaffen hat. Er hat im Kampf und in der Arbeit bei dieser großen Schöpfung alles was Muth, Besonnenheit und Verstand heißt, zusammennehmen müssen; Zucht, Ordnung, Klarheit des Urtheils, Nüchternheit der Ueberlegung sind auf diese Weise sein Wesen geworden; er will und muß in seinen Gedanken und Wirken Ordnung und Folgerichtigkeit haben, er haßt alles Schwimmende, Unbestimmte, Uebertriebene in Gefühlen und Gedanken und schilt gern auf die deutsche Schwärmerei, die er selbst anfänglich da zu sehen glaubte, wo es sich um sein höchstes Gut, seine Freiheit und seine Befreiung vom französischen Joche handelte. Was wir demnach so gern als ärgerliche Schwerfälligkeit bezeichnen möchten, hatte somit einen tieferen nationalen Grund, und wir müssen es ihm, selbst in so ernster Angelegenheit, schon zu Gute halten, um so mehr, als einmal von seinem wahren Heile überzeugt, er von der Zurückhaltung zur Verwegenheit überzugehen nicht mehr für unmöglich hielt.

III. Witterungs-Verhältniſſe.

Bei dem Waſſerreichthum Hollands iſt es leicht erklärlich, daß ein harter Winter einem Feldzuge eine ganz andere Form zu geben im Stande iſt, als ein wärmerer. Der Winter des Jahres 1813 — 14 hatte keinen ſcharf ausgeprägten Character.

Zu Ende des Novembers 1813 wurden die Nächte kalt, und die ſtehenden Gewäſſer erhielten dadurch eine ziemlich ſtarke Eis= decke, während die fließenden davon noch unberührt blieben. Die Wege außerhalb der Dämme wurden bei ihren tief einge= fahrenen Geleiſen ſo holperich, daß ſie von Artillerie und Kaval= lerie bei vorkommenden Gelegenheiten nur zum großen Nachtheil der Pferde paſſirt werden konnten. Des Vormittags, oft bis zur Mittagszeit, herrſchten unburchdringliche Nebel. Im erſten Drittel des Dezember nahm die Kälte zu, ſo daß auch die Ströme ſtark mit Grundeis gingen. Das Ueberſetzen über dieſelben wurde da= durch ſehr erſchwert und die mit Mühe errichteten Schiffbrücken mußten oft in kritiſchen Momenten abgefahren werden.

Vom 10.—24. Dezember war es gelinder und die Wege außer= halb der Dämme wurden grundlos.

Am 25. trat heftiges Froſtwetter ein; die Ströme trieben wieder mit Eis; alle Kanäle und Gräben waren zugefroren.

Der Januar wechſelte gleicher Geſtalt; vom 10.—15. war es recht kalt, ohne Schnee. Am 25. Januar ſchneite es bedeutend; am 30. regnete es wieder heftig, alle Wege waren mit Schnee= waſſer überlaufen, und dabei herrſchte eine Glätte, daß die Pferde faſt bei jedem Schritte ausglitten oder ſtürzten. Die Mitte Fe= bruar war kalt, der März trat mit Regen ein, der indeß am 8. März bei Froſt zu ſtarkem Schneefall umſchlug.

Unter fortdauerndem Witterungswechſel ging der März zu Ende; Regen und häufige Hagelſchloſſen bildeten den Uebergang zu den meiſt freundlicheren Tagen des April.

IV. Stärke und Commando-Verhältnisse der in Nach-folgendem auftretenden Truppen-Corps.

a. Auf der feindlichen Seite.

1. Stärke und Vertheilung der Truppen, welche Holland occu-pirten, zur Zeit, als das Bülow'sche Armee-Corps im November 1813 in Holland einrückte.

17. Division unter General Graf Molitor.

Garnison von Amsterdam: Brigade-General Bouviez-des-Eclats.

Chasseurs français rentrés, 840 Mann, eine undisciplinirte und unsichere Truppe. Alle haben schon dem Feinde gedient; Veteranen der holländischen Garde, 101 Mann; Eine holländische Reserve-Compagnie, 102 Mann; Garde soldée à cheval, 109 Mann;

Garnison von Gorkum: Brigade-General Marie.

1er régiment d'Anvers, 3 Bataill., 1773 Mann; 2e régiment d'Anvers, 3 Bataill., 1757 Mann; Canoniers vétérans, 115 Mann; Ein Bataillon der holländischen Colonien, 284 Mann; Zwei Bataillone der garde soldée d'Amsterdam, 404 Mann. Eine Compagnie des Regiments Texel, 145 Mann.

Garnison von Utrecht: Brigade-General Schiner.

Détachement de chasseurs français rentrés, 50 Mann; 3. und 4. Bataillon der pupilles de la garde, 1272 Kinder von 14 bis 17 Jahren; Artillerie à pied, 86 Mann; Pionniers, 71 Mann; Eine holländische Reserve-Compagnie, 103 Mann.

Garnison von Naarden: Brigade-General Quetard.

Vétérans, 135 Mann; Artillerie à pied, 80 Mann;

Garde soldée d'Amsterdam, 411 Mann;
Regiment des Terel, 439 Mann.

Außerdem hatten 1500 französische Marine-Soldaten von
der Flotille des Terel Ordre, sich nach Naarben zu begeben,
um hier die Garnison zu verstärken.

Garnison des Helber: Brigade-General Mayer.

Artillerie à pied, 63 Mann;
Pionniers, 54 Mann;
Regiment des Terel, 295 Mann;
Colonial-Bataillon, 127 Mann;
Kanoniere zur Küsten-Bewachung, 106 Mann.

Außerdem ließ der Admiral Werhuel 1500 französische
Marine-Soldaten ausschiffen zur Bewachung und Verthei-
bigung des Helber und der Forts Lasalle, Dugommier,
Morlanb und l'Ecluse.

Garnison im Haag:

Eine Reserve-Compagnie, 102 Mann.

Garnison in Briel: Kapitain Marchapt.

Artillerie à pied, 12 Mann;
Regiment des Terel, 147 Mann.

Es wurden unausgesetzt Mariniers geschickt, um beide
letzteren Garnisonen zu verstärken.

Garnison von Helvoetsluis: Bataillons-Chef Bauer.

Artillerie à pied, 16 Mann;
Regiment des Terel, 147 Mann.

Garnison von Rotterbam und an den Küsten zerstreut:

Holländische Kanoniere zur Küsten-Bewachung, 924 Mann;
Garde soldée, 197 Mann;
Gendarmerie, 300 Mann.

Division Zeeland unter General Ambert.

Garnison von Vlissingen und Besatzung der Insel Walcheren:

Divisions-General Gilly.

1er bataillon du 131e régiment, 510 Mann;

2

Mineurs, 10 Mann;

Sapeurs vétérans, 42 Mann;

Artillerie à pied, 157 Mann;

Pionniers, 931 Franzosen, 458 Frembe. Die französischen Pioniere waren nicht bewaffnet.

Garnison von Mibbelburg.

Wiberspenstige Conscribirte, 75 Mann;

Pioniere, 113 Mann, unbewaffnet, sämmtlich Frembe.

Garnison von Ter Baere.

Détachement du 131ᵉ régiment, 98 Mann;

Pionniers, 141 Mann.

Garnison von Rhittem:

Canoniers vétérans, 89 Mann.

Auf ber Insel Schuwen unb an ben Küsten innerhalb ber Division, unter Brigabe-General Ducos:

Canoniers vétérans, 87 Mann;

Holländische Kanoniere zur Küstenbewachung, 812 Mann;

Gendarmerie, 138 Mann.

In Summa: 8902 Franzosen unb 5526 Frembe, bas sinb 14428 Mann.

Dabei sinb noch nicht mit einbegriffen:

Ein Bataillon Douaniers, 845 Mann, unb

Eine Compagnie Gendarmerie,

welche in Deventer unter bem General Lauberbière zusammengezogen waren.

Im Felbe konnten von ben 14—15000 Mann inbeß nur 5000 Mann verwenbet werben.

2. In ber Mitte Dezembers 1813 stanb bas 11. Corps unter Marschall Macbonalb, Herzog von Tarent, in ber Umgegenb von Nymwegen unb bestanb aus ber

1.	Division	Amen	. . . .	4742 Mann.
2.	ib.	Brayer	. . . .	5300 ib.
3.	ib.	Molitor	. . .	1700 ib.
		in Summa	. .	11742 Mann.

NB. Die 3. Division des 11. Corps sollte sich in Mastricht formiren. Da diese Formation indeß nicht zu Stande kam, so ist sie durch die Division Molitor ersetzt worden, welche, nachdem sie Holland verlassen mußte, unter die Befehle Macdonald's gestellt wurde.

Mann.

Das 2. Cavallerie-Corps unter dem Grafen Excelmans
cantonnirte zwischen Coblenz und Wesel 2768

Das 3. Cavallerie-Corps unter dem Herzog von Padua
(Arrighi) cantonnirte von Wesel bis zum Fort
St.-André 1997

Nach der Neuformation und zwar am 1. Januar 1814 bestand
die Nieder-Rhein-Armee (von Cöln bis Zwoll stehend)
unter dem Marschall Macdonald, Herzog von Tarent, aus

Mann incl.
Rekruten.

dem 5. Armee-Corps unter General Graf
Sebastiani 5400
(in der Umgegend von Cöln und Neuß.)

dem 11. Armee-Corps 11000
(um Cleve, Nymwegen und Wesel.)

den Truppen unter dem General Molitor, welche
bereits früher in Holland kämpften 2000

Unmittelbar { dem 2. Cavallerie-Corps 2500
unter { (um Nymwegen und Cleve.)
Marschall { dem 3. Cavallerie-Corps 2000
Macdonald. { (um Cöln.)
_____

in Summa . . 22900

Die Artillerie war in den Divisionen vertheilt.

3. In der Mitte Dezembers 1813 befand sich ferner
von der alten Garde
die 1. Division Friant, 4800 Mann, im Marsch von Trier
nach Brüssel;
von der jungen Garde
die 1. Division Tirailleurs Barrois, 650 Mann, in Brüssel,
die 3. ib. ib. Roguet, 6000 ib. ib.
Von der Cavallerie der Garde,
die 1. Division Laferrière-Lévêque, 2400 Mann, auf dem

Marsche von Trier nach Brüssel,
bie 3. Division Castex, 860 Mann, in Belgien.

4. Nach der Neuformation zu **Anfang Januar 1814** finden wir biese Truppentheile zum Theil wieder in dem Corps des Grafen Maison in den Niederlanden (bei Antwerpen). Es bestand nunmehr aus:

	Mann.
dem 1. Armee-Corps	6000

NB. An Stelle des in Dresden gefangen genommenen 1. französischen Armee-Corps sollte in den Niederlanden ein Corps unter derselben Benennung formirt werden. Nach den bereits gemachten Fortschritten der Alliirten in der Eroberung Hollands war die Stärke des Corps, welches in der Umgegend Antwerpens sich zusammenzog, nur auf 6000 Mann zu bringen.

der 3. Division der jungen Garde unter General Roguet .	7500
der 1. Division der Tirailleurs der jungen Garde unter General Barrois	3500
der 3. Division der Voltigeurs der jungen Garde unter General-Lieutenant Boyer	2000
der 2. Division der Garde-Cavallerie unter dem General-Lieutenant Castex	2000
in Summa . .	21000

Die Artillerie war in den Divisionen vertheilt.

In den Festungen standen:

	Mann.
in Antwerpen; Gouverneur: Divisions-General Graf Carnot.	8000
in Gorkum; Gouverneur: Divisions-General Graf Rampon.	4000
in Bergen-op-Zoom	5000
in Mastricht	3000
in Vliessingen; Divisions-General Gilly	3000
in Naarden	2000
in Namur, Maubeuge, Valenciennes, Lille, ꝛc.. .	15000
in Summa . .	40000

b. Auf Seite der Verbündeten.

Der Nord-Armee unter dem Kronprinzen von Schweden waren außer dem 3. Preußischen Armee-Corps unter General v. Bülow und der schwedischen Armee noch die russischen Corps des Generals Grafen Woronzow (Infanterie-Corps), des Generals Grafen Stroganow (von der polnischen Armee detachirt), und des Generals Baron Wintzingerode zugetheilt.

Ueber diese Truppen disponirte der Kronprinz, nachdem er nach der Schlacht bei Leipzig auf Göttingen und Cassel vorgerückt war, um dem bei Hamburg stehenden Armee-Corps des Marschall Davoust den Rückzug nach Holland zu verlegen, dahin, daß er unter seinem unmittelbaren Befehle die schwedische Armee und die russischen Corps von Woronzow und Stroganow behielt, und sich über Hannover gegen die Nieder-Elbe wendete.

Das Bülowsche Corps dirigirte er auf Minden, wo es den 7. November eintraf, das russische Corps des Generals Wintzingerode aber nach Bremen, um von hier aus Oldenburg und mit einer direct gegen den Rhein gesandten Abtheilung das Großherzogthum Berg zu besetzen.

Wir haben es demnach im Laufe der Begebenheiten mit folgengenden Truppen-Corps zu thun.

1. Das III. Preußische Armee-Corps.

Commandirender: General-Lieutenant von Bülow.

Chef des Generalstabes: General-Major von Boyen;

Kommandeur der Artill.: Oberst, später Generalm. v. Holtzendorff

3. Brigade. Chef: General-Major Prinz von Hessen-Homburg, später General-Major von Zielinsky. *)

Brigade-Commandeur: Oberst-Lieutenant v. Sieholm II.

2. Ostpreußisches Grenadier-Bataillon;

3. Ostpreußisches Infanterie-Regiment:

2 Musketier- und 1 Füsilier-Bataillon;

---

*) Der Prinz von Hessen-Homburg wurde zum General-Lieutenant und commandirenden General in Westphalen ernannt; der General-Major v. Zielinsky trat sein Kommando vor Gorkum am 6. Februar 1814 an.

4. Reserve-Infanterie-Regiment, desgleichen;

3. Ostpreußisches Landwehr-Infanterie-Regiment: Major Graf Klinckowström;

  1. Bataillon (Major von Strauß);

  2. ib. (Major von Burgsdorf);

  3. ib. (Major Friccius);

  4. ib. (Major Gr. Finckenstein);

  1. (Leib-) Husaren-Regiment (Major v. Sandrart);

6pfündige Fuß-Batterie Nr. 5 (Kapitain v. Glasenapp).

4. Brigade. Chef: General-Major v. Thümen.

Brigade-Commandeur: Oberst von Stutterheim.

  4. Ostpreußisches Infanterie-Regiment:

    2 Musketier- und 1 Füsilier-Bataillon;

  5. Reserve-Infanterie-Regiment: Major v. Gagern;

  1. Bataillon: Major v. Bentheim (Hauptm. v. Mauberode);

  2. ib. Major v. Puttlitz;

  3. ib. Major Meyern v. Stobesberg;

  4. ib. Major v. Wedell;

  2. Pommersches Landwehr-Infanterie-Regiment: 4 Bataillone.

2 Compagnien des Ostpreußischen Jäger-Bataillons (Major v. Heydenreich);

1 Pommersches Landwehr-Cavallerie-Regiment;

Die 6pfündige Fuß-Batterie Nr. 6 (Kapitain Ludewig).

5. Brigade. Chef: General-Lieutenant v. Borstell.

Brigade-Commandeur: Oberst v. Schon.

Pommersches Grenadier-Bataillon (Major v. Romberg);

  1. Pommersches Infanterie-Regiment: Oberst v. Schon;

  1. Bataillon (v. Donop);

  2. ib. (v. Reitzenstein, demnächst v. Gayl);

Füsilier-Bataillon (v. Carbell);

  2. Reserve Infanterie-Regiment: Oberst-Lieutenant v. Knobloch († 31. Januar beim Sturm von Lier);

  1. Bataillon (Major v. Massow);

  2. ib. (Major v. Hövel);

Füsilier-Bataillon (Major v. Mirbach);

Elb=Infanterie=Regiment (Oberst=Lieutenant v. Reuß);

1. Bataillon (Oberst=Lieutenant v. Hanstein);
2. ib. (Oberst=Lieutenant v. Stutterheim);

Füsilier=Bataillon (Major Le Blanc);

2. Churmärkisches Landwehr=Infanterie=Regiment: 3 Bataillone;

Pommersches Husaren=Regiment (Oberst=Lieut. v. Thümen);

Die 6pfündige schwere Fuß=Batterie Nr. 10 (Kapitain Magenhöfer).

6. Brigade. Chef: General=Major v. Krafft.

Brigade=Commandeur: Oberst v. Zastrow.

Colberg'sches Infanterie=Regiment: v. Zastrow.

1. Bataillon (Kapitain v. Roell);
2. ib. (Kapitain v. Rohr), † vor Arnheim, 30. Nov.

Füsilier=Bataillon (Major v. Schmidt);

9. Reserve=Infanterie=Regiment: 2 Musketier= und 1 Füsilier=Bataillon; letzteres unter Major v. Zglinißki.

1. Neumärkisches Landwehr=Infanterie=Regiment: 4 Bataill.

2. Pommersches Landwehr=Cavallerie=Regiment.

Die 6pfündige Fuß=Batterie Nr. 16 (Kapitain Spreuth, später vom 1. Dez. ab, Premier=Lieutenant Baumgarten).

Reserve=Cavallerie. General=Lieutenant v. Oppen.

Brigade des Oberst v. Treskow.

Regiment Königin Dragoner (Oberst=Lieut. v. Brockhusen);

Brandenburgisches Dragoner=Regiment (Prinz Wilhelm), (Obrist Graf Lottum);

2. Westpreußisches Dragoner=Regiment.

Brigade des General=Major v. Hobe.

Westpreußisches Ulanen=Regiment;

2 Eskadrons des 2. Schlesischen Husaren=Regiments;

Pommersches National=Cavallerie=Regiment.

Brigade des Oberst v. Sydow.

2. Churmärkisches Landwehr=Cavallerie=Regiment;

4. Churmärkisches Landwehr=Cavallerie=Regiment.

Artillerie.

Reitende Batterie Nr. 5 (Lieutenant v. Neindorf);
Reitende Batterie Nr. 6 (Kapitain v. Steinwehr; zu Ende
des Jahres 1813 Seconde-Lieutenant Jenichen).

Reserve-Artillerie. Oberst, dann General-Major v. Holtzendorff.

12pfündige Batterie Nr. 4 (Kapitain Meyer);
12pfündige ib. Nr. 5 (Kapitain Conrabi);
6pfündige ib. Nr. 19 (Prem.-Lieut. Baumgarten);
Reitende Batterie Nr. 11 (Lieutenant Borchardt);
Russische 12pfündige Batterie Nr. 7 (Oberst v. Dietrichs III)
à 12 Geschütze;
Russische 12pfündige Batterie Nr. 21 (Kapitain v. Schlitter)
à 12 Geschütze.

Pioniere: Major Markoff.

Pionier-Compagnie Nr. 4 (Lieutenant v. Rohwedel);
ib. Nr. 5 (Kapitain v. Zaborowski).

Summarische Stärke des Corps: 30000 Mann mit 7280
Landwehr-Männern (letztere in 12 Bataillons und 16 Escabrons)
und 104 Geschütze.

Am 20. Januar 1814 traten noch 2 neu errichtete westphälische Landwehr-Regimenter (unter Obrist v. Rüchel) — 8 Bataillone mit 3 Compagnien freiwilliger Jäger — unter Bülows Befehle,
aber erst im März in größere Thätigkeit.

Die vier Bataillone der Grafschaft Mark bestanden fast nur aus
Freiwilligen, ein Bataillon des Kreises Hagen durchaus nur aus
Freiwilligen. Die übrigen Bataillone, namentlich das vierte Bataillon (Essen), des 1. westphäl. Landwehr-Regiments, waren
unter weniger günstigen Verhältnissen formirt.

2. Das Hellwig'sche Freicorps.

Es bestand aus 1 Jäger-Bataillon;
1 Schützen-Bataillon;
3 Eskadrons.

3. Das Streifcorps des Major v. Colomb.

Colomb war 1813 überzähliger Rittmeister des Brandenbur=
gischen (3.) Husaren-Regiments. Er erhielt deshalb die Schwadron
der freiwilligen Jäger, welche er in Neumarkt in Schlesien for=
mirte. Zu seinem ersten Streifzuge in Sachsen bis zum Waffen=
stillstand gab ihm Blücher 1 Lieutenant (v. Katte), 1 Unteroffizier
und 10 Husaren, und 1 Offizier (Lieutenant Ekart), 6 Oberjäger
und 72 Jäger mit. Ganz besondere Kühnheit und Glück zeichneten
das Corps aus.

Am 7. Juli wurde v. Colomb zum Major ernannt und zum
v. Kleist'schen Armee=Corps versetzt. Nach der Schlacht bei Culm
wurde ihm durch Allerh. Cabinets=Ordre ein Commando von 162
Pferden zu einem neuen Streifzuge im Rücken der Armee über=
wiesen.

Er theilte seine Leute in zwei Eskadrons:

1. **Eskadron:** Rittmeister Moritz vom leichten Garde=Caval=
   lerie-Regiment;

   Prem.=Lieutenant v. Hirschfeld 1, von demselben;

   Sec.=Lieutenant v. Pannwitz, vom Neumärkischen Dra=
   goner=Regiment;

   · 70 Pferde vom leichten Garde=Cavallerie=Regiment;

   10 Pferde vom Neumärkischen Dragoner=Regiment incl.

   1 Unteroffizier.

   3 Offiziere, 80 Pferde.

2. **Eskadron.** Rittmeister v. Zglinitzki, Führer des Jäger=
   Detachements des Brandenburgischen Kürassier=Regi=
   ments;

   Sec.=Lieut. v. d. Goltz vom Brandenburgischen Kürassier=
   Regiment;

   Sec.=Lieut. Julius, vom Schlesischen Ulanen=Regiment;

   Sec.=Lieut. v. Walter u. Kroneck, vom Jäger=Detache=
   ment des Brandenburgischen Husaren=Regiments;

   50 Pferde, freiwillige Jäger vom Brandenburgischen
   Kürassier=Regiment;

10 Pferde vom Neumärkischen Dragoner-Regiment incl.
1 Unteroffizier;

22 Pferde vom Schlesischen Ulanen-Regiment incl. 2 Unteroffizieren.

4 Offiziere, 82 Pferde.

Den Sec.-Lieutenant v. Hirschfeld II und 1 Jäger (Pustar)
behielt er bei seiner Person; dem Zuge freiwillig angeschlossen
hatte sich der Major v. Steinäcker von der Adjutantur, der obgleich von älterem Patent als Colomb, dies ignorirte und stets
Colomb's Freund und tapferer Degen war.

Der Lieutenant v. Walter u. Kroneck fiel bei der Affaire von
Saalmünster. v. Colomb's Zug Rhein abwärts bis 17. November,
an welchem Tage er sich in Münster bei General v. Bülow meldete, gehört nicht hierher. An die Avantgarde des General
v. Oppen gewiesen, wurden ihm auf Bülow's Befehl

Der Prem.-Lieutenant v. Bockelmann und
100 Mann vom Colberg'schen Regiment zugetheilt.

4. Das russische Corps des Generals Baron Wintzingerode bestand aus

dem Cavallerie-Corps des General-Lieutenant Graf Orurk;

dem Cosacken-Corps des General-Major und Gen.-Adjutanten
v. Tschernitschef;

dem Infanterie-Corps des Gen.-Lieutenant Graf Woronzow;

der Artillerie des General-Major Merlin;

dem von der polnischen Armee betachirten Corps des General-
Lieutenant Graf Stroganof.

Seine ganze Stärke betrug:

35 Bataillone à 600 Mann . . . 21000 Mann.
30 Eskadrons Cavallerie à 100 Mann 3000 ib.
19 Kosacken-Regimenter à 250 ib. 4750 ib.
14 Batterien à 150 Mann. . . . 2100 ib. mit 162
[Kanonen.

Summa. . 30850 Mann mit 162
[Kanonen.

Von diesem Corps sehen wir in Holland auftreten:

a) Verschiedene Kosaken-Detachements von der Avantgarde des Generals Tschernitschef:

> unter Major Elsenwangen;
>> ib. Baron Rosen;
>> ib. Fürst Gagarin;
>> ib. Oberst Narischkin.

b) Das Streifcorps des russischen Generals Grafen Benkendorff.

Es wurde durch das Oldenburgische gegen die Yssel betaschirt, und war 3—4000 Mann stark:

> Das Kosaken-Regiment des Obersten Sisoëwa III;
>> ib. Oberstlieut. Girowa;
>> ib. Obersten Grekow XVIII.

c) Das Streifcorps des russischen Generals Stahl I.

> Das Kosaken-Regiment Andrianow II;
> Das 1. Bug'sche Kosaken-Regiment;
> Das 1. Baschkiren-Regiment.

Diese beiden letzteren Streifcorps vereinigten später auch den größeren Theil der vorgenannten in Holland vorpoussirten Detachements unter ihre Befehle.

Am 13. Januar 1814 ging auch die Avantgarde des ganzen Winzingerodeschen Corps bei Düsseldorf über den Rhein; einige Tage später das Gros. Am 23. Januar hatte Winzingerode sein Hauptquartier in Aachen und von hier aus ließ er seine Avantgarde und Detachements in Belgien, gegen Lüttich zu, einrücken. Am 30. Januar stand die Avantgarde bei Namur, sein Hauptquartier war Lüttich. Nach der Bemächtigung Philippevilles rückte er zwischen die Sambre und Maas vor und bemnächst über Dinant und Givet nach Frankreich ein.

Zwei Kosaken-Regimenter: das des Oberst Bychalow und das des Oberst Szerni-Subow blieben fortdauernd bei Bülow und später beim Herzoge von Weimar betachirt.

5. Das Corps des General-Lieutenants Grafen Wallmoden-Gimborn.

(Traf am 25. März beim III. deutschen Armee-Corps ein.)

Chef des General-Stabes: Oberst-Lieut. v. Clausewiß.

Commandeur der Artillerie: Oberst Monhaupt.

Die Brigade des General-Major Tettenborn:

Das Kosaken-Regiment des Obersten Grebzow II;
ib.   ib.   Komissanof;
ib.   des General-Majors Sulima IX.;
ib.   des General-Majors Denissow VII.;
2 Kanonen von der reitenden Batterie Nr. 5.

Das Lützow'sche Freicorps:

Chef: Obrist-Lieut. von Lützow;

Kommandeur: Major v. Petersdorf;

Infanterie: Hauptmann v. Helmenstreit,
3 Bataillone, 2600 Mann;

Cavallerie: Rittmeister v. Bornstedt,
5 Eskadrons, 480 Pferde;

Artillerie: Pr.-Lieutenant v. Friße,
½ Fuß-Batterie (Pr.-Lieut. v. Friße), 5 Geschütze;
½ reitende Batterie (Lieut. Gärtner), 3 Geschütze;

Die Brigade der russisch-deutschen Legion: General-Major Ahrenschildt.

Das 1. Husaren-Regiment } Oberstlieut. v. d. Goltz;
Das 2.   ib.

1. Batterie reitender Artillerie (Kapitain v. Scheele);

Das 1. Infanterie-Regiment (Major v. Natzmer);

Das 2.   ib.   (Oberst-Lieut. v. Warbenburg);

Das Bataillon des Majors v. Reiche, 1094 Mann stark, war von Hause aus zum 3. Preußischen Armee-Corps abkommandirt und rückte mit Bülow in Holland ein;

1. Batterie Fuß-Artillerie;

1. Batterie reitender Artillerie (Pr.-Lieut. v. Tiebemann).

Die Brigade Hannöverscher Truppen (Gen.-M. Lyon).

Das Bremen- und Werdensche Husa-
ren-Regiment.
Das Eßdorff'sche Husaren-Regiment. } Oberst v. Eßdorff.

Das Hannöversche freiwillige Jäger-
Bataillon.
Das Lauenburg'sche Bataillon. } Oberst Graf v. Kiel-
mannsegge.

Das Verden'sche Bataillon.
Das 1. leichte ib.
Das 2. leichte ib. } Oberst Graf v. Kiel-
mannsegge.

Das Lüneburg'sche Bataillon;
Die Batterie Hannöverscher Fuß-Artillerie (Kapit. Wiering),
von 6 Kanonen.

6. Das III. deutsche Bundes-Corps. *)

Dieses Corps sollte aus 23000 Mann bestehen; es marschirte jedoch am 2. Januar 1814 nur mit 12 Bataillonen Infanterie, 2 reitenden und 2 Fuß-Batterien, 9 Eskabrons Cavallerie und 1 Sappeur-Compagnie, zusammen mit 10000 Mann, 28 Geschützen und 1600 Pferden aus der Gegend von Querfurt nach den Niederlanden ab, wo es in den ersten Tagen des Februar eintraf. Die in Nachstehendem als solche bezeichneten, kamen wegen verspäteter Organisation gar nicht zur Stelle, oder trafen erst während des Feldzuges beim Corps ein.

General en chef: Russischer General der Cavallerie, Herzog Carl August von Weimar und Eisenach;

Chef des Generalstabes: v. Wolzogen, russischer General-Major der Infanterie;

Chef des Generalquartiermeisterstabes: After, russischer Obristlieutenant der Infanterie;

Intendant des mobilen Corps: von Nostiz, königlich sächsischer Hauptmann im Generalstabe.

---

*) Nach der ordre de bataille.

Infanterie:

I. **Brigade:** General-Lieutenant v. Lecoq.

1. Schützen-Regiment: Oberst v. Bose:
   2 Bataillons;
1. Linien-Regiment: Oberst v. Einsiedel:
   2. und 3. Bataillon;
   (Das 1. traf erst am 25. März beim Corps ein.)
1. Landwehr-Regiment: (Oberst-Lieutenant v. Arnsdorf);
   (Traf erst am 12.. März beim Corps ein.)
   1. Bataillon (Dresdner) (Oberst-Lieut. v. b. Mosel);
   2. ib. (Wittenberger) (Major v. François);
   3. ib. (Niederlausitzer) (Major Könneritz);
   1. 12pfündige Batterie;
   2. 6pfündige ib.
   (Traf erst am 20. April beim Corps ein.)

II. **Brigade:** General-Major v. Ryssel 1.

2. Schützen-Regiment:
   1. Bataillon;
   (Traf erst am 20. April beim Corps ein.)
   2. Bataillon, Major v. Selmnitz;
2. Linien-Regiment: Oberst v. Seydewitz:
   2. u. 3. Bataillon;
   (Das 1. traf erst am 12. März beim Corps ein.)
2. Landwehr-Regiment (Major v. Wolan);
   (Traf erst am 12. März beim Corps ein.)
   1. Bataillon (Thüringer) (Major v. Taucher);
   2. ib. (II. Thüringer) (Major Planitz);
   3. ib. (Voigtl.-Neustädter) (Major Römer);
   1. 6pfündige Batterie.

III. **Brigade:**

Das Jäger-Bataillon: Major v. Jeschky;
3. Linien-Regiment: (kam nicht zur Stelle)
3. Landwehr-Regiment: (Oberst v. Dierschen);
   (Traf erst den 25. März beim Corps ein.)

1. Bataillon (Leipziger) (Hauptm. v. Zimmermann);
2. ib. (Erzgebirgisches) (Major v. Elterlein);
3. ib. (Schönburgisches) (Major Kommerstedt);
2. 12pfünbige Batterie;
(Traf erst den 25. März beim Corps ein.)
4. 6pfünbige Batterie: (kam nicht zur Stelle)

IV. Brigade: (Thüringisch-Anhaltische Division):
Der russische General-Major Prinz Paul von Würtemberg.

1 Comp. Schwarzburger Freiwillige zu Fuß⎫
1 ib. Gothaer ib.   ⎬ Trafen erst am 25.
1 ib. Weimar'sche ib.   ⎭ Februar beim Corps ein.

1 Bataillon Weimar'sche Füsiliere (Major v. Lyncker);
1 ib. Schwarzburgische Linie;
2 Compagnien Bernburger Linie;
1 Bataillon Dessauer;   Trafen erst am 25.
1½ ib. Gothaische Linie;   Februar beim Corps ein;
3 Compagnien Schwarzburgische Landwehr;   die beiden Bat. Des-
2 ib. Bernburgische Landwehr;   sauer unter Oberst
1 Bataillon Dessauische ib.   Hoppe erst am 12.
1 ib. Gothaische ib.   März.
1 ib. Weimarische ib.
3. 6pfünbige Batterie.

Reserve-Brigade:
1 Bataillon Jäger des Banners der freiwilligen Sachsen;⎫ Nicht zur
1 ib. Schützen ib.   ⎬ Stelle ge-
1 fahrende Batterie ib.   ⎭ kommen.

Königl. sächsisches Grenadier-Regiment: Oberst Prinz Bernhard von Weimar, 3 Bataillons;
4. Landwehr-Regiment: (Major v. Selmnitz interim.);
(Traf erst am 25. März beim Corps ein.)
1. Bataillon (Meißener) (Major v. Selmnitz);
2. ib. (Leipziger) (Major Bünau);
3. ib. (Oberlausitzer) (Major Buchner);

Cavallerie:
1 Eskadron Stabs-Dragoner;

4 Eskadr. Küraſſiere: Oberſt v. Berge:

(Die 4. Eskadron traf erſt am 12. März beim Corps ein.)

4 ib. Huſaren: Volontair Oberſt Fürſt zu Schönburg; excl.
1 Eskadron, welche zum v. Geismar'ſchen Streif=
corps abgegeben wurde, unb incl. 2 Eskadrons,
welche erſt am 25. März reſp. 20. April zum
Corps eintrafen;

3 ib. Ulanen: ſächſ. Volontair Oberſt v. Nieſemeuſchel;
excl. 1 Eskadron, welche zum v. Geismar'ſchen
Streifcorps abgegeben wurde, unb incl. 1 Eska=
bron, welche erſt am 20. April zum Corps ſtieß;

1 ib. Weimariſch=Gothaiſche Jäger
(traf erſt am 24. Februar beim Corps ein);

2 ib. Landwehr=Dragoner (kamen nicht zur Stelle).

2 ib. Huſaren) vom Banner ber freiwilligen Sachſen,

3 ib. Jäger) (kamen nicht zur Stelle).

Artillerie. Brigade=Chef: Oberſt v. Raabe.

Brigabier: Major v. Rouvroy.

1. Batterie reitenber Artillerie à 6 Geſchütze (Hauptmann
Birnbaum);

2. Batterie reitenber Artillerie à 6 Geſch. (Hauptm. Probſthain;
unb bie bei ben Brigaben eingetheilten, oben bereits genannten:

1—12pf. Batterie à 8 Geſchütze (Hauptm. Rouvroy I);

2—12pf. ib.

1 — 6pf. ib. (Hauptm. Rouvroy II);

2 — 6pf. ib.

3 — 6pf. ib.

4 — 6pf. ib.

1 Reſerve Munitions=Park.

Sappeure unb Pontoniere:

1 Compagnie: Ingenieur=Hauptmann Claus; indeſſen war
Hauptmann Claus mit 2 Offizieren, 50 Mann bieſer Com=
pagnie bis Mitte März bei dem Armee=Corps des Kronprin=
zen von Schweden zur Dienſtleiſtung betaſchirt.

Attaſchirt waren dem Corps:

Das ruſſiſche Koſaken-Regimenter des Oberſten Bihalof I,
ib. des Oberſten Nobreef.

7. **Das Streif- und Partheigänger-Corps des ruſſiſchen Oberſt der Cavallerie, Baron v. Geismar.**

Der ruſſiſche Oberſt und General-Adjutant des Herzogs von
Weimar, Freiherr v. Geismar, war, nach erfolgtem Einrücken
des III. deutſchen Armee-Corps in Brüſſel, dazu auserſehen, mit
einem aus ſächſiſcher Cavallerie und Koſaken zuſammengeſetzten
Detaſchement Streifzüge in der linken Flanke und im Rücken der
Doppelreihe franzöſiſcher Feſtungen zu machen, dort Unſicherheit
über die Operationspläne der alliirten Heere, namentlich des
III. deutſchen Armee-Corps zu verbreiten, und mit dieſem ſowohl,
als vorzugsweiſe mit dem Bülow'ſchen Corps eine gewiſſe Verbindung herzuſtellen.

Das Corps formirte ſich in Leuze zwiſchen Ath und Tournai
am 14. Februar 1814 und beſtand aus

1 Eskadron des ſächſiſchen Ulanen-Regiments,
    unter Commando des Majors v. Berge,
1 Eskadron des ſächſiſchen Huſaren-Regi- circa 260 Pferde.
    ments, unter Commando des Majors
    v. Fabrice,
1 Regiment Koſaken vom Don — Szerni — Subow
    incl. 1 Offizier und 25 Mann Kalmücken   540 Pferde.

Summa. . 800 Pferde.

Als Volontair hatte ſich dieſem kühnen Partheigänger auch der
Major Graf Pückler-Muskau angeſchloſſen, der zugleich Adjutant
des Herzogs von Weimar war. Desgleichen der würtembergiſche
Cavallerie-Major v. Brandenſtein.

Nach der Einnahme von St. Quintin, am 11. März, überließ
Bülow dieſem Streifcorps einen beſpannten Cylinder, zu deſſen
reitenden Bedienungs-Mannſchaften ſich ſofort einige Ulanen,
Huſaren und Koſaken ausbildeten; auch ein beſpannter Munitions-

3

wagen ward dem Geschütz beigefügt. Dies waren und blieben die einzigen Fahrzeuge beim Corps.

8. Das englische Corps unter General Sir Thomas Graham, landete 10,000 Mann stark am 2. Dezember 1813 bei Willemstadt. Später führte der Herzog von Clarence noch 4000 Mann nach.

9. Die Organisation Niederländischer Truppen wurde zwar beschlossen und begonnen, jedoch wurde von vornherein von der Verwendung im Großen und Ganzen für den zeitigen Krieg abgesehen. Die Mannschaft vom 15. bis zum 25. Lebensjahre wurde zur Schuttery (Landwehr) und die vom 25. bis zum 50. Lebens= jahre zum Landsturm aufgeboten. Die erstere ergab zunächst eine Zahl von 25,000 Mann. Erst im Mai 1814 ward ihre Zahl auf 60,000 Mann vermehrt. Wo einzelne Bataillone und kleinere Truppentheile im Kampfe mitgewirkt, wird dies im Texte näher angegeben werden.

V. Geschichte des Feldzuges.

1. Wichtigkeit der Niederlande für Napoleon.

Während in Folge der glorreichen Schlacht bei Leipzig die Heere der Verbündeten in weitem Bogen sich Frankreichs Grenzen nä= herten und Napoleon von Paris aus neue Armeen schuf und auf verschiedenen Punkten seines Landes concentrirte, begannen auf dem rechten Flügel der Verbündeten ohne Zögern die Feindselig= keiten auf einem neuen Kriegstheater.

Die Niederlande, von jeher für ein Außenwerk von Frankreich angesehen, deren Besitzer jederzeit im Stande ist, die Nordgrenze Frankreichs, ja selbst dessen Hauptstadt ungestraft zu beunruhigen, mußten ebensowohl das Augenmerk der Verbündeten auf sich ziehen, als es für Napoleon wichtig war, sich des Besitzes dieses Landes zu versichern. Er selbst hatte ja den merkwürdigen Aus= spruch gethan: „Lieber in's Meer versinken, als Holland aufgeben!"

Es mußte ihm deßhalb gerade jetzt, wo die gewaltigen Heer=
säulen der böhmischen und schlesischen Armee im Begriff standen,
den Rhein zu überschreiten, die militairische Wichtigkeit der Nie=
derlande um so mehr einleuchten, als ihr Besitz ihn vor jeder
strategischen Umgehung seiner Hauptstadt sicher stellte und ihm
gestattete, den Verbündeten zwischen der Marne und Oise kräftiger
entgegenzutreten, ihr Verlust ihn aber zwang, seine Kräfte zu
theilen, indem er nach zwei Seiten hin Front zu machen gehabt
hätte.

Nicht in Uebereinstimmung hiermit, vielleicht auch allzusehr auf
die im Verhältniß seiner jetzigen disponibeln Streitkräfte hier
belassene sehr bedeutende Truppenzahl und auf die natürliche Ver=
theidigungsfähigkeit dieses Landes bauend, übersah er die Lauheit
und Halbheit seiner Stellvertreter in den Niederlanden, deren
größter Feind ihr Gefühl der Unsicherheit und Verzagtheit war.
Sie hatten die Katastrophe von Leipzig nicht für möglich gehalten,
noch weniger dachten sie im Entferntesten daran, daß Paris be=
droht sein könnte. Sie hatten die zahlreichen Festungen des Landes
unbewaffnet gelassen, ihre Werke keiner Aufsicht und Wiederher=
stellung gewürdigt; die in der Eile zusammengebrachten Truppen
waren größtentheils durch Douaniers und Matrosen vollzählig
gemacht und ermangelten gänzlich des sonst so sehr gerühmten
französisch=militairischen Geistes. Das vom General Molitor im
Monat November in Utrecht gebildete Corps konnte indessen in
Verbindung mit den am Niederrhein unter dem Befehle des
Marschalls Macdonald stehenden Truppen dennoch auf 30000
Mann angeschlagen werden, mit welchen selbst unter den obwal=
tenden Umständen noch immer eine hartnäckige Vertheidigung zu
führen war, wenn man die Vortheile zu benutzen verstand, welche
die bereits oben geschilderten Boden=Verhältnisse von Holland den
Vertheidigern darboten.

Dies war aber einerseits nicht der Fall, andererseits auch sehr
schwierig. Die große Zahl der festen Plätze und Forts sowie der
einflußreichen und großen Städte würde es selbst einem bedeu=

tenderen Genie als Molitor zu einer der größten Aufgaben ge= macht haben, in mitten des Volks=Aufstandes und der sich von mehreren Seiten heranziehenden Corps siegreicher verbündeter Truppen, die richtige Wahl unter den zu haltenden und aufzuge= benden Positionen zu treffen. Dabei wirkte anfänglich Macdonald mit seinem Corps nur in seinem Interesse, der ihm aufgetragenen Vertheidigung des Niederrheins, die allerdings auf einer Strecke von Cöln bis Zwolle keine leichte Aufgabe war und ihn kaum veranlassen konnte, seine Truppen zu anderen Zwecken zu beta= schiren. Er begnügte sich deshalb anfänglich damit, eine 2000 Mann starke Division bei Deventer mit 1000 Douaniers und Gendarmen Molitors zu vereinigen, und überließ es den weiteren Maßnahmen der Verbündeten, um seine Maßregeln denselben an= zupassen.

2. Bülow's Anmarsch.

Dem glücklichsten der preußischen Feldherren war es vorbehalten, mit genialem Blicke alle diese Verhältnisse zu durchschauen, nach= dem ihn das Ungefähr auf die Bahn geführt, auf der für ihn neue wohlverdiente Lorbeeren erwachsen sollten.

Die Nordarmee der Verbündeten unter dem Kronprinzen von Schweden war gleich nach der Schlacht bei Leipzig in der Richtung auf Göttingen und Cassel vorgerückt, um den bei Hamburg ste= henden Marschall Davoust mit seinem 20000 Mann starken Corps bei seinem zu erwartenden Rückzuge nach Frankreich zu bedrohen. In unbegreiflicher Weise regte sich indeß Davoust nicht von seinem Platze, und der Kronprinz von Schweden disponirte deshalb in der bereits vorn angegebenen Weise über seine Truppen.

Hiernach marschirte das russische Corps des Generals Winzin= gerode nach Bremen und besetzte von hier aus mit vorgeschobenen Abtheilungen leichter Reiterei Oldenburg, während eine andere direct gegen den Rhein gesandte Abtheilung das Großherzogthum Berg occupirte. Am 12. November trafen die ersten leichten rus= sischen Truppen in Düsseldorf ein.

Das 3. Preußische Armee-Corps unter dem General-Lieutenant Grafen Bülow v. Dennewitz birigirte sich auf Minden. In der Umgegend dieser Stadt cantonnirte es vom 7. bis 13. November, um sich zu retabliren.

Denn wenngleich, bei fortdauernder Siegeslaufbahn, dieses Corps von den Strapatzen des Krieges weniger als die übrigen zu leiden gehabt, stets einer georbneten Verpflegung genoß, besser, wenngleich theilweis mit englischen Uniformen, bekleidet war; aus allen diesen Gründen und besonders weil es, die von den Franzosen verlassenen verpesteten Quartiere vermeidend, stets von größeren Krankheiten verschont blieb: so hatten doch die fortbau=ernden Märsche in dieser Jahreszeit so manche Vorbereitungen · für eine neue ernste Kriegsthätigkeit nothwendig gemacht.

Bülow, inmitten der jubelnden Bewohner der altpreußischen Stadt Minden, benutzte außerdem die wenigen Tage dazu, für die nächste Zukunft auch noch andere Maaßregeln zu treffen. Schon am 31. October hatte er aus einem Marschquartier den Major v. Arnim vom Pommerschen Husaren-Regiment mit seiner Eskabron nach Bielefeld betaschirt, um die dortige Gegend für das allgemeine Interesse zu beleben. Wie sicher er bereits sein Ziel im Auge hatte, geht aus dem Passus der dem Major v. Arnim mitgegebenen Instruction hervor, worin es heißt: „er solle selbst auf Holland wirken, und bort die Stimmung für die Befreiung vorbereiten."

Von Minden aus sandte er seinen Schwager und Abjutanten, den Rittmeister Auer, nach England, um Unterstützung an Truppen, Waffen und Geld zu erlangen; ließ bereits am 9. November den Commandeur des 3. Bataillons (Königsberg) des 3. Ostpreußi=schen Landwehr-Regiments, Major Friccius, den er zum Militair=Commissarius von Ostfriesland ernannte, mit seinem Bataillon incl. der freiwilligen Jäger-Compagnie, mit 100 Commanbirten von verschiedenen Regimentern unter Hauptmann v. Sydow und 50 Pferden des Leib-Husaren-Regiments unter Premier-Lieutenant v. Wenckstern zur Besitznahme und militairischen Organisation von

Ostfriesland aufbrechen; und befahl seiner 5. Brigade unter Ge=
neral v. Vorstell, die von den Franzosen besetzte und vom Divi=
sions=General Bourke vertheidigte Festung Wesel und den Nieder=
rhein zu beobachten.

So behielt Bülow für seine eigenen nächsten Unternehmungen
nur noch 16000 Mann übrig, welche, obgleich in ungünstigem
Zahlen=Verhältniß zu den französischen Truppen in Holland und
am Niederrhein, doch denselben an moralischem Werthe und mi=
litairischer Zucht bedeutend überlegen waren.

Noch in Minden erhielt Bülow vom Kronprinzen von Schweden
den von ihm selbst angeregten Befehl, weiter vorzurücken und die
Linie der Yssel und des unteren Rheins militairisch zu besetzen,
sobald die Einschließung Wesel's erfolgt sei.

Am 13. November verließ daher Bülow seine Standquartiere
bei Minden und setzte sich nach Münster in Marsch, welches er
am 17. November erreichte. Inzwischen hatte er in Erfahrung
gebracht, daß der Aufstand im Haag und in Amsterdam guten
Fortgang nehme, daß England zu Unterstützungen bereit sei, daß
in den wiedergewonnenen deutschen Provinzen lebhaft gerüstet
werde und daher das Nachrücken deutscher Truppen in baldiger
Aussicht stände, sowie daß Winzingerode's leichte Schaaren in
Holland nur auf Schwäche und Unentschlossenheit der Franzosen
gestoßen seien.

Alles dies bewog Bülow, den Entschluß zu seinem kühnen
Feldzuge zur Befreiung Hollands, der ohne jene Gründe
hätte verwegen genannt werden müssen, in sich zur Reife werden
zu lassen.

So war es also seine eigene Beurtheilung der Verhältnisse, die
ihn bewog, statt der ihm von seinem Oberbefehlshaber gestellten
Aufgabe, der Erreichung eines höheren Zieles nachzustreben.

Um indeß seine Vollmachten zu erweitern, erbat er sich die Er=
laubniß, gegen eine der Yssel=Festungen, im Falle sie schwach
besetzt wäre, eine Unternehmung in Ausführung bringen zu dürfen.
Der Kronprinz von Schweden genehmigte diesen Vorschlag mit

dem Zusatze: „daß, wenn es nicht rathsam sei, einen eroberten
Platz zu behaupten, der General v. Bülow allenfalls die Festungs=
werke schleifen lassen solle."

Wie Bülow diese Genehmigung in seinem Geiste zu übersetzen
verstand, wird die Folge darthun.

Von Münster über Borken gegen die holländische Grenze hin
vorrückend, erließ er am 20. November folgende Proklamation an
die Bewohner der vereinigten Staaten von Holland:

„Die Vorsehung hat die Waffen unserer Monarchen mit Sieg
gekrönt und der große Bund der freien Völker Europa's
hat die Macht der blutdürstigen Unterdrücker Napoleons jetzt
zum zweiten Male vernichtet. Deutschland hat jetzt völlig die
schmachvollen Fesseln abgeworfen, unter denen es auf Wohl=
fahrt und Glück Verzicht leisten mußte. Holländer! Ihr, die
Ihr einst schon früher als wir der Unterdrückung wider=
strebtet, schon früher ein knechtisches Joch abschütteltet, auch
für Euch schlägt jetzt die Stunde der Erlösung von einem
Drucke, dem ohne Eure Schuld ein unglückliches Verhängniß
Euch nebst so vielen Andern unterwarf. Die verbündete
Armee, die unter dem würdigen Nachfolger des großen
Gustav Adolph im Norden von Deutschland den Sieg errang,
mahnt Euch, dem Beispiele zu folgen, welches Eure Freunde
und Brüder in ganz Deutschland schon gaben. Das Preußische
Truppen=Corps unter meinen Befehlen, welches einen Theil
dieser Armee ausmacht, bietet Euch zunächst die Hand, um
zu Eurer Befreiung und zu Eurem Wohle mitzuwirken,
welches, wenn Ihr, von der Unterdrückung befreit, Eure
Flagge wieder in allen Meeren wehen lassen werdet, bald
und für immer wiederkehren wird. Habt Vertrauen zu uns,
wir haben es einst schon früher um Euch verdient, wir werden
demselben auch jetzt durch die strengste Mannszucht, und nur
von dem Wunsche, Euch zu befreien, geleitet, zu entsprechen
wissen. Aber auch wir treten mit Zuversicht zu Euch hin,
Ihr biederherzigen, braven, alten Nachbarn und Freunde.

Auch wir bauen fest auf Eure Mitwirkung zur glücklichen Vollendung des großen Werkes, die bei vereinter Anstrengung aller Kräfte nicht mehr zweifelhaft sein kann. Zeigt Euch würdig Eurer Ahnherrn, stellt Euch kräftig, wie Jene, zu uns unter die Fahnen, die für Freiheit und Recht wehen, und laßt die Mitwelt auf's Neue den Muth und die Ausdauer der batavischen Legionen im Kampfe für die gerechte Sache bewundern."

Fast eifersüchtig auf die Schnelligkeit der Streifparthei des russischen Generals Benkendorf vom Corps Winzingerode's, von welcher bereits Zwolle am 12. durch den Major Elsenwangen, Gröningen und das Fort Zoltkamp durch den Major Baron Rosen am 15. November erobert waren, beschleunigte Bülow sein Vorrücken über Borken nach der holländischen Grenze noch mehr. Die Avantgarde unter dem General v. Oppen, aus 4 Bataillonen, 1 Jäger-Compagnie, 2 Dragoner-Regimentern und 1 ½ Batterien gebildet, war dem Armee-Corps bereits von Minden aus immer drei Tagemärsche voraus, und überschritt schon am 23. November die Grenze in der Richtung von Bocholt nach Teutschem.

Die linke Flanke des Corps deckte die Wesel cernirende Brigade Borstell, die rechte Flanke aber sicherte sich Bülow, indem er den Major v. Sanbrart mit dem 1. Leib-Husaren-Regiment und 50 Mann Infanterie nach Zütphen, den Oberst v. Südow mit 3 Landwehr-Cavallerie-Regimentern und 2 Füsilier-Bataillonen nach Cöverden entsandte, gleichzeitig mit dem Auftrage, den Aufstand in den nördlichen Provinzen zu unterstützen. Der Major v. Colomb, der, eigentlich vom v. Kleist'schen Armee-Corps betaschirt, sich mit seinem Streifcorps aber rheinabwärts gezogen und am 18. November in Münster beim General v. Bülow gemeldet und um Theilnahme an dem Feldzuge nachgesucht hatte, wurde von Bülow an die Avantgarde des General v. Oppen gewiesen, erhielt, weil Cavallerie allein in den eigenthümlichen Terrainverhältnissen Hollands allzusehr gefährdet ist, permanent 100 Mann Infanterie vom Regiment Colberg unter Premier-Lieutenant v. Bockelmann und für die nächsten Unternehmungen die 4. Compagnie des 5. Reserve-Infanterie-Regiments unter Hauptmann Arnauld be la Periere zu seiner Disposition und zog am 22. November, dem vom General v. Oppen erhaltenen Aufträge gemäß, als Seiten-deckung von dessen linken Flügel von Emmerich rheinabwärts über Zevenaar, setzte am 24. dicht am Rhein über die Yssel, gelangte nach Westervoort und schickte Patrouillen gegen Arnheim und Velp vor.

3. Die Unternehmungen der Avantgarde unter General v. Oppen gegen Doesburg. 23. November 1813.

Da das Gros des Armee-Corps erst am 26. November Borken und Gegend erreichen konnte, so hielt es Oppen zu der von Bü-low als am 24. zu unternehmen befohlenen Berennung von Does-burg und Zütphen für nothwendig, die vorpoussirten Truppen mehr zu concentriren, weshalb er Sydow den Befehl ertheilte, sich der Avantgarde mehr zu nähern und die Richtung gegen Deventer zu nehmen. .

Bei Deutichem erfuhr Oppen, daß Doesburg bereits von Ko-saken genommen sei. Da er indeß die Unzulänglichkeit einer solchen Besatzung erkannte, eilte er um so mehr. Schon in aller Frühe des 23. brach er auf; seine Truppen zur Eile anfeuernd, setzte er sich selbst an die Spitze des Königin-Dragoner-Regiments und der ½ reitenden Batterie Nr. 6 (Kapitain Steinwehr) und langte mit denselben nach einem Marsche von über 4 Meilen Nachmittags 3 Uhr vor Doesburg an.

Oppens Befürchtung hatte sich bewahrheitet, die Kosaken waren von den Franzosen am Vormittage schon wieder vertrieben; die Zugbrücke war aufgezogen und vom Walle fielen Flintenschüsse auf die Spitze des Vortrabs.

Doesburg ist ein kleiner Ort auf dem rechten Ufer der Yssel innerhalb eines Bogens, der von der alten und neuen Yssel ge-bildet wird, daher nur im Osten einem Angriffe zugänglich. Die vormaligen unmittelbaren Festungswerke der Stadt sind eingeebnet und in Gärten verwandelt. Nach Osten hin auf 1000 Schritte über jenes Gartenland vorgeschoben, befindet sich aber eine Sail=lantbefestigung von starken Wällen mit vorliegender Fauffebraye und tiefem Wassergraben, welcher um so mehr gegen den gewalt=samen Angriff schützte, als die Fauffebraye den Graben auf allen Punkten bestrich.

Eine Schiffbrücke, die am Nord=West=Ende der Stadt über die Yssel führte, sicherte die Verbindung mit Zütphen und Arnheim.

Nach einer kurzen Recognoscirung schickte General v. Oppen einen Parlamentair, den Rittmeister Baron v. Eckartstein, nach der Stadt, der, mit Flintenschüssen empfangen, erst nach vielen vergeblichen Versuchen vor den Commandanten geführt wurde.

Dieser verweigerte unter prahlerischen Nebensarten die Ueber=gabe; aber dem preußischen Offizier entging die Geringfügigkeit der Zahl und des Werthes der französischen Besatzung, die größten=theils aus bewaffneten Douaniers bestand, nicht. Zwei alte eiserne Kanonen ohne Artilleristen konnten gleichfalls seine Ansicht von der Sachlage nicht ändern.

General Oppen erwog, wie eine alsbald von Arnheim heran=kommende Verstärkung die ganze Unternehmung in Frage stellen konnte, und trotz der Ermüdung seiner Truppen und ohne daß seine Infanterie schon eingetroffen wäre, auch gegen den Befehl Bülow's, erst am 24. anzugreifen, entschloß er sich, keine Minute weiter zu versäumen und den Angriff mit dem Dragoner=Regiment Königin und der ½ reitenden Batterie sofort zu beginnen. Er ließ die freiwillige Jäger=Escadron des Dragoner=Regiments absitzen und gegen die Werke ein Tirailleurfeuer eröffnen, unter dessen Schutz eine Recognoscirung vorgenommen wurde, um außer dem Hauptthore noch einen andern Eingang zu entdecken. Mittlerweile — um 4 Uhr Nachmittags — langte auch die Infanterie der Avant=garde unter dem Commandeur des Colberg'schen Regiments, Obrist=lieutenant von Zastrow, vor der Festung an, und wurde die Jäger=Compagnie des Majors v. Heidenreich vom ostpreußischen

Jäger-Bataillon und das Colberg'sche Füsilier-Bataillon unter Major v. Schmidt zum Angriff bestimmt.

Die Jäger-Compagnie ging sofort, in Tirailleurs aufgelöst, bis an den Grabenrand vor, während die ½ reitende Batterie mit ihrer Haubitze die Stadt mit Granaten bewarf und mit ihren Kanonen die Thorbesatzung durch Kartätschen vertrieb. Diesen glücklichen Moment benutzte der 17jährige Lieutenant v. Scheple des Colberg'schen Regiments in Gemeinschaft mit dem Lieutenant v. Schack des ostpreußischen Jäger-Bataillons, eine Leiter an die aufgezogene Zugbrücke zu setzen und unter feindlichen, allerdings aus weiterer Entfernung abgegebenen Flintenschüssen hinaufzusteigen. Oben ließen sich beide Offiziere eine zweite Leiter reichen, setzten sie nach Innen zu an und stiegen hinunter, gefolgt von mehreren Füsilieren und Jägern, welche sofort die Haken löseten, an denen die Ketten der Brücke befestigt waren. Durch dieses kühne Unternehmen wurde der Rückzug der Vertheidiger durch die freien Gärten nach der Stadt veranlaßt.

Der Lieutenant v. Scheple mit seinem Zuge eilte sogleich nach; ihm folgte die Jäger-Compagnie, dann die Tirailleure des Füsilier-Bataillons Colberg'schen Regiments unter Kapitain v. Belle und hierauf das genannte Bataillon unter seinem Commandeur. Die vierte Eskadron Königin-Dragoner, unter Kommando des Rittmeisters v. Raven, erhielt den Befehl, rasch in die Stadt und bis zur Yffelbrücke vorzudringen, um daselbst dem fliehenden Feinde die letzte Niederlage zu bereiten. Sie trabte an der Infanterie vorbei. Der Feind machte jedoch Front, als das Terrain ihn begünstigte. Jetzt eilte die Infanterie wieder an die Spitze und ihr wagte der Gegner nicht mehr Widerstand zu leisten; er entfloh, und besaß nicht mehr Zeit und Geistesgegenwart genug, das Stadtthor hinter sich zu schließen. Er eilte nach der Schiffbrücke. Diese hatten die Franzosen indeß selbst, um gegen eine Unternehmung von der linken Yffelseite her gesichert zu sein, in der Mitte abgefahren. Ein Theil der Fliehenden sprang in die Fähre und in einige in der Dunkelheit schwer aufzufindende

Boote, der andere Theil warb von den Dragonern am Ufer nie=
bergehauen ober zu Gefangenen gemacht. Es war ein Moment
fürchterlicher Verwirrung, zumal die Flußfahrzeuge, bis zum Un=
tersinken überfüllt, unb vom Gewehrfeuer beläſtigt, das jenseitige
Ufer nicht erreichen konnten. Einige menschenfreundliche Füsiliere,
die das jämmerliche Chamabe=Blasen unb Trommeln der auf dem
Waſſer Treibenben hörten, schifften ihnen nach unb holten sie an
bas bieſſeitige Ufer zurück. Die Füsiliere machten bann auch biese
zurückgekehrten Fliehenben sämmtlich zu Gefangenen, so baß in
Summa der Commanbant, 3 Offiziere unb 108 Mann, so wie
zwei schwere Kanonen in die Hände der Sieger fielen. Ein kleiner
Theil der Besatzung hatte sich aus dem Waſſerthore zu retten ge=
wußt unb entkam berselbe, von ben Lieutenants v. Schepke unb
v. Döring bis in die Nacht vergeblich verfolgt, nach Arnheim.

Die erste Eskabron des Regiments Königin=Dragoner war der
vierten zur Unterſtützung nachgerückt; bie britte hielt in Reserve.
Die zweite unb die Jäger=Eskabron waren zu beiden Seiten ber
Stabt betaschirt worben, fanben aber auch hier weiter keinen
Feinb.

Auf preußischer Seite wurden nur 2 Offiziere, barunter der
Lieutenant v. Somnitz, der mit gewohnter Kühnheit seinen Tirail=
leurs vorangeeilt war, unb 8 Mann verwunbet.

Bei den im Lanbe selbſt durch ihre Erpreſſungen so sehr ver=
haßten französischen Douaniers fanb man volle Börsen, Uhren unb
anbere Kleinobien, die ausnahmsweise biesmal ben braven Sol=
baten, die bie strengſte Mannszucht hielten unb niemals bas Ei=
genthum der Bürger gröblich verletzten, überliefert wurben.

So fanb z. B. ein freiwilliger Jäger vom Regiment Königin=
Dragoner zwischen ben Doppelsohlen der Stiefel eines Douaniers
ein Paar Hunbert Napoleonsb'ors.

Die pflegmatischen Einwohner Doesburgs, überwältigt von bem
Einbrucke, innerhalb 24 Stunden Kosaken, Franzosen unb Preußen
als Herren ihrer Stabt zu sehen, vielleicht auch bie Rache der Fran=
zosen fürchtenb, verhielten sich, abweichenb von ihren Lanbsleuten

an der Grenze, gegen ihre Befreier sehr still und passiv. Weder ein Orange=Band, das allgemein auftauchende Zeichen legitimer Gesinnung, ließ sich blicken, noch erschallte der Ruf: Oranje boven.

Der General=Quartiermeister des Bülow'schen Corps, Oberst= lieutenant v. Valentini, konnte noch am 25. nur mit großer Mühe ein solches Orange=Band in der Stadt auffinden. Dieses mit dem kurzen Berichte „Doesburg — Zütphen — den 23.—24. November, Orange boven!" sendete er mittelst Eilboten nach Berlin an den Hof der Frau Erbstatthalterin. Es war die erste Nachricht von den Erfolgen in Holland.

Bei der angedeuteten zweifelhaften Stimmung der Bewohner bedurfte es daher eines um so festeren Benehmens, und während der General v. Oppen den Truppen die strengste Mannszucht befahl, erklärte er jedoch gleichzeitig der Stadt, daß sie, bei Ver= meidung einer starken Contribution, die Yfselbrücke bis zum nächsten Morgen gangbar auszubessern hätte. Um 8 Uhr früh war denn auch die Communication mit dem anderen Ufer herge= stellt.

Die Wälle des Brückenkopfs wurden über Nacht stark besetzt und am folgenden Tage einer durchgreifenden Instandsetzung unter= worfen.

Das 2. Bataillon des 1. Neumärkischen Landwehr=Infanterie= Regiments unter Major v. Braunschweig, etwa 200 Mann stark, und 2 Geschütze wurden zur Besatzung Doesburgs bestimmt und im Brückenkopf placirt, während das Regiment Königin=Dragoner in Angelsdorf stationirt wurde, um Beobachtungsposten an der Yfsel zu geben, nach der rechten Flanke zu patrouilliren und et= wanige Bewegungen des Feindes von Arnheim gegen Zütphen und Deventer zu entdecken. Die Jäger=Eskadron blieb noch drei Tage in Doesburg zurück.

4. Die Einnahme Zütphens. 24. November 1813.

Es wird daran erinnert, daß der General v. Oppen bereits von Borken aus am 22. auf seiner rechten Flanke den Major

v. Sandrart mit dem 1. Leib-Husaren-Regiment, während er selbst auf Doesburg losging, gegen Zütphen entsandt hatte. Dem Major v. Sandrart war ein Commando des 1. Bataillons Colberg'schen Regiments von 100 Mann unter dem Lieutenant Degrobt beigegeben, auch zog er am 24. früh das Reiche'sche Jäger-Bataillon an sich und stand zu dieser Zeit am rechten Ufer der Yssel, Zütphen gegenüber.

Dieser Platz, zwar kleiner, aber fortifikatorisch stärker als Doesburg, konnte selbst mit seiner nur 300 Mann starken Besatzung wohl vertheidigt werden. Seine vielen Fabriken und großen Magazine, mehr aber noch die in seinem Besitze liegende Sicherung der Yssellinie und die dadurch in's Werk gesetzte Verbindung mit Ostfriesland und Westphalen, machten die baldige Einnahme des Ortes wünschenswerth.

Der Major v. Sandrart zögerte nicht, sie zu bewerkstelligen; er schritt nach zurückgewiesener Uebergabe-Aufforderung zum Angriff. Das Infanterie-Detachement des Lieutenant Degrobt ging auf die vor dem Thore gelegene abgebrochene Hauptbrücke los. Ein kühner Musketier kletterte im feindlichen Gewehrfeuer von Pfosten zu Pfosten, warf gefundene Bretter darüber und bahnte so den Weg. Der Versuch, das Thor mit der Axt einzuschlagen, mißglückte indeß, da das Detachement zu schwach, das feindliche Feuer aber zu heftig war. Die braven Leute mußten Deckung suchen und sich dann zurückziehen. Dies Gefecht kostete 60 Todte und Verwundete.

Der General v. Oppen, die schwierige Lage Sandrarts voraussehend, und um Zütphen auch von der andern Ysselseite, von woher man wohl noch keinen Angriff vermuthen konnte, einzuschließen, hatte in Doesburg am 24. früh nur die Herstellung der Ysselbrücke abgewartet, um sofort den Major v. Müller mit 2 Escadrons des 2. westpreußischen Dragoner-Regiments, 2 reitenden Geschützen der Batterie Nr. 6 und einem Detachement von 50 Füsilieren, die man auf Wagen gesetzt hatte, auf dem linken Ufer der Yssel vorzuschicken. So schnell auch dies Commando seinen Weg, auf welchem es ein Piquet von 1 Offizier, 19 Mann aufhob, zurück legte, so kam es doch erst nach dem vom Major v. Sandrart bewerkstelligten mißglückten Angriff zur Stelle, sofort sein Kanonenfeuer eröffnend.

Als der Commandant sich auf diese Weise völlig eingeschlossen und seinen Rückzug nach Arnheim abgeschnitten sah, verlangte er zu kapituliren. Der General v. Oppen genehmigte aber den geforderten freien Auszug nicht und befahl — zumal auch der Oberst v. Sydow, der Deventer bereits von Kosaken besetzt gefunden, sich mit seiner leichten Cavallerie Zütphen näherte — am folgenden Tage diesen Platz zu stürmen. Aber noch am Abend des 24. ergab sich die Besatzung zu Kriegsgefangenen, und die Preußischen Truppen besetzten die Wälle. Aus dem Erlös eines gefundenen großen Tabaks-Magazins erhielten die Truppen eine Gratification, auch fielen einige Geschütze und viele Militair-Effecten in ihre Hände.

Doesburg und Zütphen, und wie früher schon bemerkt, auch Zwoll, Gröningen und das Fort Zoltkamp waren nunmehr in den Händen der Verbündeten. Schon am 22. November hatte der Major Fürst Gagarin 300 Kosaken und Baschkiren seines Streifcorps absitzen lassen, um auch die Garnison von Deventer, welche bei seiner Ankunft sich gerade bei einer Unternehmung außerhalb der Festung befand, anzugreifen. Nach einem hartnäckigen Gefechte trieb er den Feind nach Deventer zurück, machte 60 Gefangene, gab sich aber mit dem starken Platze nicht weiter ab, sondern suchte sich, die Yssel abwärts ziehend, einen anderen Uebergang. Am 23. fand der Preußische Oberst v. Sydow, wie wir sahen, die Festung dennoch bereits im Besitz Gagarin'scher Kosaken.

So war nunmehr eine sichere Basis für das weitere Vorrücken der Preußischen Truppen gegen den Rhein gewonnen.

5. Der Sturm von Arnheim. 30. November 1813.

Das nächste Ziel mußte die Rheinfestung Arnheim sein. Von Doesburg bis Arnheim sind circa 2½ geogr. Meilen. Der schon vorn in der allgemeinen Terrainbeschreibung genannte Hügelrücken des Gelderlandes fällt hier mit seinem Südostabhange ziemlich steil gegen die sumpfige Niederung des Rheins und der Yssel ab. Eine bogenförmige Linie über die Orte Rosenbael, Klarenbeck und Hülkesheim bezeichnet ungefähr von Nordosten nach Südwesten die Grenze zwischen der Niederung und dem walbigen Hügelrücken. Arnheim selbst liegt in einer von der Natur durch Reichthum und Lieblichkeit besonders geschmückten Niederung unmittelbar auf der rechten Seite des Rheins, und ist der Schlüssel sowohl zu dem nördlichen Holland als auch zu den niederrheinischen südlichen Provinzen. Die Straßen von Nymwegen nach Zwoll und von Emmerich nach Rotterdam kreuzen sich hier. Eine Schiffbrücke verbindet beide Ufer des Rheins, auf dessen linker Seite ein hoher und steiler Damm das südlich liegende Tiefland vor Ueberschwem= mungen sichert und die rechte Rheinseite beherrscht.

Der Platz selbst, nach niederländischer Art mit Erdwerken um= geben, zählte 10 Bastione hinter tiefen Wassergräben, von denen nur die kurze Strecke auf der unteren Rheinseite von der Schiff= brücke bis zum Rheinthor trocken gelegt war. Eine an dieser Stelle der Stadt unmittelbar vorliegende, dieselbe überhöhende plateauartige Bodenerhebung war mit einer leichten Verschanzung versehen und versperrte die Straßen nach Amsterdam, Rotterdam, und Utrecht.

Wenn man sich von diesen Orten Arnheim näherte, so führte der Weg nach der Schiffbrücke bei dem trockenen Graben außer= halb der Festung vorbei, so daß man nicht nöthig hatte, die Stadt zu betreten. Zu dem Jahnthor auf der nördlichen Seite von Arnheim führte keine der Hauptstraßen hinaus; dagegen mündeten die Straßen von Zwoll, Deventer, Zütphen und Doesburg in das Velper=Thor, welches durch die Flanke eines Bastions ge= führt und durch ein vorliegendes Werk vor den Wirkungen des Geschützfeuers gesichert war. Am obern Ende der Stadt lag das Gatter=Thor *), in welches nach Ueberschreitung zweier überbrück=

---

*) Colomb nennt es die Sabelpoort.

ten Wasserarme ein hoher Damm mündete, der auf dem rechten Rheinufer dem Flusse entlang durch die vorerwähnte morastige Niederung nach Emmerich führt.

Die Außenwerke waren in demolirtem Zustande, ein Glacis und gedeckter Weg um die Hauptbefestigung war nicht vorhanden.

Als der General v. Oppen mit seiner Avantgarde am 23. November die holländische Grenze überschritt und sich gegen Doesburg wandte, entsendete er sofort das Colomb'sche Freicorps, dem an diesem Tage die 4. Compagnie des 5. Reserve-Infanterie-Regiments unter Hauptmann Arnauld de la Periere zur Verstärkung zugewiesen war, direct gegen Arnheim, um diese Festung zu beobachten und Nachrichten über ihre Stärke und Vertheidigungsweise einzuziehen. Die vorgeschobenen feindlichen Posten zogen sich bei dem Ansichtigwerden der von der Yssel her vordringenden Preußischen Truppen, ohne sich auf ein ernstliches Gefecht einzulassen, auf Arnheim zurück, so daß Colomb seine Vorposten ganz nahe der Festung aufstellen konnte. Hierbei ereignete es sich, daß der Lieutenant v. Breitenbach, als er kurz vor Dunkelwerden von seiner Feldwache aus seine Posten revidirte, durch die feindliche Vedettenlinie durchschleichend, bis zur äußeren Barriere gelangte, die Thorflügel öffnete, in das Innere derselben hineintrat und sich darin umsah. Die Schildwacht am Thor, ihn für einen Offizier der Garnison haltend, salutirte, und nach Erwiederung des Grußes kehrte der Lieutenant v. Breitenbach ungehindert zu seiner Feldwache zurück.

Am jenseitigen Ufer des Flusses, bei Huisben, etwa eine Stunde von Arnheim, hatten die Franzosen mit Tabak beladene Schiffe vor Anker liegen. Colomb berief den jungen und als umsichtig bekannten Lieutenant v. Eberstein zu sich, und trug ihm auf, bei Anbruch der Nacht mit 20 Mann mittelst Kähnen dahin aufzubrechen und sich der Schiffe zu bemächtigen. Als v. Eberstein Alles auf das Beste zu dem Wagestück vorbereitet hatte, erschien jedoch der Major v. Colomb auf dem Einschiffungsplatze und befahl, das Unternehmen aufzugeben, weil, nach eingegangener

4

Nachricht, am Nachmittage 1000 Mann Cavallerie in Huisben eingerückt seien, also nicht mehr, wie bis dahin, bie so werthvollen Schiffe nur von Douanen nachläßig bewacht und die Erfolge mithin nicht günstig sein würden. Ebenso wurde von Colomb ein für dieselbe Nacht eingeleiteter Versuch zur Ueberumpelung Arn= heims der Wachsamkeit der Besatzung wegen aufgegeben.

Am 24. November, dem folgenden Tage, bald nach Wiederher= stellung der Ysselbrücke, entsendete der General v. Oppen von Doesburg aus auch die Jäger=Compagnie des Major v. Heiben= reich und 2 Eskabrons des 2. Westpreußischen Dragoner=Regiments zur Recognoscirung gegen Arnheim. Ungefähr auf der Hälfte des Weges bei dem Dorfe Velpe stieß dies Detaschement auf ein fran= zösisches Bataillon, welches vom Marschall Macdonald zur Ver= stärkung der Besatzungen von Doesburg und Zütphen abgesandt worden war, nun aber zu spät kam. Hätte also General v. Oppen nur einen Tag gezögert, so hätte sich die Eroberung genannter Plätze vielleicht so lange hingehalten, bis Macdonald sein später bekannt gewordenes Vertheidigungs=System der Yssel in's Werk setzen konnte. Der Major v. Heidenreich hatte keinen triftigen Grund, sich mit dem ihm entgegenkommenden Bataillon in ein Gefecht einzulassen und zog sich bis zum Dorfe Mibachten zurück, ihm hier den weiteren Vormarsch versperrend, indem er seine Jäger eine starke Vorpostenkette bilden ließ und hinter derselben bivouakirte.

Am 25. November in der Frühe um 8 Uhr brach der General v. Oppen mit den ihm noch übrigen 3 Bataillons Colberg'schen Regiments unter Oberstlieutenant v. Zastrow, 4 Eskabrons Köni= gin=Dragoner und der reitenden Batterie Nr. 6 über den Brücken= kopf von Doesburg nach Arnheim auf. Beim Dorfe Ellikom ließ er zur Deckung seiner rechten Flanke 2 Eskabrons der Königin= Dragoner und 2 reitende Geschütze zurück.

Sich dem Dorfe Mibachten nach einer Stunde Marsches nähernd, fand er die Jäger=Compagnie Heidenreichs bereits im Feuer mit 1000 Mann französischer Infanterie, welche von circa 50 Gensdar=

men auf ihren Flanken gesichert, den Preußen in zwei Kolonnen
entgegenrückten.

General v. Oppen sandte das Colberg'sche Regiment schleunigst
über Mibachten vor, und entwickelte sich dasselbe vor dem Dorfe
im Trabe. Der Major v. Schmidt schob sich mit dem Füsilier=
Bataillon in das walbige durchschnittene Terrain rechts von der
Chaussee und ließ durch die Tirailleurzüge unter dem Lieutenant
v. Lilienthal die Tirailleurlinie der ostpreußischen Jäger verlängern.
Das 1. Bataillon zog sich links, das 2. Bataillon bildete die Re=
serve auf der Chaussee, die freiwilligen Jäger des Regimentes
cotoyirten die Yssel auf dem diesseitigen linken Flügel. Die Bat=
terie zwang den Feind, der seine Angriffsbewegung bereits auf=
gegeben hatte, durch einige Kanonenschüsse, die Chaussee und das
offene Terrain zu verlassen und sich westwärts der Straße in das
bedeckte Terrain bei Rosenbael zu werfen. Hier aber griffen ihn
die Colberg'schen Füsiliere und die Jäger unausgesetzt an, über=
flügelten seine linke Flanke und vertrieben ihn von Abschnitt zu
Abschnitt.

Der General v. Oppen bewegte sich mit den übrigen Truppen
lebhaft vorwärts, in der Hoffnung, das feindliche Bataillon end=
lich zu überholen und abzuschneiden; dasselbe setzte indeß seine
Rückzugsbewegung so schleunig fort, daß es, bei dem Dorfe Kla=
renbeck vorbei, in die auf der unteren Seite von Arnheim am
Rheinthor angelegten Verschanzungen zu entschlüpfen vermochte.
Das schwierige Terrain und die Nähe der Festung hatten eine
entscheidende Diversion der Cavallerie und reitenden Artillerie zum
Abschneiden des Feindes verhindert.

Die erste Eskabron des Regiments Königin und zu ihrer Un=
terstützung auch die vierte waren zu diesem Zwecke auf der großen
Straße vorgesandt; sie versuchten wiederholt auf die feindliche
Infanterie einzuhauen, aber dieser war das Terrain so günstig,
daß die Attaquen nur markirt werden konnten. Dennoch verloren
diese Eskadrons dabei mehrere Leute und 13 Pferde.

General v. Oppen führte aber das auf der Chaussee vorge=

gangene Bataillon ohne Aufenthalt bis unter die Kanonen von
Arnheim und unternahm mit Tirailleurs und Cavallerie hier noch
einen Angriff auf das eben hinter die Verschanzungen verschwin=
bende Bataillon, welches jedoch hier Stand zu halten und die
Attaque abzuschlagen vermochte.

Während dieses Gefechtes auf der östlichen Seite des Platzes
unternahm der General v. Oppen ein Recognoscirungs=Gefecht
mit dem 1. und Füsilier=Bataillon Colberg'schen Regiments gegen
die nördliche Seite. Die Häuser der Vorstädte bis zum Glacis
fielen in seine Hände, aber auf den Wällen standen mindestens
eben so viele Vertheidiger, als ihm Leute zum Angriff zu Gebote
standen. Er stand deshalb, da seine Absicht, mit dem Feinde
gleichzeitig in den Platz zu bringen, nicht geglückt war, für jetzt
von dem beabsichtigten Sturme um so mehr ab, als bei dem
wahrscheinlich unglücklichen Ausgange desselben Alles für die
Sicherheit von Doesburg und Zütphen zu besorgen gewesen wäre.
Da ferner schon am folgenden Tage die 6. Brigade des Generals
v. Krafft in Doesburg anlangen mußte, so war nicht einmal ein
großer Zeitverlust mit der Verzögerung des Angriffs verbunden.
Um jedoch kein Mittel, sich in den Besitz der Festung zu setzen,
unversucht zu lassen, ließ der General v. Oppen durch die beiden
Haubitzen der reitenden Batterie die Stadt mit Granaten bewerfen,
und schickte darauf einen Parlamentair an den Commandanten,
ihm freien Auszug anzubieten. Der französische Befehlshaber er=
wartete jedoch Verstärkungen von Nymwegen und wußte die Un=
terhandlungen, die schließlich doch erfolglos blieben, bis zum
Abende zu verschleppen. Unter dem Schutze der in den Gehöften
der Vorstadt postirten Tirailleurs und dicht vor der Festung als
Soutiens ausgesetzter starker Cavallerie=Feldwachen, zog General
v. Oppen in der Dunkelheit seine Infanterie bis Velpe, seine
Cavallerie und Artillerie bis Mibachten zurück, denn das durch=
schnittene Terrain in seiner rechten Flanke und seine geringe
Stärke erforderten diese Vorsicht, um nicht einer Umgehung und
einem Ueberfalle zur Nacht ausgesetzt zu werden.

Am 26. November setzte indeß der General v. Oppen sein Unternehmen gegen Arnheim — dessen Eroberung ihm durchaus nothwendig erschien, um den Marschall Macdonald zu verhindern, sich dieses wichtigen Debouché's von Nymwegen aus zur Durchschneidung der Verbindungslinie des 3. Preußischen Armee-Corps und zur Im Rücken Nehmung aller weiteren Operationen zu bedienen, — durch eine enge Einschließung des Platzes fort. Er konnte dies um so sicherer thun, als das Detachement des Oberst v. Sydow, aus 2 Landwehr-Cavallerie-Regimentern und einem Detachement Reiche'scher Jäger bestehend, nachdem es für dasselbe vor Deventer und Zütphen nichts mehr zu thun gegeben, nach Doesburg herangezogen war; ferner das Streifcorps des Majors v. Colomb, wie vor erwähnt, vorwärts der Yssel gegen Arnheim Posto gefaßt hatte; auch die 6. Brigade des Gros des 3. Preußischen Armee-Corps unter Generalmajor v. Krafft mit der 6pfündigen Fuß-Batterie Nr. 16 (Kapitain Spreuth) und 2 Landwehr-Cavallerie-Regimenter unter Oberstlieutenant Grafen v. Lottum mit der reitenden Batterie Nr. 5 (Lieut. v. Reindorff) bereits in und um Doesburg eintrafen. Es standen somit zu Oppens Verfügung 12 Bataillone, 16 Eskadrons und 3 Batterien.

Die übrigen Brigaden des Armee-Corps, mit Ausnahme der Brigade Vorstell, welche, wie wir sahen, zur Einschließung der Festung Wesel betaschirt war, folgten auf dem Fuße.

Das Regiment Königin-Dragoner wurde abwechselnd mit dem 2. Westpreußischen Dragoner-Regiment zu den Vorposten herangezogen. Ersteres hatte Quartier in Rehden, wo am 27. auch die in Doesburg zurückgelassene Jäger-Eskadron wieder eintraf.

Um zunächst seine rechte Flanke aufzuklären, entsendete General v. Oppen am 26. früh den Major v. Heidenreich mit seiner Ostpreußischen Jäger-Compagnie und einem Landwehr-Bataillon über Osterbeck hinaus gegen Wageningen. Er räumte Osterbeck von den Franzosen und erbeutete bei Wageningen 6 Kanonen, welche die französischen Gendarmen eben im Begriffe standen, nach Arnheim abzuholen.

Der 26. und 27. November vergingen mit Recognoscirungen und Anordnungen zum Sturm, der am folgenden Tage auf alle Thore der Stadt gleichzeitig unternommen werden sollte. Noch am 27. hatte aber der Marschall Macdonald persönlich die Brigade des Generals St. Marie in der Stärke von circa 3000 Mann Kürassiere und Carabiniers und eine beträchtliche Anzahl Geschütze von Nymwegen nach Arnheim geführt. Die preußischen Vorposten hatten deutlich die langen Züge von der Höhe bei Klarenbeck aus über die Rheinbrücke defiliren gesehen. Man mußte hieraus schließen, daß das ganze Macdonald'sche Corps im Anmarsch sei, zumal man durch aufgefangene Briefe erfuhr, daß der Marschall selbst in Arnheim sein Hauptquartier aufgeschlagen habe.

Der General v. Oppen gab deshalb den beabsichtigten Sturm auf, ließ die schon bereit stehenden Colonnen in die eng um die Festung angeordneten Quartiere und Bivouaks einrücken, bereitete dagegen einen Uebergang über den Rhein vor, um später das bei Arnheim lagernde französische Corps abdrängen und den Platz auch von der linken Rheinseite angreifen zu können. Zu diesem Zweck ließ er mehrere Kähne mit freiwilligen Jägern und Füsilieren des Colberg'schen Regiments bemannen und die noch immer am linken Rheinufer liegenden sieben mit Tabak beladenen Schiffe herüberholen, welches kühne Unternehmen nach kurzem glücklichen Gefechte, bei welchem Seitens des Feindes 1 Voltigeur-Compagnie, 1 Kanone und 1 Haubitze thätig waren, gelang. Nur eins der Schiffe wurde durch eine Granate getroffen und verbrannte. Der Erlös des verkauften Tabaks wurde später dazu verwendet, jedem Offizier und Soldaten der bei Arnheim thätig gewesenen Regimenter ein monatliches Gehalt als Gratification zuzuwenden.

Die Franzosen benutzten die ihnen gegönnte Frist zur Bewaffnung der Festung auf's Trefflichste.

Ein Theil der Wälle der Festung, besonders aber das Retranchement vor dem Rheinthore, wurden mit zahlreichen Geschützen bepflanzt und auf dem Damme südlich des Rheins, durch Einschneidung von Scharten, Batterien angelegt, die ihr Feuer mit vorzüglicher Wirkung auf die soeben diesseits gesammelten Schiffe und Kähne richteten.

Am 29. November gegen Mittag unternahm die französische Cavallerie einen Ausfall aus dem Retranchement gegen das bei Klingenbeck stehende Füsilier=Bataillon des Colberg'schen Regiments. Eine Abtheilung Husaren attaquirte plötzlich die höchst opponirte Feldwacht des Lieutenants v. Döring und warf dieselbe bei der Unaufmerksamkeit des diesseitigen Cavallerie=Soutiens, zurück. Auch das Infanterie=Soutien unter Premier=Lieutenant v. Renouard konnte sich, da Seitens des Feindes ferner unvermerkt eine starke Tirailleur=Linie und hinter derselben 2 Infanterie= Colonnen mit 2 Geschützen vorbrachen, nicht behaupten. Im Uebrigen fanden die Franzosen die Preußen aber durch einen glücklichen Zufall vorbereitet. Der Major v. Schmidt hatte über seinem Quartier in Klingenbeck eine Art von Obfervatorium errichtet, auf welches er einen Posten der größeren Umschau wegen gestellt hatte. Dieser hatte denn auch den Marsch der feindlichen Truppen aus der Festung nach dem Retranchement bemerkt und sogleich gemeldet. Das Füsilier=Bataillon Colberg'schen Regimentes nahm sofort das Gewehr in die Hand, und die 9. und 10. Compagnie unter Führung des Premier=Lieutenants v. Lilienthal gingen auf der Chaussee, die 11. und 12. Compagnie unter dem Major v. Schmidt links derselben in größter Eile vor.

Dem Prem.=Lieutenant v. Lilienthal gelang es, die bedrängten Soutiens und Vorposten aufzunehmen; dieser brave Offizier war aber der erste, der durch einen Schuß in den Fuß und zwei in den Leib tödtlich getroffen wurde. Da der Feind vorzüglich gegen den rechten Flügel des Bataillons drängte und sein Angriff von der auf dem linken Rheinufer postirten Artillerie unterstützt wurde, so mußten die 9. und 10. Compagnie mehrere 100 Schritte zurückgehen, während der Major v. Schmidt mit der 11. und 12. Compagnie mehr nördlich hinter einer Anhöhe Aufstellung nahm.

Entscheidend wirkte die Erscheinung zweier Geschütze der reitenden Batterie Nr. 6, welche der Oberstlieutenant v. Zastrow per=

fönlich in's Gefecht führte. Der Feind stutzte; Major v. Schmidt benutzte diesen Moment, ging rasch in des Feindes rechte Flanke vor und veranlaßte ihn dadurch, seinen Angriff aufzugeben und sich, von dem ganzen Füsilier=Bataillon lebhaft verfolgt, in das Retranchement zurückzuziehen. Gegen Abend wurden die Vorposten auf's Neue von feindlichen Schützen angegriffen; der Lieutenant Thoms jagte sie indeß sofort wieder zurück.

Die Preußen verloren bei diesem Gefechte 1 Offizier 6 Gemeine todt, 2 Offiziere (die Lieutenants v. Döring und v. Schepke) und 52 Gemeine verwundet; der Verlust der Franzosen muß mindestens gleich groß gewesen sein.

Auch hatte diese Affaire durch die Sicherheit der Gegen=Maß= regeln der diesseitigen Truppen den Franzosen die Ueberzeugung verschafft, daß größere Streitkräfte in Bereitschaft seien und daß der Angreifende nicht ohne hartnäckigen Widerstand die Berennung von Arnheim und damit gleichzeitig die Festungslinie der Yssel aufgeben würde. Eine größere Unternehmung gegen Arnheim voraussehend, verzichtete deshalb der Marschall Macdonald auf die Offensive und zog am 30. November in aller Frühe mit der Cavallerie und dem Fuhrwesen über die Rheinbrücke nach Nym= wegen zurück. Arnheim behielt circa 4000 Mann Besatzung unter dem französischen General Charpentier.

Inzwischen war der General v. Bülow mit der 3. und 4. Bri= gade in und um Doesburg eingetroffen. Von den Absichten des Generals v. Oppen unterrichtet, theilte er nicht dessen Ansicht, die Berennung Arnheims auch auf dem linken Rheinufer in's Werk zu setzen, da die französische Hauptmacht, bei Nymwegen concentrirt, in der sehr geringen Entfernung von circa 2½ Meilen dem auf dem jenseitigen Rheinufer aufgestellten Belagerungs= Corps größere Unfälle bereiten konnte, als ein selbst mißglückter Sturm von der rechten Seite im Gefolge haben würde.

Da Zeitgewinn den Franzosen nur gelegen kommen konnte, so zog der General v. Bülow, dem überdies durch Kundschafter, die so gern sagen, was man wünscht, der Platz als ein fast offener

Ort geschildert worden, den brüsken Angriff der methodischen Einschließung vor und befahl für den 30. den schon für den 28. angeordneten Sturm, dessen Leitung er zwar dem General v. Oppen überließ, welchem er aber, wenn es irgend die Umstände erlaubten, persönlich als Zuschauer beiwohnen wollte.

General v. Oppen empfing den Befehl zum Sturm mit unverhaltener Freude. Er behielt die frühere Angriffs-Disposition in vier Colonnen bei, von denen die beiden rechten Flügel-Colonnen die wahre Attaque unter dem Oberstlieutenant v. Zastrow, die beiden linken Flügel-Colonnen und eine vom Major v. Colomb geführte Truppen-Abtheilung, welche gleichsam eine fünfte Colonne bildete, die Schein-Attaque ausführen sollten.

Die Disposition bestimmte folgendes:

I. Colonne: Rendezvous vorwärts Osterbeck; sie greift das Retranchement vor dem Rheinthor, dann das Rheinthor selbst und die Brücke an.

Avantgarde: Colberg'sches Füsilier-Batail. (Maj. v. Schmidt).

Gros: 1 Haubitze und 1 Kanone der reitenden Batterie Nr. 6;

Das 1 Bat. Colberg'schen Regimentes (Kapit. v. Noell);

Die 1. Eskadron Dragoner der Königin;

Das 3. Bataillon des Neumärkischen Landwehr-Regiments.

Reserve: 2 Kanonen der reitenden Batterie Nr. 6;

Die 2. Eskadron Dragoner der Königin war definitif zur Deckung der reitenden Batterie Nr. 5 bestimmt, welche letztere zwischen dem Amsterdamer und Osterbecker Wege vorgehen sollte, um die Rheinbrücke zu beschießen.

II. Colonne: Rendezvous vorwärts Zeipe, auf der Amsterdamer Straße in dem waldigen Terrain nordwestlich von Arnheim; sie greift das Retranchement weiter links auf der Windmühlenhöhe vor dem Rheinthor an und protegirt den Angriff der I. Colonne, indem sie sich auf den dominirenden Werken der Enceinte, sobald

sie genommen, festsetzt und von hier aus beim Sturme
des Rheinthors und der Rheinbrücke mitwirkt.

Avantgarde: Major v. Heidenreich: eine ostpreußische Jäger-
Compagnie, das Füsilier-Bataillon 9. Reserve-Regiments (Major v. Zglinitzki).

Gros: Das 2. Bataillon Colberg'schen Regimentes (Kapitain v. Rohr);

Das 4. Bataillon des 1. Neumärk'schen Landwehr-Regiments (Major v. Düring);

2 Haubitzen und 2 Kanonen;

Die Jäger-Eskadron des Regiments Königin-Dragoner.

Reserve: 1 Haubitze und 3 Kanonen der reitenden Batterie
Nr. 6 (Lieut. Jenichen);

Die 3. und 4. Eskadron des Regiments Königin-Dragoner.

Die Reserven beider Colonnen kommandirt der Oberst v. Treskow.

Die beiden Avantgarden waren mit den nöthigen Sturmwerk-
zeugen versehen; ihre Tirailleurs wurden angewiesen, die feindlichen Werke zu umgehen; unter ihrer Protection und der des
Artillerie-Feuers sollte gestürmt werden.

III. Colonne: Major v. Reckow, Kommandeur des 9. Reserve-
Regiments: greift das Jahns-Thor an.

Das 1. Bataillon des 9. Reserve-Regiments;

Das 2. Bataillon des 1. Neumärk'schen Landwehr-Regiments (v. Braunschweig);

2 Haubitzen und 2 Kanonen Fuß-Artillerie;

1 Eskadron des 2. Westpreußischen Dragoner-Regiments.

Reserve: 4 Kanonen Fuß-Artillerie;

4 Eskadrons des Brandenburgischen Dragoner-Regiments
(Prinz Wilhelm).

IV. Colonne: Major v. Clausewitz: greift das Velper-Thor an.

1 Ostpreußische Jäger-Compagnie;

Das 2. Bataillon 9. Reserve-Regiments;

4 Kanonen Fuß-Artillerie;

Das 2. Pommersche Landwehr-Cavallerie-Regiment.

Die Colonne des Majors v. Colomb war angewiesen, diesen allgemeinen Angriff durch eine gleichzeitige Attaque gegen das Gatter=Thor zu unterstützen.

Wir müssen hier zur Berichtigung der durchgängig gefundenen Angaben erwähnen, daß der Major v. Colomb nicht etwa sein Streifcorps bei dieser Gelegenheit führte. Colomb hatte vielmehr nach Beendigung der ihm aufgetragenen und vom 24. bis 27. ausgeführten Recognoscirung Arnheims und während er selbst in das Hauptquartier v. Oppen's ritt, um Bestimmungen über seine fernere Wirksamkeit einzuholen, sein Corps Arnheim umgehen und in der Richtung auf Rotterdam nach Ede marschiren lassen. Man hielt den Major v. Colomb aber seiner sich verschafften Terrain=Kenntniß wegen für sehr geeignet, den Sturm auf das Gatter=Thor auszuführen und übergab ihm die Truppen des Postens von Westerwoort, welche aus 2 Bataillonen vom 1. Neu= märkischen Landwehr=Regiment, 2 Geschützen und einem Pionier= Detaschement bestanden und am 28. vom General v. Oppen als linker Flügel des Einschließungs=Corps hier aufgestellt waren.

Jeder Colonne folgten mehrere Wagen mit Brettern und kurzen Leitern, welche auf den Rendezvous an die Pionier=Detaschements vertheilt wurden.

Nach der Ankunft der 4. Brigade des Generals v. Thümen, wurde die I Colonne durch das 1. Bataillon des 5. Reserve= Regiments, zu welchem am 29. November gegen Abend die dem Colomb'schen Freicorps beigegeben gewesene 4. Compagnie wieder zurückgekehrt war, die II Colonne durch das 3. Bataillon und 2 Compagnien des 4. Bataillons desselben Regiments, die III und IV Colonne durch je ein Bataillon des 4. Ostpreußischen Infan= terie=Regiments und die Colonne Colomb's durch die anderen zwei Compagnien des 4. Bataillons 5. Reserve=Regiments ver= stärkt. Die 6pfündige Fuß=Batterie Nr. 6 — deren Chef, Kapi= tain Ludwig, in Potsbam krank zurückgeblieben war, und die jetzt vom Seconde=Lieutenant Kambly geführt wurde, — traf zu gleicher Zeit vor Arnheim ein und nahm an dem Sturme Theil.

Im Allgemeinen war für alle Angriffs-Colonnen angeordnet, daß, sobald sie in ein Thor eingedrungen wären, sie eine Hälfte dort als Reserve aufstellen, mit der anderen Hälfte theils in das Innere der Stadt, theils gegen die nächsten Thore dringen und diese öffnen sollten, damit der Angriff der Neben-Colonne dadurch erleichtert würde. Die dem Gros der IV Colonne zugetheilte Es-kadron war angewiesen, in der Stadt sich sogleich an die Spitze zu setzen und den Feind über die Rheinbrücke zu verfolgen. Es sollte aber, um jedes Gedränge zu vermeiden, durchaus nicht mehr Cavallerie zu diesem Zwecke verwendet werden. Ein oder zwei Geschütze der Reserve jeder Colonne sollten in die Stadt folgen, sobald das betreffende Thor und die Straßen die Passage gestat-teten.

Zur allgemeinen Reserve für den Fall des mißlungenen An-griffs wurde auf den Arnheim auf der nördlichen und östlichen Seite umgebenden Höhen der Oberst v. Sydow mit dem 2. und 4. Landwehr-Cavallerie-Regimente, dem Leib-Husaren-Regiment und der reitenden Batterie Nr. 5 aufgestellt.

Der General v. Oppen hielt bei der III Colonne; er hatte sich vorbehalten, den Beginn des Angriffs zu bestimmen. Derselbe sollte, abweichend von der Disposition vom 28., mit den falschen Angriffen der zwei linken Flügel-Colonnen beginnen; auf deren erste Schüsse sollte jedoch der Hauptangriff auf das Retranchement sogleich folgen.

Mit dem Abende des 29. Novembers standen die Truppen nach ihrer Colonnen-Eintheilung rings um die Festung in engen Can-tonnements. Bülow hielt dafür, daß im Winter die schlechteste Hütte besser sei als der eleganteste Bivouak, und hiernach bemaß er stets seine Sorgfalt für die Truppen, und diese wußten es ihm Dank. Für diesen Abend waren aber die Cantonnements so sehr eng, daß beispielsweise im Dorfe Rosenbahl das Schloß mit hun-dert, das Pastorat mit vierzig Offizieren mit Bedienung, Pferden und Zubehör belegt war. Zur Unterbringung der Mannschaft waren jeder Compagnie zwei bis drei Häuser angewiesen, in wel-

chen selbstrebend die Leute nur zum Theil unterzukommen ver=
mochten, zumal höherem Befehl zufolge dem Hauswirth minde=
stens eine Stube zu seiner Disposition gelassen werden mußte.
Die Arrangements wurden deshalb meistens so getroffen, daß alle
bedachten Räume zu Lagerstätten benutzt wurden, und die Mann=
schaft zur Hälfte oder zum Drittheil, je nachdem Platz war, ein=
trat. Der Rest bivouakirte im Hofe oder Garten und löset sich
von Zeit zu Zeit mit den Andern ab. Daburch ward die herr=
schende Kälte weniger empfindlich. Wo der Kochheerd nicht aus=
reichte, wurde im Freien Kaffee gekocht. Alle Vorräthe, die sich
in den zum Quartier angewiesenen Häusern und Gehöften vor=
fanden, standen zur beliebigen Disposition des betreffenden Com=
pagnie=Chefs; jedoch durfte, bei strenger Ahnbung, nirgends das
etwa Fehlende in anderen Häusern gewaltsam genommen, oder
den Hausbewohnern von ihrem ihnen gewährleisteten dreitägigen
Bebarf an Lebensmitteln etwas abgezwungen werden. Daß das
Glück hierbei seine Gaben oft sehr ungleichmäßig vertheilte, liegt
auf der Hand. Fast ohne Ausnahme wurden jedoch die Truppen
als Befreier des Vaterlandes begrüßt und ihnen in Bezug auf
Verpflegung jeder mögliche Vorschub geleistet.

Als ungefähr um 10 Uhr Abends die Adjutanten aller Truppen=
theile mit dem Befehle eintrafen, daß der Sturm auf Arnheim
für den folgenden Tag festgesetzt sei, begrüßte sie freudige Auf=
regung und lauter Jubel. Um Mitternacht traten die Truppen
an, um ein Uhr brachen sie auf. Es war kalt und neblig, die
Nacht war stockfinster.

In lautloser Stille bewegten sich die Colonnen auf den von der
Vorsicht gebotenen Umwegen, meist durch ungebahnte Wälber,
langsam vorwärts. Es waren peinliche Stunden.

Um die 9. Stunde des 30. November standen die Truppen auf
ihren Sammelplätzen bereit. Die Spannung, die in solchen ernsten
Augenblicken auch die unbefangensten Gemüther ergreift, wurde
durch den noch immer anhaltenden dichten Nebel erhöht, der sich
über die ganze Gegend gelagert hatte und sowohl Freund als

Feind genirte. Nur von Zeit zu Zeit wurde die Dunkelheit des Tages und die Stille durch ein heftiges Schützenfeuer unterbrochen, welches die zur Aufklärung dessen, was sich anscheinend vorbereitete, ausgesendeten französischen Recognoscirungs-Patrouillen gegen die Vorposten und Feldwachen eröffneten. Jetzt schallte auch das Geräusch herüber, welches der vor angedeutete Abzug Macdonalds über die Rheinbrücke verursachte. Der Muth der preußischen Truppen steigerte sich bis zur Ungeduld. Doch erst nach zwei unendlich langen Stunden des Harrens, bald nach der Ankunft Bülow's auf dem Kampfplatze, brach um 11 Uhr die Sonne durch den dichten Nebelschleier, und alsbald gab der General v. Oppen mit seinem lauten vernehmlichen Kraftruf das Zeichen zum Aufbruch.

Die Artillerie, in umfassender Stellung rund um den Ort, war schon zum Feuer bereit. Die Batterien waren überall getheilt und traten in Zügen oder ½ Batterien auf. Die 6pfündige Fuß-Batterie Nr. 16 (Kapitain Spreuth) hatte ihre 2 Haubitzen unter Lieutenant Mente und 2 Kanonen dem Vereinigungspuncte des Retranchements und des Hauptwalls gegenüber, ihre übrigen 4 Kanonen unter den Lieutenants Fox und Leo I gegen die obere Rheinfront aufgestellt. In ähnlicher Art waren die 6pfündige Batterie Nr. 19 (Lieut. Baumgarten) und Nr. 6 (Lieut. Kambly) vertheilt. Die Haubitzen der 6pfündigen Batterie Nr. 16 bewarfen das Retranchement auf 800 bis 1000 Schritt sehr wirksam mit Granaten.

Die beiden Haubitzen der 6pfündigen Fuß-Batterie Nr. 6 unter dem Feuerw. Jonas waren vom Oberst v. Holtzendorf selbst placirt und hatten den Auftrag, das Gasthaus und die Mühle im Retranchement anzuzünden, was auch nach wenigen Würfen gelang.

Ebenso standen die Kanonenzüge dieser Batterie unter den Lieutenants Rüstow und Hackedeck im Feuer gegen das Retranchement.

Die unter Lieutenant Jenichen der Reserve der II Colonne zugetheilte ⁴/₂ reitende Batterie Nr. 6 erhielt sehr bald den Befehl, gleichfalls an der Vorbereitung und Unterstützung des

Infanterie-Angriffs auf die Verschanzungen bei der Windmühle
Theil zu nehmen. Es geschah dies von allen Geschützen mit Erfolg.
Den Zwischenraum der Artillerie füllte eine dichte Tirailleur=
linie. Nach kurzer Einleitung durch das Geschützfeuer, ging die=
selbe mit Brettern und Leitern gegen den Graben vor, legte diese
über die dünne Eisdecke und passirten so dieselbe Einer nach dem
Andern. Die Sturmcolonnen folgten in geringer Entfernung.
Der erhöhete Stand der Batterien gestattete denselben, ihr Feuer
so lange gegen den Wallgang zu richten, bis die stürmenden
Truppen den Grabenrand beinahe erreicht hatten. Die Geschosse
waren aber so dicht auf den Wallgang eingeschlagen, daß die Be=
satzung davon lief und die stürmende Infanterie im kritischen
Moment des Grabenüberganges keinen bedeutenden Widerstand fand.

Bei dem Velper=Thore schien der Feind, auf die größere Stärke
der Werke bauend, überhaupt keinen Angriff erwartet zu haben,
denn nur einzelne Schützen empfingen die Tete der IV Colonne.

Sofort setzten sich die Ostpreußischen Jäger auf dem Graben=
rande fest und stellten die abgebrochene Brücke wieder her. Es
dauerte nicht lange, so passirte der Major v. Clausewitz dieselbe
ohne Aufenthalt, durchschritt das Velper=Thor und die anliegenden
Straßen, wo er statt des Feindes den Truppen der III Colonne
begegnete. Sie hatte keinen größeren Widerstand und Aufenthalt
gefunden als die IV Colonne. Die Disposition war leicht auszu=
führen, die Wälle bald besetzt, denn die Franzosen hatten fast alle
ihre Kräfte im Retranchement vereinigt.

Der Major v. Colomb hatte 2 Compagnien seiner Colonne über
den Rhein hinüber betaschirt, um Huissen zu nehmen, sich nach
Elben zu wenden und den feindlichen Rückzug zu gefährden; eine
hinreichende Anzahl Fähren sicherte ihre etwaige rückgängige Be=
wegung. Eine kleine Abtheilung behielt Westerwoort besetzt, mit
der Hauptstärke ging er bis zur Sägemühle vor. Hinter derselben
stellte er die Infanterie verdeckt auf, ließ 60 Tirailleurs bis in
einen Garten vorgehen, der in einem demolirten Außenwerke lag,
60 andere stellte er in ein anderes derartiges Außenwerk, so, daß

sie die Brustwehr des Hauptwalles wirksam beschießen konnten. Die beiden Geschütze wurden links des Dammes hinter einer klei= nen Erderhöhung placirt, von wo sie ebenfalls den Hauptwall und das Thor zu beschießen vermochten. Die Pioniere legten das in der Sägemühle gefundene Holz zur Herstellung einer Brücke zu= recht. So wartete er den Beginn des Angriffs ab. Feindliche Geschütze hatte er nicht direct gegen sich, doch kamen einige Schüsse von den jenseits des Rheins stehenden Batterien herüber. Nachdem das Feuer rund um die Festung begonnen hatte, ging Colomb, nach Zurücklassung einer Reserve und der Geschützbedeckung unter heftigem Feuer gegen das innere Gatter=Thor vor, erreichte den Grabenrand, ließ eine Laufbrücke von den Pionieren machen, über welche die Truppen in das innere Gatter=Thor gelangten. Vorher hatte er 2 Compagnien längs des Rheins nach der Rheinbrücke gesandt. Als die Thorflügel gesprengt waren, sah man die Fran= zosen bereits in eiliger Flucht nach der Rheinbrücke.

Im Retranchement hatte, wenngleich nur ein kurzer, aber desto blutigerer Kampf gewüthet. Nach kurzer Einleitung durch die Artillerie schritt das Füsilier=Bataillon Colberg'schen Regimen= tes, die Avantgarde der 1 Colonne bildend, in Colonne auf der Straße vor, welche unweit des Rheins von Klingenbeck zur Festung führt. Seine Tirailleurs avancirten unter dem Lieute= nant v. Renouard unten am Rhein auf der Promenade, seine Front deckten Tirailleurs des dritten Bataillons 5. Reserve=Regi= ments.

Sowohl vom Retranchement als vom jenseitigen Rheinufer her empfing die Angreifenden ein mörderisches Geschütz= und Klein= gewehr=Feuer. Sie achteten desselben nicht weiter, als daß die Tirailleurzüge der 1. und 4. Compagnie des 5. Reserve=Regiments unter Kapitain v. Boyen und Lieutenant Baron v. Eberstein, hinter starken Eichen aufgelöst, Front gegen jene Geschütze machten und sie mit Gewehr=Feuer belästigten. Die Tirailleurs der An= griffs=Colonne rückten bis 60 Schritt an das Glacis heran, warfen sich auf die Erde und begannen ihr Feuer. Der Major

v. Schmidt führte sein Bataillon im Sturmschritt bis an den Graben, durcheilte denselben und drang bis auf die Brustwehr der an und für sich nur leichten Verschanzung. Hier traf ihn eine feindliche Kugel. Aber entschlossen, das Ziel zu erringen, führte er das Kommando fort, bis eine zweite schwere Verwundung durch mehrere Kartätschkugeln ihn zwang, sich zurückbringen zu lassen.

Da die anderen Colonnen noch nicht in gleicher Höhe waren, so concentrirte sich das Feuer des Feindes aus der Front und der Flanke gegen dies Avantgarden=Bataillon, welches, seines braven Commandeurs sich beraubt sehend, stutzte und zurückging. Der Lieutenant v. Renouard rangirte es unter dem Schutze des eben zur Stelle kommenden Gros der I. Angriffscolonne indeß augenblicklich wieder, und unter dem Rufe: „siegen oder sterben!" erstieg es, dem kühnen Führer folgend, die Brustwehr von neuem. Im hastigen Siegeslaufe brach es sich mit den Bajonetten Bahn nach dem Rheinthore und von dort nach der Rheinbrücke. Die Tirailleure waren unterhalb des Retranchements am Rhein vorgebrungen und hatten gleichfalls unter heftigem Feuer von dort aus das Rheinthor erreicht.

Das Gros der I. Angriffs=Colonne, in dem das 1. Bataillon Colberg'schen Regimentes unter Kapitain v. Noell hinter seinen Tirailleurs und freiwilligen Jägern unmittelbar folgte, mußte aus der Allee vom Schlosse Sternberg gegen das Retranchement einen zweimaligen Anlauf nehmen.

Beim zweiten Male nahm es das zurückgeschlagene Füsilier= Bataillon auf und drang zugleich mit diesem und der Ostpreußischen Jäger=Compagnie sowie dem Füsilier=Bataillon des 9. Reserve= Regimentes unter Major v. Zglinitzki von der II. Angriffs= Colonne siegend in die Verschanzung ein. Der Regiments=Adjutant Lieutenant Schmückert in Gemeinschaft mit dem Lieutenant Goltdammer und schnell herbeigeführten Leuten eröffneten, da die mitgenommenen Leitern sich als zu kurz auswiesen, mit Äxten und Brechstangen das Rheinthor, so daß kein besonderer Aufent=

halt dadurch herbeigeführt zu werden brauchte. Das Bataillon formirte sich auf dem Marktplatze wieder.

Nicht weniger rühmlichen Antheil am Gefecht nahm das der I. Colonne beigegebene 1. Bataillon des 5. Reserve-Infanterie-Regiments. Seine Tirailleurzüge, welche, wie wir bereits sahen, die jenseits des Rheins stehenden Geschütze beschossen, verlängerten zwar fortwährend ihren linken Flügel; es konnte jedoch nicht ausbleiben, daß bei dem anhaltenden Feuern und sich Decken die folgende Bataillons-Colonne dadurch in ihrem Marsche, im Vergleich zu den übrigen Sturm-Colonnen, bedeutend aufgehalten wurde. Dies gewahr werdend, ließ der den Tirailleurzug der 1. Compagnie führende Lieutenant v. Eberstein aus eigenem Antriebe Stopfen blasen, sammelte im Augenblick 20 Mann um sich und warf sich mit diesen, den Anderen voran, auf die Verschanzung. Dieser kühne Versuch mißlang aber gänzlich. Man bemerkte feindlicher Seits die geringe Anzahl der auf diesem Punkte Stürmenden, ließ sie ohne zu feuern möglichst nahe herankommen und empfing sie dann mit einem solchen Kartätschenhagel, daß der Lieutenant v. Eberstein und seine ihm gefolgten Leute, mit Ausnahme zweier leicht Verwundeter, schwer getroffen vor der Schanze liegen blieben. Der mehrgenannte junge brave Offizier erhielt eine sechslöthige Kartätschkugel im rechten Oberschenkel, wobei der Hüftknochen stark verletzt wurde, und einen Prellschuß am rechten Fuß, stürzte zusammen, warb jedoch von jenen zwei Leuten hinter ein schützendes Gartenhaus getragen, später in der Pfarre von Rosenbahl gastlich aufgenommen, gepflegt und nach mehreren Monaten wieder feldbienstfähig hergestellt. Es ist der im Jahre 1863 als Commandant von Jülich gestorbene Generalmajor August Freiherr v. Eberstein.

Das Bataillon war seinen Tirailleuren im Sturmschritt gefolgt, doch wurden seine wiederholten Angriffe von den Franzosen tapfer zurückgeschlagen. Da erbat sich der Bataillons-Adjutant, Lieutenant v. Brocke, von seinem Commandeur die Erlaubniß, Freiwillige aus dem Bataillon ziehen und sich mit diesen an die Spitze setzen zu bürfen. Seinem Wunsche wurde gewillfahrt. Er wandte sich zunächst an die Fahnen-Unteroffiziere Gaedtke, Fischer, Ziemke, Pichler, Habebank und Gaenke, und mit diesen, die ihm sogleich zusicherten, entweder mit ihm die Verschanzung zu ersteigen oder vor derselben ihr Leben zu lassen, und mit einigen Anderen, eilte er, den Regimentstambour Kleist, der auf einer entnommenen Trommel den Sturmmarsch schlug, neben sich, dem Bataillon einige dreißig Schritte voran. Diesem muthigen Benehmen konnte selbstrebend ein ehrliebender Soldat nicht nachstehen. Angefeuert durch den in jedem Gefecht sich stets als ein Mann von eisernem Willen, beispielloser Ruhe und persönlicher Tapferkeit ausgezeichneten Bataillons-Commandeur, Hauptmann v. Mauberobe, und durch die wenigen noch kampffähigen Offiziere aufgemuntert, folgte das erschütterte und merklich geschmolzene Bataillon, tambour battant, und ohne einen Schuß zu thun, seinen Fahnen-Unteroffizieren und erstieg unter mörderischem feindlichen Feuer die Brustwehr.

Der Hauptmann Arnaulb be la Periere, Chef der ersten Compagnie, ein eben so edler als braver Offizier, der seine Compagnie als seine Familie betrachtete, hatte sich auch heute nicht von ihr trennen mögen, obgleich er an einer heftigen contagieusen Augenentzündung litt. Fast erblindet, hielt er sich an dem Rockschooß des Unteroffiziers Wrack fest und erklimmte auf diese Weise mit seiner Compagnie den Wall. Ebenso wenig konnten die Lieutenants v. Breitenbach und v. Linten II, Ersterer am Kopf — die Flintenkugel war zwischen Kopfhaut und Schädel stecken geblieben! — Letzterer in der Brust verwundet, zum Verlassen des Gefechts bestimmt werden. Mit einem sich selbst nothdürftig angelegten Verband schritten sie ihren Leuten voran und hatten die Genugthuung, dem letzten vollständig geglückten Sturm beigewohnt zu haben.

Der Lieutenant v. Jürgas, ein sehr tüchtiger junger Offizier, blieb von zwei Kartätschkugeln getroffen, auf dem Platze; und außer den bereits genannten drei Offizieren, wurden der Premierlieutenant v. Roebel von einem Flintenschuß durch die Lunge schwer, die Lieutenants v. Brocke und v. Erckert leicht blessirt.

Das 2. Bataillon Colberg'schen Regimentes, welches unter Kapitain von Rohr die Avantgarde der II. Colonne bildete und den stärkeren Theil des Retranchements auf der Windmühlenhöhe anzugreifen hatte, konnte gleichfalls erst nach schweren Verlusten zum Ziele kommen. Gleich beim ersten Anrücken fand der tapfere Kapitain v. Rohr an der Spitze des Bataillons seinen Tod. Der Premierlieutenant v. Kistowski, welcher bis dahin die Tirailleurs geführt hatte, übernahm das Kommando und rückte weiter vor; auch er wurde schwer verwundet und mußte zurückgebracht werden. Nur einen Augenblick hatte der Lieutenant v. Köller das Bataillon geführt, als auch er verwundet wurde. Erst dem Lieutenant v. Sametzki, der sich jetzt an die Spitze stellte, gelang es, im immer heftiger werdenden Feuer die Verschanzung zu erstürmen, den Rest seiner Mannschaft wieder zu ordnen und durch das Rheinthor vorzubringen. Die Lieutenants v. Gostkowski und Neumann dieses Bataillons eroberten mit ihren Leuten zwei noch im Feuer stehende Kanonen, eine andere gemischte Abtheilung nahm den französischen General St. Marie, und der Lieutenant v. Sametzki persönlich den Kommandanten der Festung gefangen.

Auch des bei der II. Colonne eingetheilten 4. Bataillons des Neumärkischen Landwehr-Regiments ist rühmlichst zu gedenken. Es erkletterte und erstürmte unter heftigem Feuer des Feindes den Wall nahe am Thore mit großem Heldenmuth und hatte mit den anderen am meisten im Feuer gewesenen Bataillonen der Linie die Ehre, daß, als es vor dem General v. Oppen in der Stadt defilirte, dieser sammt seinem Stabe in Anerkennung der bewiesenen großen Tapferkeit, die Feldmütze vor ihm abnahm.

So hatten also alle Angriffs-Colonnen, wiewohl mit verschiedener Schwierigkeit, ihren Aufgaben genügt: Arnheim war trotz der noch im Innern der Stadt bewiesenen lebhaften Gegenwehr der jungen Garde und der polnischen Ulanen erobert; die Franzosen befanden sich in eiliger Flucht nach der Rheinbrücke. Doch den Siegern konnte noch keine Rast gegeben, die Früchte des Sieges mußten so weit als möglich ausgebeutet werden.

Auf der Rheinbrücke bot sich ein Schauspiel der fürchterlichsten Verwirrung: regellose Massen von Infanterie und Geschützen drängten sich wild durch einander über die schwankende Brücke nach dem jenseitigen Ufer. Denn auch die bis dahin noch Stand haltende Nachhut mußte jetzt den immer von Neuem anrückenden Colonnen, dem Heldenmuthe, der sich bei jedem Einzelnen zu Thaten steigerte, weichen. Bajonnet und Kolbe wütheten fürchterlich. Jeder Widerstand erschien endlich unnütz, persönliche Rettung schließlich der einzige Zweck, und Alles stürzte auf die Brücke los.

Wieder waren es die von dem Feuerwerker Jonas kommandirten zwei Haubitzen von der Kambly'schen Batterie, welche, unfern der Chaussee von Osterbeck postirt, die Rheinbrücke lebhaft mit Granaten bewarfen und durch die Wirksamkeit ihres Feuers dem Feinde ungemeinen Abbruch thaten. Der Oberst v. Holtzendorff war von dem Resultate so zufriedengestellt, daß er den Zugführer öffentlich belobte. Bei dieser Gelegenheit erhielt derselbe das eiserne Kreuz. Der Lieutenant Kambly erwarb sich gleichfalls hier den Ruf eines ausgezeichneten Batterieführers und die bringende Empfehlung des Brigadiers v. Reckow.

Ebenso ward die halbe reitende Batterie Nr. 6 unter Lieutenant Jenichen zum Beschießen der Brücke vorgezogen. Der Oberst v. Holtzendorff, überall gegenwärtig, wo es galt, mit scharfem artilleristischen Auge die besten Stellungen zu ersehen, placirte sie selbst am rechten Rheinufer. Das Feuer war sicher und von großem Erfolge.

Plötzlich loderte in der Mitte der Rheinbrücke, wahrscheinlich von den Franzosen selbst angesteckt, ein helles Feuer auf. Nun auch jeder Möglichkeit der Flucht beraubt, ergaben sich die noch auf dem rechten Ufer befindlichen Franzosen.

Bei der herrschenden großen Erbitterung war Anfangs von Pardongeben gar nicht die Rede, und erst als der Fluß Freund und Feind trennte, gelang es der Anstrengung des Generals v. Thümen, sowie überhaupt der Offiziere, die erhitzten Gemüther zu beruhigen, wieder Ordnung in die sich durch das Zusammenstoßen der Colonnen von allen Truppentheilen des Armee-Corps an einem Punkt, verwickelten Massen zu bringen und den ertheilten Befehlen wieder den gebührenden und gewohnten Gehorsam zu verschaffen. Es läßt sich nicht hinwegläugnen, daß die Aufregung auch wohl dadurch eine so unbändige geworden war, daß die Ortseinwohner, in den Preußen ihre Retter vom französischen Joch erkennend, mit großen Labungen von spirituosen Getränken in die Reihen der Stürmenden einzudringen suchten, um ihre Dankbarkeit auch außer dem wiederholten Ruf „Orange boven" thatsächlich auszudrücken.

Nur wenige Vertheidiger konnten sich retten. Der französische Befehlshaber, Divisions-General Charpentier, fiel schwer verwundet in die Hände der Sieger; der General St. Marie hatte sich mit mehreren seiner Leute in einem hohen Gebäude hartnäckig vertheidigt und dadurch die Veranlassung zu einer blutigen Episode gegeben. Als er sich nach der Erstürmung des Gebäudes noch immer durchaus nicht ergeben wollte, wurde er von einigen Wüthenden ergriffen und zum Fenster hinausgestürzt. Halb entkleidet nach der Hauptwache geführt, wurde er hier aber vom General v. Thümen erlöst und in einen seinem Range und seiner Bravour angemessenen Aufenthalt gesandt.

Es wurden außerdem noch 24 Offiziere und 1000 Mann gefangen und 15 Kanonen erbeutet, und der Verlust der Franzosen an Todten und Verwundeten war ein ungemein großer.

Die Stürmenden hatten 700 Todte und Verwundete verloren, darunter die 4. Brigade allein 8 Offiziere, 15 Unteroffiziere und 222 Mann.

Während der General v. Thümen die Leitung der in den Straßen von Arnheim zusammengehäuften Truppen übernahm, ordnete General v. Oppen sogleich die Verfolgung der auf der Straße nach Nymwegen abziehenden feindlichen Haufen an. Pioniere unter thätiger Beihilfe von Leuten des Colberg'schen Regimentes, welche in die Kähne sprangen und mit ihren Kochgeschirren Wasser schöpften, hatten das angelegte Feuer noch rechtzeitig gelöscht und die Gangbarkeit der Brücke wieder hergestellt. Oppen setzte sich an die Spitze des Pommerschen National=Cavallerie=Regimentes und ließ den Brandenburgischen und Westpreußischen Dragonern, sowie den disponiblen Theilen der reitenden Batterie Nr. 6 den Befehl zugehen, ihm sofort nachzurücken.

Ebenso folgte die erste Esladron Königin=Dragoner und von jeder der anderen Esladrons ein Zug im starken Trabe.

Etwa ¼ Meile von Arnheim, bei dem Dorfe Elben, hatte in=deß der Feind eine vortheilhafte Aufstellung genommen. Der ganze Weg dahin führt auf einem Damme entlang, und war es der Ca=vallerie unmöglich, außer mehreren Gefangenen größere Erfolge zu erringen. Die geringe Entfernung von Arnheim ließ es zu, sehr bald einen vom Oberst v. Holtzendorf selbst herbeigeführten Zug der Jenichenschen halben reitenden Batterie.Nr. 6, die Ost=preußische Jäger=Compagnie unter dem Major v. Böttcher und das Füsilier=Bataillon 9. Reserve=Regiments unter Major v. Zgli=nitzki zur Stelle zu haben. Auch ein Bataillon des 1. Neumär=kischen Landwehr=Regiments und die Tirailleure mehrerer anderer Bataillone suchten darum nach, sich anschließen zu dürfen, und nahmen an der Affaire Theil.

Die Franzosen wurden nun sehr bald zurückgetrieben und hielten erst wieder der sie verfolgenden Reiterei hinter dem Linge=Flüßchen dessen Brücke sie abbrachen, Stand, wo sie sich auf die aus Nym=wegen ihnen entgegengesandte, beim Dorfe Elst positirte Infanterie=Brigade des General Bigarré nebst einer Batterie stützten.

Nach einem unentschiedenen Geschütz= und Tirailleur=Kampf um die Linge=Brücke brach der Abend ein, und da die Verfolgung doch eingestellt werden mußte, die Truppen aber nothwendig der Rast und Verpflegung bedurften, setzte General v. Oppen auch dem Gefechte ein Ziel, ließ das Brandenburgische Dragoner=Re=giment zunächst in der Höhe von Lent, andern Tages aber bis nach Slyck=Ewyck längs der Waal die Vorposten=Chaine bilden, besetzte das Dorf Elben mit einem starken Infanterie=Soutien, stationirte in Westerwoort ein Kommando des vorgenannten Ca=

vallerie=Regiments, welches über Emmerich die Verbindung mit
dem Blokade=Corps vor Wesel zu halten hatte, und nahm selbst sein
Hauptquartier in Billion, einem Schlosse, das durch Ludwig's XIV
Aufenthalt bei seinem Feldzuge in Holland nennenswerth geworden.
General v. Bülow hatte sein Hauptquartier in Arnheim, die
Truppen des Corps kantonirten in und um Arnheim.

Das Colberg'sche Regiment wurde in dieser Nacht auf besonde=
ren Befehl des General v. Bülow und als Beweis dessen beson=
derer Zufriedenheit in Arnheim selbst einquartiert. Den gleichen
Vorzug hatte das 1. Bataillon des 5. Reserve=Infanterie=Regiments.

Den äußersten rechten Flügel, mit Quartier in Osterbeck, bil=
dete ein Bataillon des 9. Reserve=Regiments mit der 6pfündigen
Fuß=Batterie Nr. 16. Am weitesten rückwärts quartierte das Re=
giment Königin=Dragoner in Ellicum. Die übrigen Truppen kan=
tonirten in den Ortschaften zwischen Osterbeck und der Yssel. Kom=
mandant von Arnheim wurde der Obristlieutenant Graf Lottum.

Noch bleibt zu erwähnen, daß ein Detaschement französischer
Cavallerie, welches verirrt und rheinabwärts geflüchtet dann aber
wieder umgekehrt war, an dem Versuche, sich durchzuschlagen,
verhindert wurde; es mußte die Waffen strecken und sich ge=
fangen geben.

Werfen wir vor der Verfolgung der Begebenheiten des nächsten
Tages noch einen Blick auf den heutigen. Der so schnelle und
kaum von den preußischen Heldenführern so leichten Kaufs geahnte
Fall Arnheims ist jedenfalls der unangemessenen Vertheilung der
an sich zahlreichen Besatzung zuzuschreiben. Die Franzosen hatten
die Abfertigung des ersten Angriffs Oppens am 25. allerdings
der günstigen Lage des Retranchements und seiner zweckmäßigen
Vertheidigung zuzuschreiben. Nun aber waren sie unvorsichtig ge=
nug, für die folgenden Ereignisse dasselbe Mittel für gut und
hinreichend zu halten. Hätten sie sich genaue Kenntniß von den
ausgedehnten Vorbereitungen der Preußen zum Sturm zu ver=
schaffen gewußt, das Retranchement immerhin, aber gleichsam als
Vorposten nur dünn besetzt, der Hauptbefestigung und der so vor=

züglich auf dem jenseitigen Rheinufer postirten Artillerie mehr
zugetraut: so konnten sie selbst bei Aufstellung einer kräftigen Reserve im Innern des Platzes — was sie ganz verabsäumt haben
— Thore und Hauptwall nach allen Regeln der Vertheidigung
besetzen und lange Stand halten, vielleicht sogar die Angreifer
zwingen, zur förmlichen Belagerung zu schreiten. Die I. Sturm=
Colonne hätte von der Rheinbatterie und den hinter den Graben=
Pallisaden aufgestellten Schützen, sobald sie in's Retranchement
eingedrungen, unendlich viel leiden müssen; die daselbst, wie be=
absichtigt, hinaufgebrachten Preußischen Geschütze hätten sich, in
Front und rechter Flanke von Kleingewehr= und Geschützfeuer aus
so naher Entfernung belästigt, unbedingt nicht zu halten vermocht.
Alles Andere sind indeß nur Hypothesen; aber der Hauptwall
war stark, die tiefen Wassergräben hätten leicht gehörig aufgeeiset
werden können, und mindestens wäre ein Zeitgewinn zu erzielen
gewesen, der der ganzen Folge von Begebenheiten eine andere für
die Franzosen günstigere Gestalt gegeben hätte.

Nichtsdestoweniger gebührt dem General v. Bülow die Ehre
des Tages in vollem Maaße und um so mehr, als er gegen die
Ansicht seiner Umgebung und des sonst so kühnen Generals v.
Oppen die Unternehmung angeordnet hat. Das Vertrauen, wel=
ches der Sieger von Groß=Beeren und Dennewitz bei seinen
Truppen genoß, war, wenn es möglich gewesen wäre, durch die=
sen Sturm noch erhöht worden, und das Prädicat „des Glück=
lichen,“ welches die Soldaten ihrem Oberfeldherrn beilegten, hatte
sich abermals in der Feuerprobe bewährt. Glück gehört nun ein=
mal, wie zu Allem, namentlich aber zu den Haupteigenschaften
eines Feldherrn; auch Cäsar wäre ohne dasselbe unterlegen. Es
schmälert den Ruhm nicht, es erhöht ihn!

Aber auch der General v. Bülow hatte seit der leipziger Schlacht
zum ersten Male wieder Gelegenheit gehabt, sich von dem Muthe
und der Ausdauer seiner Truppen persönlich zu überzeugen. Die
Wechselwirkung, die aus dem gegenseitigen Vertrauen zwischen
den Soldaten und dem Oberbefehlshaber hervorging, wurde die

Schöpferin aller jener kühnen Operationen, welche wir den General v. Bülow im Vertrauen auf die Tapferkeit seines Heeres noch fernerhin beginnen sehen, und welche die Krieger in der festen Zuversicht auf das Glück ihres Feldherrn das Gefährliche seiner Unternehmungen nicht achten und dieselben muthvoll ausführen ließen.

6. Bülow wendet sich gegen Utrecht.

Nach der Einnahme von Arnheim standen nun dem General v. Bülow zwei Wege zur Einleitung neuer Operationen offen: der eine — den der damalige General-Quartiermeister des 3. preußischen Armee-Corps, der spätere General-Lieutenant Frhr. v. Valentini in seiner Lehre vom Kriege (II. Theil § 33) für den besseren erkennt — mit ganzer Macht gegen die Waal und Maas vorzurücken, das Bommeler Waard und Nymwegen zu forciren; der andere: sich zunächst über Utrecht den nördlichen Provinzen zuzuwenden und sich des Besitzes von Amsterdam zu versichern. Bülow wählte den letzteren. Denn so lange keine militärische Macht die Anstrengung zur Organisation einer Volksbewaffnung belebte, waren von den Holländern um so weniger bedeutende militairische Leistungen zu erwarten, als die französischen Besatzungen von Muyden und Halfweg jede sich bildende National-macht leicht zu zerstreuen vermocht hätten. Der Besitz von Amster-dam bot den Verbündeten zu bedeutende moralische und materielle Vortheile, als daß man dieselben unbenutzt dem vielleicht sich bald wieder abkühlenden Volks-Patriotismus hätte überlassen dürfen. Ohne die Besitzergreifung der nördlichen Festungen, die noch mit französischen Truppen und Geschütz hinlänglich versehen waren, um Diversionen in der rechten Flanke der preußischen Truppen unternehmen zu können, war ein Vorrücken zwischen Rhein und Maas nur mit großer Gefahr für die Rückzugslinie des Armee-Corps möglich. Ferner blieb zu bedenken, daß wenn man den härteren Winter zur Unternehmung gegen das Bommeler Waard abwartete, man jedenfalls die zahlreichen Flüsse und Kanäle bes-

selben gefroren finden würde, was den Angriff sehr erleichtern
mußte. Endlich mußten beim General v. Bülow diese Gründe
um so mehr in's Gewicht fallen, als die ohnehin geringe Stärke
seines Armee-Corps schon durch die in den eroberten Plätzen zurückgelassenen Besatzungen, ja durch die Unternehmungen auf
Doesburg, Zütphen und Arnheim selbst, welche an 1000 Mann
gekostet hatten, so sehr zusammengeschmolzen war, daß es
seiner ganzen Energie bedürfen würde, einer etwa hartnäckigen
Vertheidigung der Provinz Utrecht hinter den Sümpfen der Grift
in gewohnter Weise entgegenzutreten.

Die Hauptsache blieb indeß, daß Bülow von den Vorgängen
der letzten Tage, die außerhalb seines Corps sich ereigneten, nicht
hinreichende Nachrichten hatte.

Es hatte nämlich schon am 26. November der russische Oberst
Narischkin sich der Festung Kampen (nahe am Ausflusse der
Yssel) bemächtigt, war nach Amersfort vorgerückt und besetzte diese
Stadt am 28. November, nachdem die Garnison nach der kleinen
Festung Naarden abgerückt war. Schon am 24. November war
der russische Major Marklay mit 300 Kosaken vom Streifcorps
des Generals Benkendorf in Amsterdam eingetroffen. Er hatte
mit vieler Vorsicht mehrere französische Forts und Plätze um-
gangen und seinen Marsch mitten durch dieselben hindurch ausgeführt. Das Volk empfing ihn mit lautestem Jubel. Am 1. December traf auch Benkendorf selbst von Harderwyk aus ein, in
dem er sich mit dem Gros seines Detaschements eingeschifft und
seinen Weg über den Zuider-See genommen hatte. Zur größeren
Sicherung der Hauptstadt hatte er sich alsbald der festen Plätze
Muyden und Halfweg bemächtigt, dabei 20 Kanonen erobert und
1000 Gefangene gemacht, und seinen Kosaken unter Marklay eine
südliche Direction gegen den Lect und die Waal nach Brabant
hinein gegeben. Das Streifcorps des russischen Generals v. Stahl
hatte bei Amersfort ein leichtes Gefecht mit der französischen
Avantgarde glücklich bestanden.

Am 25. November war auch der legitime Erbstatthalter von

Holland, Prinz Wilhelm Friedrich von Oranien, von London ab=
gereist und stieg, durch ungünstigen Wind aufgehalten, am 30.
zu Scheveningen ans Land, dem nämlichen Fischerdorfe, von wo
er fast neunzehn Jahre früher mit seiner Familie, dem Revolu=
tionssturme entgehend, der Heimath den Rücken gekehrt hatte. Er
brachte die erfreuliche Nachricht mit, daß die englische Regierung
nicht bloß Kriegsmittel aller Art liefern und ihr Geschwader an
der Küste verstärken, sondern auch schleunig mehrere Tausend
Mann nach Holland schicken werde. Zunächst von den dem Hause
Oranien stets ergeben gewesenen Fischern auf den Händen nach
der benachbarten Residenz, dem Haag, getragen, wo Alles außer
sich war vor Entzücken, den Sprößling des geliebten Fürstenhauses
nach so langer Trennung wieder zu sehen, hielt der Prinz am 2.
December seinen feierlichen Einzug in seine Hauptstadt Amsterdam
— ähnlich dem Einzuge Trajans in Rom — und übernahm unter
dem Zujauchzen und der allgemeinen und schrankenlosesten Freude
des Volkes die Regierung.

Es liegt für jeden Preußen und insbesondere für jeden Verehrer
Bülows der kleine ehrgeizige Wunsch so nahe, daß es anstatt einem
russischen Parteigänger, lieber Bülow, dem glühenden Befreier Hol=
lands, vorbehalten gewesen sein möchte, den Erbstatthalter in seine
Hauptstadt Amsterdam zurückzuführen. Sind auch in den Quellen
keine Anzeichen vorhanden, daß dieser Wunsch gleichfalls in der
Tiefe der Seele des Helden gelegen, so scheuen wir uns dennoch
nicht, ihn als einen Grund mehr für Bülows Absicht, sich von
Arnheim gegen Amsterdam zu wenden, aufzustellen.

Ehe er indeß diese Absicht ins Werk zu setzen vermochte, wurde
ihm eine Deputation mit der feierlichen Einladung entgegenge=
sendet, „den Dank des ganzen holländischen Volkes in Amsterdam
zu empfangen". Eine solche Ovation lag indeß nicht in den Wün=
schen des Oberfeldherrn. Er wollte erst das große Werk der Be=
freiung Hollands vollenden! Indem er für seine Person bescheiden
ablehnte, beorderte er den Obersten v. Sydow mit seinem Deta=

schement als Repräsentanten des Preußischen Heeres bei den Amsterdamer Feierlichkeiten in die Hauptstadt ab.

In allen von den Franzosen bereits verlassenen Orten feierte man in echt patriotischer Weise das Befreiungsfest. Am 9. December geschah dasselbe in Rotterdam, wohin sich der Prinz von Oranien begeben hatte, sich seinem getreuen Volke zu zeigen. Der russische General v. Benkendorf und der preußische Major v. Colomb, welche mit ihren Truppen hier standen, waren mit ihren Officieren dazu geladen; — Colomb allerdings erst, nachdem ein unerquickliches Mißverständniß durch seine soldatische Energie beseitigt war.

Bald darauf vereinigte sich auch im Haag die Familie des Fürsten, seine Gemahlin und seine Mutter, die schwer geprüfte Wittwe Wilhelm's V, sein ältester Sohn Wilhelm Ludwig, der sich in Spanien unter Wellington ausgezeichnet hatte, und sein zweiter Sohn Wilhelm Friedrich aus Preußen.

7. Die Franzosen räumen Utrecht und ziehen sich auf das linke Ufer der Waal zurück. Decaen übernimmt den Oberbefehl in den Niederlanden.

Ehe wir nun dem General v. Bülow nach Utrecht folgen, ist es nöthig, die französischen Maaßnahmen in's Auge zu fassen.

Der General Molitor, seit der Räumung von Amsterdam in der Mitte des Novembers bei Utrecht mit der Neuformirung seiner Streitkräfte durch Einstellung von Douaniers, Gendarmen und Matrosen beschäftigt, erkannte bald, daß diese zweifelhaften Streitkräfte, dem vorrückenden preußischen Armee-Corps, den russischen Streifpartheien und der Landes-Insurrection gegenüber, einen ernstlichen Widerstand nicht entgegenzusetzen vermöchten. Denn nachdem er sämmtliche disponible Truppen und unter diesen auch das sogenannte Pupillen-Bataillon der Garde, aus Knaben von 15 — 17 Jahren formirt, zusammengezogen hatte, konnte er, nach Abzug der zurückgelassenen Besatzungen, doch nur 5000 Mann in's Feld stellen.

Als er nun auch Arnheim verloren sah, glaubte er die Linie des Leck nicht mehr vertheidigen zu können. Er verließ Utrecht am frühen Morgen des 1. December, gab die Festung Wörden mit ihren regulairen Linien, so wie die Verschanzungen der Grist (Greppe) auf, welche, einen Haupteingang in die Provinz Utrecht sperrend, den Schlüssel der starken Vertheidigungslinie ausmachen, die hinter Morästen bis nach Amersfort die Grenze deckt. Nur den kleinen Küstenplatz Naarden behielt er noch besetzt. Mit seinen ihm übriggebliebenen 5000 Mann zog er auf das linke Ufer der Waal und vertheilte erstere von Fort Löwenstein bis Whamel, dabei die starke, wohlversehene Festung Gorkum festhaltend. Dieser Platz, an dem Zusammenflusse der Waal und der Maas, ist mit den ihm gegenüberliegenden kleinen Forts Workum und Löwenstein, als doppelter Brückenkopf auf diesen Stromarmen anzusehen und würde sogar einer kleinen Flotte von Kanonenbooten zum Stützpunkt haben dienen können, wenn die Franzosen diesen Zweig der Landesvertheidigung nicht so unbegreiflich vernachlässigt gehabt hätten. Hier in Gorkum kommandirte indeß ein ausgezeichneter Mann, der General und Senator Graf Rampon, derselbe, welcher als Bataillonschef im Feldzug 1796 durch tapfere Vertheidigung der wichtigen Schanze von Milissimo, Bonapartes glücklichen Debüt vorzüglich begründen half. Gleichen Dienst, wiewohl unter veränderten Verhältnissen, schien er jetzt seinem Kaiser leisten zu wollen. Er hatte in Antwerpen einige Bataillone selbst gebildet, sich vor einigen Tagen nach Gorkum geworfen und die Vertheidigung dieses wichtigen Platzes selbst übernommen.

Den Marschall Macdonald vermissen wir zu dieser Zeit deshalb hier, weil er die Gegend von Nymwegen räumte, um weiter oberhalb des Rheins einem Angriffe zu begegnen, welchen ihn der von Borstellschen Truppen auf Neuß ausgeführte Coup, dessen wir später kurz Erwähnung thun werden, erwarten ließ.

Es war also augenblicklich die ganze Linie des Rhein und Leck von Arnheim bis Rotterdam den Verbündeten Preis gegeben, die nunmehr nur die Waal zu überschreiten hatten, um in Nordbrabant einzurücken.

Napoleon hatte aber bereits am 30. November auf die Nachricht von dem Erscheinen preußischer Truppen an der Yssel den General Grafen Decaen zum Oberbefehlshaber in den Niederlanden ernannt, und ihm befohlen, sich nach Gorkum zu begeben, um aus den Truppen, welche die Generale Molitor und Ambert commandirten, mit Hinzuziehung der Nationalgarden unter den Befehlen des Generals und Senators Grafen Rampon ein Corps zu bilden, welches sofort die Vertheidigung Hollands übernehmen könne. Dieses Corps von Holland sollte unverzüglich durch das 1. Corps der activen Armee verstärkt werden, welches der Herzog von Piacenza (Lebrun) bei Antwerpen zu vereinigen den Befehl erhielt, und das man damals auf eine Stärke von 16,000 Mann zu bringen hoffte. Hierzu sollte noch eine Division der jungen Garde unter dem General Roguet stoßen, welche die Ordre erhielt, sich in Brüssel als Reserve zu formiren, und bereits eine Stärke von 6000 Mann erreicht hatte. Ebenso waren die 1800 Mann zählenden Stämme der Divisionen Barrois, Castex und Boyer von der jungen Garde zu ihrer Ergänzung nach Brüssel und Lille gesendet.

Die Aufgabe, welche Napoleon dem General Decaen stellte, war die, die Inseln Voorne, Goree und Overflacke, sämmtlich zwischen der Maas und Schelde, ferner die Orte Briel, Helvoetsluis und Willemstadt in Vertheidigungszustand zu setzen, und zum Wiederergreifen der Offensive sich des doppelten Brückenkopfes über den Leck, durch Schoonhoven und Nieuwport gebildet, zu versichern; endlich aber auch zu verwehren, daß die Engländer einen Landungsversuch mittelst der Ausflüsse der Maas und der Schelde unternähmen.

Der General Decaen sollte ferner seine Operationen mit denen des Marschall Macdonald am Niederrhein in Verbindung bringen, da Napoleon ihn zu dieser Zeit noch im Besitze der Yssellinie vermuthete.

Der neue Oberbefehlshaber fand indeß bei seinem Eintreffen am 4. December in Antwerpen die Ereignisse bereits dergestalt vorgeschritten, wie wir sie größtentheils kennen, und deshalb die vollständige Innehaltung der Befehle des Kaisers für unmöglich. Er fand überdies Antwerpen gleich den übrigen Festungen südlich der Maas fast ohne Besatzung, und alle irgend entbehrlichen Matrosen und Werftarbeiter französischer Abkunft zum Landdienste bereits in Anspruch genommen und für Breda, Bergen op Zoom, Klunders, Zewenbergen und Gertruidenberg bestimmt. Hierzu kam noch, daß sämmtliche Inseln von Zeeland durch englische Landungstruppen bedroht wurden, und die hier zur Bewachung der Küsten aufgestellten Truppen aus holländischen Regimentern bestanden, welche theilweise ihre Waffen gegen ihre französischen Commandeure ergriffen hatten. So wurde der französische General Rostolland von seinen eigenen Truppen im Fort Duquesne zum Gefangenen gemacht; desgleichen der General Ducos in Zierikfee von seiner Garnison verlassen und ihm nur vom Kommandanten der englischen Station gestattet, sich mit 30 Getreuen nach der Insel Tholen zu flüchten. Auch den Generalen Gilly auf der Insel Walchern und Rousseau auf der Insel Cadzand wurden ihre Truppen so verdächtig, daß sie ihre persönliche Rettung einem Kampfe mit den englischen Schiffen vorzogen.

Die Forts Bath, Lieftenshök und Lillo waren nur mit gewöhnlichen Küstenwachen besetzt; die Forts Steenbergen und Tholen aber bereits gänzlich aufgegeben.

Mit einiger Sicherheit konnte Decaen eigentlich nur noch auf die 4 wichtigen Plätze Gertruidenberg, Bergen op Zoom, Herzogenbusch und Breda, welche die Schlüssel der Niederlande sind, rechnen; aber auch in diesen bestanden die Besatzungen nur aus Seesoldaten und Veteranen.

Seine nächste Beschäftigung bestand deshalb darin, die genannten Plätze zu verproviantiren, einige Vertheidigungsarbeiten bei Bergen-op-Zoom und Antwerpen vornehmen zu lassen, Alles, was er an Franzosen habhaft werden konnte, als Garnison dahin zu werfen; die Garde-Division des General Roguet auf Löwen zu dirigiren, damit sie über Mastricht oder Grave den Marschall

Macdonald, wenn demselben bei Neuß überlegen entgegengetreten werden sollte, zu unterstützen vermöge; endlich, eine mobile Colonne unter dem General Ambert zu bilden, welche die Verbindung zwischen Breda und Gertruidenberg sichern sollte, sowie die derselben zugetheilte halbe Batterie mobil zu machen. Er hatte sich sonach die ihm zu energischem Auftreten so sehr benöthigte Garde-Division Roguet gegen das Neußer Phantom *) aus der Hand gegeben, was ihm theuer zu stehen kam.

8. Die Preußen überschreiten den Lec und besetzen die Bethuwe.

Kehren wir nun zum 1. Dezember zurück. Beim Rückzuge der Franzosen bis hinter die Waal, folgte ihnen der russische General v. Stahl mit seinem Streifcorps von Amersfort über Vianen und Wyck, kehrte indeß, da der General v. Bülow bereits im Anmarsch war, von hier nach Notterdam zurück, um den ihm gewordenen Auftrag, Benkendorf's Uebergang daselbst vorzubereiten, nachzukommen. Der preußische Oberfeldherr war, nachdem er in Arnheim den Obristlieutenant Grafen v. Lottum als Kommandanten und ein aus 2 Bataillonen und 4 Eskadrons bestehendes Detaschement zurückgelassen, am 1. Dezember früh von dort aufgebrochen, marschirte, ohne den vermutheten Widerstand zu finden, bis in die Gegend von Wyk by Duurstede und am 2. Dezember bis nach Utrecht und Umgegend. Er selbst nahm in Utrecht sein Hauptquartier und gönnte dem Gros einige Tage der Rast und Erholung. Der General v. Oppen wurde indeß sofort gegen den

---

*) Vorstell sendete am 2. Dezember den Major v. Knoblauch mit dem 2. Bataillon des 2. Reserve-Infanterie-Regiments und einem 27 Pferde starken Detaschement Blücherscher Husaren unter dem Rittmeister v. Schönermark und Lieutenant v. Lemcke, denen sich der Adjutant des Obersten v. Hobe, Rittmeister v. Rheinbaben, mit 20 Pferden desselben Regiments und ferner 12 Kosaken anschlossen, über den Rhein gegen Neuß zu einem coup de main, der auch vortrefflich glückte, aber kaum erwarten ließ, daß er so große Folgen für den glücklichen Fortgang der Operationen in Holland im Gefolge haben werde.

Leck vorgeschoben, um mit seinem Vortrabe denselben bei Vianen und Kuylenburg zu überschreiten.

Hier war es, wo ein preußischer Jäger-Hauptmann, der zuerst das Land der Bethuwe betrat, einen Aufruf an die Bewohner derselben zur Erhebung erließ. Sofort meldeten sich 8000 Mann zu den Waffen und ein wackerer junger Edelmann, Baron Brakel, Herr auf Gelbermalsen, übernahm die Anführung. Der seit Tags vorher wieder souveraine Fürst der Niederlande, der das Eingreifen in seine eignen Angelegenheiten anfangs mißbilligte, erkannte jedoch bald die gute Absicht und bestätigte den Landsturm so wie den Anführer, der das Obristlieutenants-Patent erhielt. Es fehlte jedoch noch an Waffen, die erst von England erwartet wurden. Die schon auf Seeland angelangten Gewehre wurden für's Erste den Preußen überlassen, um einige Tausend aus Westphalen erwartete, noch unausgerüstete Ersatz-Mannschaften wehrhaft zu machen.

Späterhin bedurfte es im großen Ganzen nicht mehr der Mithilfe des Landsturms; er hatte indeß schon allein durch seinen Namen so viel gewirkt, daß er die sich immer noch verstärkende Besatzung von Gorkum selbst unter einem Kommandanten, wie General Graf Rampon, gegen offensive Maßregeln im Zaum hielt. Als diese es dennoch in der Nacht vom 6. zum 7. Dezember gewagt hatte, einen Versuch gegen Leerdam zu machen, zeigte sie solchen Argwohn gegen die mit den Preußen verbündete Volksbewaffnung, daß sie bei der Rückkehr ihren eignen Außenposten bei Arkel aufgab. Auf allen Kirchthürmen der Bethuwe wehete bereits die Orangefahne und selbst die preußischen Vorposten pflanzten sie vor sich an der Grenze ihres Bereiches auf.

Während die Avantgarde unter General v. Oppen an den Uebergangspuncten bei Vianen und Kuylenburg, wo man des treibenden Grundeises wegen vorläufig vergeblich versuchte, Schiffbrücken über den Leck zu schlagen, aufgestellt blieb, war sein in die Bethuwe vorgeschobener Vortrab auf Anordnung Bülow's in 4 Vorposten-Detaschements eingetheilt, welche bestimmt waren, das vom

Feinde verlassene Terrain sogleich zu besetzen. Das 1. Vor=
posten=Detaschement, bestehend aus dem Leib=Husaren=Regiment,
dem Füsilier=Bataillon Colbergschen Regiments und der 2. halben
6pfündigen Batterie Nr. 16 *) unter den Lieutenants Fox und
Leo I., rückte unter dem Major v. Sandrart über Meerkerk
gegen Gorkum. Die Franzosen hatten vorwärts dieses Platzes
einen starken Infanterie=Posten vor Arkel und Spyk, da wo die
Damm=Desileen zusammenlaufen, aufgestellt. Auf diesem Puncte
fanden bei der Nähe der preußischen Vorposten täglich Neckereien
und Gefechte statt. Major von Sandrart hatte aber auch die
kleinen Städte Leerdam und Asperen an der Linge mit 1 Ba=
taillon besetzt, da sie als Vereinigungspuncte mehrerer Kanäle
und Dämme und im Besitze mehrerer Schleusen für Schifffahrt
und Inundation sehr wichtig sind.

Das 2. Vorposten=Detaschement war das des von Amsterdam
zurückgekehrten Oberst v. Sydow. Es hatte die Bestimmung, vor=
wärts Kuylenburg nach Buuren zu rücken, besetzte die Linge bei
Geldermalsen und hatte seine Vorposten an der Waal, dem Städt=
chen Bommel gegenüber.

Der 1. Zug der 6pfündigen Batterie Nr. 16, unter Lieutenant
Mente, der den Vorposten beigegeben war, stand im Dorfe Thuyl
mit einem Theile des Reicheschen Freicorps stationirt. Die Ge=
schütze wurden beim Fährhause der fliegenden Brücke hinter dem
Damm postirt **).

Weiter östlich stand das 3. Detaschement unter dem Major v.
Kamecke, aus einem Dragoner=Regiment und 1 Füsilier=Bataillon
gebildet, in dem Städtchen Thiel und besetzte das Waal=Ufer
ober= und unterhalb der Stadt.

---

*) Am 1. Decbr. hatte der Pr.=Lieut. Baumgarten, bisheriger Comman-
deur der Batterie Nr. 10, die Batterie Nr. 16 erhalten, da Kapitain Spreuth,
zum Major befördert, das Kommando der Artillerie von Magdeburg erhalten hatte.

**) Die 2. Zug der Batterie blieb im Gros der Avantgarde Oppens vor
Kuylenburg zum Schutze der dort zu erbauenden Schiffbrücken stehen.

Als 4. Vorposten-Detaschement ist das oben bereits erwähnte
des Grafen Lottum zu betrachten, welches, sich auf Arnheim
stützend, zugleich gegen Nymwegen vorpoussiren sollte, auch ange=
wiesen war, mit dem 3. Detaschement Verbindung zu halten.
So blieb, mit Hinzurechnung der kleinen Scharmützel bei Arkel
und Spyk, der Stand der Dinge auf preußischer Seite bis zum
10. December.

9. Erfolge des Benkendorffischen Streifcorps und der holländischen Volksbewaffnung.

Der russische General Benkendorf hatte sich unterdeß nach kur=
zem Verweilen in Amsterdam mit seinem Streifcorps, bestehend
aus dem Pawlograbschen Husaren=Regimente, 2 schwachen Infan=
terie=Bataillonen und 4 Kosakengeschützen, welche Truppen in
ihrem vortrefflichen Zustande die Bewunderung der Holländer er=
regten, nach Rotterdam begeben, durchschritt die Insel Ysselmonde
und schiffte sich am 10. Dezember in Dordrecht ein. Am folgen=
den Tage betrat er bei Werkendam das linke Ufer der Meerwede
und zog gegen Breda. Der Feind, einige 100 Mann stark, rückte
eben von dorther nach den vorliegenden kleinen Plätzen. Im An=
gesicht der Russen machte er wieder Kehrt. Der General Ambert
räumte mit seinen circa 1000 Kombattanten und ½ Batterie am
12. December sogar Breda, da der General en chef Decaen, ver=
muthlich die Stärke der Russen weit überschätzend, seine geringen
Streitkräfte zur Vertheidigung des wichtigen Antwerpen vereinigen
wollte. In Gemäßheit eines ähnlichen Befehls übergab der Com=
mandant von Willemstadt, Oberst Le Grand, die Festung mit
ihrem bedeutenden Artillerie=Material und 32 Kanonen=Schaluppen
an die vor derselben erscheinenden Kosaken; der Commandant von
Gertruidenberg, ein inactiv lebender General Lorcet, der vom
Kriegsminister zur Vertheidigung des Platzes hergeschickt worden
war und nur 30 Marine=Soldaten zu seiner Disposition vorfand,
kapitulirte dem russischen General Stahl gegenüber am 13. unter
der Bedingung freien Abzuges; Steenbergen, Klundert, Zeven=

bergen waren noch gar nicht besetzt. Gleichzeitig hatte sich auch der holländische Landsturm auf der Insel Voorne der Orte Brielle und Helvoetsluis bemächtigt, während die bayerländischen Bauern die Schanzen zu Ooltjesplaat und an der Buitensluis mit Sturm nahmen.

10. Bülow entsendet das Colomb'sche Streifcorps nach Brabant. Vertheidigung von Breda, 20. bis 24. December 1813.

Hiermit war der Anfang gemacht, über die Grenze Hollands sich auch in's Brabantsche zu ergießen. In Holland hielt der Feind noch Gorkum und das ganze Bommeler Waard bis Nymwegen. Dies zu erobern, war nunmehr Bülows Aufgabe, mit deren Lösung er sich zugleich mit den Engländern, welche in die Oster-Schelde einlaufen und diese Unternehmung unterstützen sollten, in Verbindung zu setzen vermochte.

Die eben beschriebenen Erfolge Benkendorf's bestimmten ihn vollends, nicht länger zu säumen. Wie wohl es nicht in seiner Absicht lag, Benkendorf zu unterstützen — denn dazu wäre er zu spät gekommen, — so mußte ein möglichst gleichzeitiges Handeln doch immer den moralischen Effect der Unternehmungen der Verbündeten den Franzosen gegenüber heben.

Am 10. December erließ Bülow nachstehende Proclamation in französischer Sprache an die Niederländer:

„Die gerechte Strafe des Himmels hat denjenigen erreicht, der die Welt aus Stolz und Uebermuth verwüstete und mit gottloser Hand Alles vernichtete, was es Heiliges gibt, sobald seine verheerenden und blutigen Pläne irgend einen Widerstand fanden. Die Rotten, welche er dem Racheschwerte entgegen-führte, wurden zwei Male vernichtet, und die Dinge sind auf den Punct gekommen, daß es hinreicht, den Namen Napoleon zu nennen, um die Verwünschungen mehrerer Millionen seiner Unterthanen zu erregen, deren Glück er ohne Scheu seinen verderblichen Plänen opferte.

„Flamländer! von allen mit Euch so nahe verwandten, so

enge verschwisterten Völkern seid Ihr die einzigen noch, die das
Sklavenjoch des Wütherichs tragen, dessen Stolz und Ueber=
muth die Welt verheerten! die Einzigen, denen er Brüder,
Söhne und Verwandte ungestört aus den Armen reißen kann,
um sie zur Schlachtbank zu führen und in Schmach und Elend
umkommen zu lassen, worin seine thörichte Wuth sie unver=
meidlich stürzen wird! die Einzigen endlich, denen nicht die
Hoffnung winkt, den ehemaligen Wohlstand, den wohlerworbe=
nen Lohn Eures Kunstfleißes unter einer gerechten und väter=
lichen Regierung wieder zu erlangen! Solltet Ihr länger noch
die Sklavenfesseln geduldig tragen wollen? Sollte Euch das
Beispiel Eurer Nachbarn und Freunde, die nun schon alle Vor=
züge einer schönen und ruhmreichen Vorzeit wieder genießen,
nicht zu edlem Nacheifer entflammen? O gewiß! Noch rollt ja
in Euren Adern das Blut Eurer tapferen und hochherzigen
Ahnherrn! Ihr seid noch dasselbe alte Heldenvolk, dessen die
Geschichte ruhmvoll erwähnt, werth, dem herrlichen großen
Bunde Derer anzugehören, die durch eigene Kraft sich befreie=
ten! Auch Ihr werdet handeln, auch Ihr werdet Eure schmach=
vollen Banden brechen. Fasset Muth! zu Eurem Schutze, zu
kräftiger Mitwirkung bei Eurer Befreiung sind wir da, und
wohl haben wir Euer Vertrauen verdient! Nicht um zu ero=
bern, nicht um Euch zu bedrücken und auszusaugen, nahen wir
uns. Wir wollen nur Brüder, die durch die heiligsten Rechte
uns angehören, gerettet, frei und glücklich sehen! Darum noch
einmal, Ihr Flamländer! tretet zusammen und handelt, wie es
einem edlen und selbstständigen Volke geziemt. Vertilgt die
Rotten der räuberischen Fremdlinge, die Euren vaterländischen
Heerd umlagern. Stürzt ein die Schlupfwinkel, in denen die
Feigheit sich birgt. In jeder Gefahr werden unsere Paniere
neben den Eurigen wehen, und der Herr der Heerscharen wird,
wie immer, so auch dann der heiligen und gerechten Sache den
Sieg verleihen!!!"

Die ersten preußischen Truppen, welche sich im Brabantischen

zeigten, waren die des Streifcorps des Majors v. Colomb. Wäh=
rend des Sturmes von Arnheim, welchen, wie bereits oben er=
wähnt, der Major v. Colomb nicht mit seinen Leuten, sondern
nur für seine Person an der Spitze anderer braver Truppen mit=
machte, war sein Commando schon bis Ede marschirt, und Gene=
ral v. Bülow sagte zu Colomb in Arnheim auf diese Meldung:
„Nun so eilen Sie, daß sie nach Rotterdam kommen und den
Insurgenten blaue Röcke zeigen, damit sie den Kopf nicht ver=
lieren; die Franzosen haben in einer kleinen Stadt einige Leute
erschossen und dies soll großen Schrecken verbreitet haben. Kün=
digen Sie überall meine Ankunft mit 50,000 Mann an!"

Der Major v. Colomb holte sein Streifcorps am 1. December
ein, marschirte über Amerungen, Scalweid, Gauda und erreichte
am 3. December mit Tagesanbruch Rotterdam. Nirgends traf er
mehr eine Spur von französischen Truppen. In Rotterdam wurde
er mit Glockengeläut und Kanonensalven von den Schiffen em=
pfangen; die ganze Stadt gerieth in Bewegung und der Empfang
war so freudig als freundlich.

Als der russische General v. Benkendorf gleichfalls in Rotter=
dam eintraf, fand Colomb in ihm einen außerordentlich thätigen
und liebenswürdigen Mann, so daß er sich veranlaßt fand, sich
zu der beabsichtigten Brabanter Expedition ihm anzuschließen.
Dazu erhielt er von Bülow die erbetene Erlaubniß um so mehr,
als es von höchster Wichtigkeit für die preußische Waffenehre war,
daß für den möglichen Fall der Wegnahme Antwerpens nebst der
Flotte auch preußische Truppen daran Theil nahmen. Erst am 12.
December folgte Colomb dem General v. Benkendorf, weil die
Uebersetzung der Pferde über den Biesbosch nur langsam von
statten ging. Colomb einigte sich mit Benkendorf dahin, daß letz=
terer die größeren Unternehmungen, von denen wir bereits oben
berichtet, Colomb aber das eigentliche Streifwesen, Posten= und
Couriere=Aufheben und Nachrichten einzutreiben in's Werk setzte.
Zu dem Ende ließ Colomb dem russischen Parthei=Chef seinen
Lieutenant v. Bockelmann mit 100 Infanteristen (40 freiwilligen

Jägern und 60 Füsilieren vom Colbergschen Regiment) zurück, während er von Benkendorf den Rittmeister Petersen und den Cornet Boßkowski mit 60 Husaren und den Rittmeister Bagab-scheff mit 50 Kosaken erhielt. Außerdem begleiteten ihn noch 2 holländische Offiziere. Am 14. zerstörte Colomb zu Hoogstraten den Telegraphen, am 15. ging er nach Ostmalle, entsendete den Ritt-meister Moritz mit 70 Pferden nach Turnhout, um einen Trupp von 70—80 gendarmes d'élite zu zersprengen und ließ den Un-teroffizier Kopka vom schlesischen Ulanen-Regiment, einen gewandt-ten Mann, mit 8 Pferden bis Antwerpen streifen; er selbst be-gab sich nach Pütten; der Lieutenant v. Rothkirch streifte mit 20 Pferden bis auf die Antwerpen-Mechelner Straße, um die Pa-riser Briefe aufzufangen. Am 16. December beschloß Colomb sogar einen Streifzug gegen Brüssel, um den Gouverneur gefangen zu nehmen, hielt sich jedoch südlich von Mecheln mit der Aufhebung von 5 schweren Geschützen auf und mußte, da er überall schon Aufmerksamkeit und Vorsicht erregt hatte, bei Rymenam die Dyle passiren und erreichte spät Abends Bortmeerbecke unweit der Straße von Brüssel nach Löwen.

Seine eingezogenen Nachrichten stimmten dahin überein, daß die Garnison von Antwerpen schon auf circa 10,000 Mann, jedoch schlecht organisirter Truppen angewachsen sei, daß fast täglich Ab-theilungen von 4—500 Mann einträfen, ein Regiment Garde d'Honneur über Mecheln im Anmarsch sei und daß endlich Brüssel 500 Mann Besatzung und den General Chamberlac zum Gouver-neur habe. Die Garnison bivouakire außerhalb der Stadt. Nach Löwen sei ein Regiment Cavallerie und 400 Mann Infanterie in Marsch. Am 18. rückte Colomb in Löwen ein, unterdrückte eine verfrühete Revolte gegen die Franzosen, versenkte 14 schwere Ge-schütze, die auf dem Transport von Lüttich nach Antwerpen waren, in den Kanal, zog seine betaschirten kleinen Commandos an sich, ging darauf am 19. December über die kleine Nothe und kam Abends spät in Vorselaere an. Hier erfuhr er den Aufbruch eines 8000 Mann starken Corps unter General Roguet, welches von

Antwerpen gegen Breda marſchirte, um dieſen Plaß wieder zu nehmen. Seinen Marſch auf's Höchſte beſchleunigend, gelangte er doch erſt am 20. December an das Ginnekenſche Thor, als die Franzoſen bereits vor dem Antwerpener Thor eine Batterie placirt hatten und Breda mit Granaten bewarfen. Er traf hier ben ruſ= ſiſchen General Benkenborf und einigte ſich mit ihm troß ſeines Widerwillens, ſich als kühner Partheigänger in eine Feſtung ein= ſchließen zu laſſen, dahin, ihn bei der Vertheidigung Breda's zu unterſtüßen, da der Lieutenant v. Bockelmann mit ſeinen 100 Pommern und 50 mit Büchſen bewaffneten freiwilligen Jägern, größtentheils gute Schüßen, immerhin eine annehmbare Verſtär= kung der Streitkräfte abgab.

Der Major v. Steinäcker übernahm die Geſchäfte des Inge= nieurs und Artillerie=Offiziers vom Plaß, ſo wenig auch eine völlig leere Feſtung dieſe Ehre verdiente.

Die Befeſtigungen Breda's, eines Ortes von 9—10,000 Ein= wohnern, beſtehen aus 13 Baſtionen, eben ſo vielen Ravelinen, mehreren hohen Cavalieren und 5 Hornwerken. Weber Hauptwall noch Außenwerke waren revetirt, der Graben jedoch, breit und ſumpfig, ſicherte vor Ueberfall. Palliſabirungen fehlten gänzlich, die Inundations=Vorrichtungen waren nicht im Stande. Die Be= denklichkeit ſtieg mit dem Zufrieren der Gräben.

Die Franzoſen ließen ſich jedoch nicht auf eine völlige Ein= ſchließung ein, ſondern berannten nur 2 Thore, die beiden ge= nannten. Das Antwerpener Thor vertheidigten 250 ruſſiſche Jäger, das Ginnekenſche der Lieutenant v. Bockelmann mit ſeinen Pom= mern und freiwilligen Jägern und zur Verſtärkung beigegebenen 150 ruſſiſchen Infanteriſten, 20 Koſaken und 3 Kanonen. Die Maſſe der übrig bleibenden Koſaken behielt der General Graf Benkendorf zur Reſerve, um für jeden eintretenden Fall geſichert zu ſein.

Nachdem der Feind in der Nacht vom 20. bis 21. ſechs Stunden lang fortwährend Granaten in die Stadt geworfen hatte, griff er Nachmittags verſuchsweiſe das Antwerpener Thor an, warb aber zurückgewieſen.

Der General Graf Benkendorf hatte sich, bei der ersten Nachricht vom Anmarsch des Feindes, nach allen Seiten um Unterstützung gewendet, doch konnten ihm diese nur durch Demonstrationen gewährt werden.

Wie wir in der Folge erfahren werden, hatte nämlich der General v. Bülow um diese Zeit Gorkum noch nicht genommen; doch ließ er den General v. Krafft mit seiner Brigade eine Bewegung über Heusden hinaus machen, und Krafft sandte ein Kavallerie-Regiment bis Tilburg vor, ließ in allen Dörfern die Sturmglocken läuten und die Bauern aufbieten, sich seinem Zuge anzuschließen. Zugleich bediente sich Bülow der List, ein Schreiben abzusenden, durch das er die Besatzung benachrichtigte, er werde mit 15,000 Mann unverzüglich eintreffen. Dieses Schreiben, den Franzosen mit guter Manier in die Hände gespielt, ließ diese in dem Anrücken Krafft's das Herbeikommen der ganzen Stärke Bülow's erblicken, mit der sie es nicht aufnehmen wollten.

Auf der andern Seite waren die englischen Hilfstruppen, circa 8000 Mann unter dem General Sir Thomas Graham, welche am 4. December auf der Insel Tholen in der Osterschelde gelandet waren, noch nicht in kriegsmäßiger Verfassung, da sie theils auf der Ueberfahrt viel gelitten, theils ihre Pferde noch nicht ausgeschifft hatten. Dennoch betaschirte Graham nach Rozendael und machte die Franzosen glauben, er wolle dahin vorrücken.

Die Holländer sandten ein aus schnell geworbenen Leuten errichtetes Bataillon unter dem wackeren van der Plaat, und versprachen Kanonen und Munition aus Helvoetsluis und Willemstadt; auch die Bürgerschaft zeigte sich äußerst brav. *)

---

*) Bossha und van Kampen sagen darüber: Van alle steden was Breda verreweg de gewigtigste, waarom dan ook de Franschen, op bevel van Napoleon, hare herwinning beproefden, eer er nog eene geregelde krijgsmagt was binnengerukt. Doch de burgers, de weinige Hollanders en Russen, die zich reeds binnen de stad bevonden (te zamen niet meer dan 2000 man) verdedigten zich zoo kloekmoedig, dat na eene bombardering van twee dagen de belegeraars (12000 man sterk met 23 stukken geschut) moesten afdeinzen.

Am 21. December griffen die Franzosen beide Thore ernstlicher an, warfen viel Granaten in die Festung, und wollten sich der Brücken über den Hauptgraben bemächtigen. Sie wurden indeß wieder abgewiesen.

Spät am Abend kamen zwei Schiffe, welche die verhießenen holländischen Kanonen, 18 an der Zahl und 500 Holländer brachten, mit vielem Glück den Mark=Canal herauf und gelangten, als eine aus der Gegend von Brüssel zurückkehrende Kosaken=Abtheilung den französischen Posten in Terheyde vertrieben, wenige 100 Schritt an den feindlichen Vedetten vorbei, in die Stadt. Nun galt es, die Zwölfpfünder während der Nacht in die Bastione zu bringen, Bettungen zu strecken, Scharten einzuschneiden, Munition und Zubehör zu placiren. Offiziere und Soldaten, holländische und kosakische Artilleristen, freiwillige Jäger und Bürger wetteiferten Hand anzulegen; alle Sprachen schwirrten durcheinander, man verstand sich nicht und konnte lange nicht zu Stande kommen. Endlich überwand indeß des Majors v. Steinäcker große Thätig= keit und Gewandheit die Schwierigkeiten, so daß bei Tagesan= bruch 10 oder 12 Geschütze placirt waren, an denen Offiziere und Jäger die mangelnden Artilleristen ersetzten.

Die 4 Kosaken=Kanonen mit ihrem schwachen Kaliber und bei ihrem nothwendigen Haushalten mit Munition, hatten die Fran= zosen so wenig beachtet, daß sie auf dem Glacis bivouakirten. Als sie bei fallendem Frühnebel am 22. December einen neuen Sturm auf beide Thore versuchten und des gewaltigen Geschützfeuers ge= wahr wurden, sahen sie wohl ein, daß sie den geeigneten Moment zum Sturm hatten entwischen lassen. Der französische General Lefebre=Desnouettes, der, persönlich herbeigeeilt und am 23. in Prinzenhagen eingetroffen, das Commando über das Belagerungs= Corps übernommen hatte, gab in Anbetracht dessen und des Heranrückens der Preußen und Engländer wegen das Vorhaben auf und zog in der nächsten Nacht, von einem starken Nebel be= günstigt, gegen Antwerpen hin ab.

Der Major v. Colomb folgte dem abziehenden Feinde sofort,

statt seiner Infanterie unter Bockelmann eine Abtheilung Kosaken mit sich führend, bis Gr. Zundert, auch erreichte die Spitze der Avantgarde des General v. Krafft, der Oberst-Lieutenant v. Sand-vart mit dem 1. Leib-Husaren-Regimente, die feindlichen Garde-Chasseurs bei Dorst und Upelaar, warf sie über den Haufen und machte mehrere Gefangene. Die Franzosen nahmen am 24. zur Beobachtung Breda's, einen Tagemarsch von diesem Platze ent-fernt, die Stellung von Westwesel und dehnten sich über Loenhut und Hoogstraten aus. Der gegenseitige Vorpostendienst war im höchsten Grade anstrengend, da das durchschnittene Terrain, in welchem die Felder mit Hecken und Gräben umgeben und mit Büschen untermischt waren, die freie Umsicht sehr erschwerte. Zur Action kam es weiter nicht; doch brachte Colomb in Er-fahrung, daß die Franzosen mehrere Transporte von Antwerpen nach Bergen-op-Zoom gehen ließen, deren er jedoch nicht habhaft werden konnte. Am 29. Dezember rückten endlich auch die Eng-länder vor. Der General Mackenzie besetzte Rosendael stark, und mit ihm setzte sich Colomb in Verbindung.

Indem wir hier noch erwähnen, daß der russische General Benkendorf am 3. Januar 1814 Breda den preußischen und eng-lischen Truppen überließ und über Arnheim und Emmerich sich dem noch am rechten Rheinufer befindlichen Corps von Winzinge-rode wieder anschloß; den Posten Colomb's aber der Major v. Hellwig übernahm; der inzwischen avancirte Hauptmann v. Bockel-mann zu seinem Regiment zurückkehrte und Colomb von Bülow den Befehl erhielt, an die Maas zu eilen und Nachrichten über den Marsch Macdonald's einzuziehen, trennen wir uns von dieser Episode, in der wir der Zeit der Hauptbegebenheiten voraneilten, weil eine Zerstückelung dieses kühnen Partheigänger-Zuges ihn der Darstellung ganz entzogen haben würde. Letztere war aber um so nöthiger, weil seine Wichtigkeit für die ferneren Erfolge nicht abgeläugnet werden kann.

Kehren wir nun zu den Hauptbegebenheiten an die Waal und Maas zurück.

11. Uebergang auf das Bommeler Waard am 14. December.

Während wir den Oberfeldherrn vom 2. bis 14. December in Utrecht rasten sehen, bewegt er in seinem Geiste die nächsten ihm obliegenden Unternehmungen. Er hat sein Glück nur all zu oft seiner Vorsicht zuzuschreiben, und hier inmitten dieser abnormen Verhältnisse aller Art ist er am wenigsten gesonnen, davon ab= zuweichen.

Außer der Sorge für seine eigenen Truppen, für deren Ver= pflegung, Complettirung und Ausrüstung *), hat er die viel müh= samere, die Holländer zur Aufstellung von im Felde brauchbaren Truppen anzuspornen. Die zahllosen, immer neuen Schwierig= keiten, denen er hierbei begegnete, setzen seine Geduld auf harte Proben, und er begibt sich endlich selbst nach dem Haag. Es wird Alles geboten, was an freudigem Empfang der Befreier, an mög= lichst guter Bewirthung derselben, an Aushängen von Oranje= Fahnen, ja an freiwilliger Darbringung von silbernen und golde= nen Schmucksachen und Geräthen auf den Altar des Vaterlandes (seit November 13 Tonnen Goldes, und eine Tonne ist gleich 100,000 holl. Gulden), irgend möglich ist, aber es fehlt an nichts mehr, als an Offizieren, Waffen, Munition und Anstalten zur Ver= pflegung. Der Prinz von Oranien war in dieser Zeit bemüht, seinem neuerworbenen Staate vor Allem erst eine feste Verfassung

---

*) Am 12. December wurden auf Allerhöchsten Befehl bei mehreren Re= serve- und Landwehr-Infanterie-Regimentern die bisherigen vierten Bataillone aufgelöst und in die anderen schwachen Bataillone vertheilt. Diese sonst gewiß sehr zweckmäßige Maßregel war indeß für das Avancement im Offizier-Corps sehr nachtheilig. Denn wenngleich die Offizier-Corps im Allgemeinen viel Manquement hatten, so stand solches doch nicht im Vergleich zur Einrangirung der Offiziere ganzer Bataillone. Allerhöchsten Orts wurde dieses nothwendige Uebel denn auch durch Abkommandirung älterer Offiziere zu den Ersatztruppen rc. bald gemildert.

Was die Bekleidung anbetrifft, so finden wir um diese Zeit ganze Bataillone in englischen Uniformen. So z. B. hatte das 2. und 3. Bataillon des 6. Reserve-Infanterie-Regiments nur englische, das 1. und 4. Bataillon nur preußische Bekleidung. Durch Vertheilung der vierten Bataillone entstand nun eine sehr mannichfaltige Buntheit.

zu geben, und ehe nicht — was erst im Mai geschehen konnte — die Generalstaaten eröffnet waren, wollte er etwas Definitives über die Vermehrung der Armee nicht beschließen. Was er sofort durch sein eigenes Machtgebot gethan hatte, war, daß er die Mannschaft vom 17. bis zum 25. Jahre zur Schutterij (Landwehr), und vom 25. bis zum 50. Jahre zum Landsturm aufbot, was eine Kopfzahl von circa 25,000 Mann ergab *). Doch daß

---

*) Van Kampen sagt darüber in »Verkorte Geschiedenis der Nederlanden, tweede Deel, P. 509 ss. : » XX Hoofdstuk : Algemeene Volkswapening :

Die Einrichtung einer, im 18. Jahrhundert genugsam unbekannten, allgemeinen Volksbewaffnung, wurde mit der französischen Umwälzung bei der damaligen Begeisterung der Nation erst freiwillig, und nachher gezwungen zu Stande gebracht, unter der Benennung zuerst von Aufrufung (Requisition) und später von Ausschreibung (Conscription). Wir haben bereits gesehen, welch' verabscheuungswürdigen Mißbrauch Napoleon von dieser Einführung, die sicherlich eine fürchterliche Waffe in der Hand eines jeden Despoten ist, gemacht hat.

In Deutschland bediente man sich derselben sogleich nach dem Aufstand von Preußen im Frühjahr 1813, doch so, daß durchaus kein Zwang nöthig war, um nicht allein die kriegsfähige Jugend, sondern einen jeden, welcher Hände und Kraft zum Streit hatte, in's Feld ziehen zu lassen. — Auch die Niederländer waren, so viel die Eigenschaft einer mehr handeltreibenden, als militairischen Nation es erlaubte, bei der allgemeinen Begeisterung nicht zurückgeblieben. — Ihre Abschüttelung vom Joch, ohne einmal gehörig mit Kriegsbedürfnissen versehen zu sein, grenzte eher an Verwegenheit als an Furcht (grensde nader aan vermetelheid dan aau vrees). — Aber ein gezwungener Dienst war ihnen zuwider, und kein Volk von Europa hat darum die französische Conscription mehr verabscheuet, als gerade sie. Eben deshalb suchte auch der souveraine Fürst bei Beginn der Umwälzung, die Nation, durch einen Aufruf zur freiwilligen Bewaffnung, von der gezwungenen Kriegs-Ausschreibung zu befreien, indem unterdessen der dringende Bedarf an Mannschaft, so wie an Geld zu deren Ausrüstung, betrieben wurde. — Keines von beiden mißlang; indessen waren die Beiträge zu letzterem Zwecke größer, als die Ankunft von Freiwilligen zum Streite. — Fast 13 Tonnen Goldes — eine erstaunliche Summe, wenn man des Landes erschöpften Zustand nach drei unglücklichen Jahren bedenkt — wurden in die Staatskasse gesteuert. — Doch Preußen drang auf eine kräftigere Maßregel: Der General Bülow begab sich selbst nach dem Haag; man konnte nicht anders als folgen. — Ganz auf deutsche Art wurde ein Landsturm von allen nur einigermaßen streitbaren Mannschaften, mit Pieken bewaffnet, und eine Landwehr oder Landmiliz von 20,000 Mann ausgeschrieben, welche (bei Mangel an Freiwilligen), durch Loosziehung auszuheben war. Diese Einrichtung ist seither, mit

es mit Hinstellung der Mannschaft allein nicht gethan ist, daß selbst der größeste patriotische Eifer der ganzen Bevölkerung nicht genügt, aus denselben schlagfertige Soldaten zu machen, das lehrten auch hier die Umstände nur allzubeutlich. Es fehlten die wichtigen Vorbedingnisse, die gerade in Preußen ein Jahr vorher so Großes und Erhabenes geschaffen hatten: Einheit des Willens, vorbedachte Organisation und ein Stamm kriegserfahrener Offiziere und sol= datisch erzogener Mannschaft!

Daß der Prinz von Oranien seinen 16jährigen Sohn, den Prinzen Friedrich, in Bülow's Umgebung nach Utrecht sandte, um unter seinen Augen die kriegerische Laufbahn zu betreten, wurde von allen Seiten gut aufgenommen.

Mit größter Spannung folgt Bülow den Unternehmungen und Erfolgen Benkendorf's und Colomb's besonders in Bezug auf die Gesinnung der Brabanter; mit dem englischen General Graham setzt er sich in das gute Einvernehmen, das auch später nie gestört wurde.

Auch die natürliche Beschaffenheit des Landstriches, vor welchem er jetzt zum Angriffe bereit steht, erfordert sein eingehendes Stu= dium; es ist eine so ganz andere Kriegführung, der er hier, allein auf Dämmen beschränkt, entgegengeht. Dazu die Menge von Festungen und Schanzen, denen schwer beizukommen, die jede Bewegung hindern, wenn der Feind sie besitzt, und die — nichts bedeuten, wenn man sie erobert hat. Bülow sammelt seine Offi= ziere und verständige Einwohner um sich, alle Terrain=Verhältnisse auf's Genaueste zu erforschen.

Mit großem Eifer strebt er ferner dahin, seine Brigade Vorstel, die immer noch seiner Leitung entzogen vor Wesel steht, zu seiner eigenen Verstärkung heranzuziehen. Es standen so viele Truppen der Verbündeten rückwärts im Lande unthätig und verfügbar.

---

einigen Veränderungen, auch in Friedenszeit, ein Staatsgesetz geblieben. — Außerdem bezweckte man, mit angeworbenen Mannschaften und einer Menge Überläufer, welche von Zeit zu Zeit aus den eingenommenen deutschen Festungen entwischten oder überkamen, den Anfang eines stehenden Heeres.

Seine bringendsten Bitten und Aufforderungen sendet er an den Kronprinzen von Schweden, an Winzingerode, ja in das große Hauptquartier; aber alle Kriegsbewegungen stockten und seine Gesuche haben mindestens nicht den gewünschten raschen Erfolg. Müde des ferneren peinlichen Abwartens, beschließt er, seiner geringen Stärke ungeachtet, wieder angriffsweise zu verfahren.

Der 14. Dezember ist dazu bestimmt; das nächste Ziel die Er= oberung des Bommeler Waarb's *)

Das Bommeler Waarb ist eine flache niedrige Insel zwischen der Waal und der Maas, welche sich dicht oberhalb Gorkum ver= einigen und von hier ab Mervede heißen. Die ganze Insel ist etwa drei Meilen lang und eine Meile breit; sie ist von hohen Dämmen eingefaßt, auf denen in der nassen Jahreszeit sich die ganze Communikation von Westen nach Osten beschränkt. Von Norden nach Süden führt, die Stadt Bommel mit dem Fort Crèvecoeur verbindend, ein bedeutend niedrigerer Querdamm. Bommel ist ein Städtchen von 600 Einwohnern, auf dem linken Ufer der hier circa 800 Schritt breiten Waal gelegen, auf der Landseite durch einen guten Wall mit sieben kleinen Bastionen und nassen revetirten Graben, auf der Wasserseite durch eine tüchtige Mauer geschlossen. Auf dem westlichen Ende der Insel liegt das fünfeckige Fort Loevestein und jenseits der Maas das Fort Workum, welche die bedeutenden Wasserwerke des Platzes Gorkum bilden und Waal und Maaß vollständig unter Feuer zu nehmen vermögen. Auf dem Ostende der Insel, aber von der= selben durch den Verbindungs=Canal der Waal und Maaß ge= trennt, liegt das Fort Andries, ein Fünfeck mit fünf starken Bastionen, sämmtliche hier genannten Wasserwege beherrschend.

Alle jene Forts, zur Zeit des niederländischen Befreiungskrieges von den Spaniern erbaut, sehen sich in ihrer Form, dem Profil ihrer Erbwälle und ihrer wasserreichen Gräben gleich. Jenseits der Maas liegt der Platz Heusden mit einem Brückenkopf und

---

*) Vid. Plan des Bommeler Waarb's. Beilage 4.

einem viereckigen Fort auf der Insel. Das schon erwähnte Crèvecoeur ist gleichsam ein vorgeschobenes Wasserfort der ³/₄ Meilen südöstlich davon ab liegenden starken Festung Herzogenbusch. Es liegt am Einfluß des Canals von Engern in die Maas, ist von den Niederländern in ihrem Befreiungskriege gebaut und den Spaniern, die Herzogenbusch noch besetzt hatten, zum Hohn so benannt worden; es ist wichtig wegen seines gut eingerichteten Inundationssystems.

Der General v. Bülow ordnete den Angriff des Bommeler Waards durch zwei Angriffscolonnen an, welche er dem General v. Oppen unterstellte. Die I. Colonne unter dem General v. Krafft bestand aus 5 Bataillons seiner Brigade, 1 Jäger-Compagnie, dem Leib-Husaren-Regimente und ½ reitenden Batterie. Sie hatte die Aufgabe, Gorkum einzuschließen, bei Harbingsvelt über die Merwede zu gehen und die Forts Workum und Loevestein sowie Heusden zu erobern.

Die II. Colonne unter Oberst v. Sydow bestand aus dem Colberg'schen Regiment, dem Füsilier-Bataillon des 9. Reserve-Regiments, 1 Compagnie Ostpreußischer Jäger, 3 Cavallerie-Regimentern und 1 Batterie. Sie sollte beim Dorfe Thuyl die Waal überschreiten, sich des Platzes Bommel bemächtigen und auf dem Quer-Damme von dort nach Crèvecoeur und bis an die Thore von Herzogenbusch bringen. Der General v. Oppen befand sich persönlich bei dieser Colonne.

Als Reserve ließ Bülow seine 3. Brigade Prinz Hessen-Homburg von Utrecht aufbrechen und bis an den Lek vorgehen, die nunmehr zu Stande gebrachten Schiffbrücken von Vianen und Kuilenburg vor sich.

Am 13. Dezember concentrirten sich die beiden Colonnen auf den ihnen bezeichneten Plätzen.

Die Hauptschwierigkeit für die II. Colonne lag in der Herbeiführung der zum Uebergang über die Waal nöthigen Fahrzeuge, da die Franzosen sich in den Besitz derselben, so viele ihrer von der Stadt Tiel bis Workum zu finden gewesen, gesetzt hatten;

und die, welche oberhalb Tiel lagen, konnten den Bereich des Fort St. Andries nicht ungestraft zu passiren wagen. Dennoch gelang es mit Hilfe der wohlgesinnten Holländer, beim Dorfe Varik und Thuyl und aus dem Innern des Landes, auf Wagen herbeigeführt, so viel Kähne zusammenzubringen, daß circa 1000 Mann Infanterie zugleich übergesetzt werden konnten. Mehrere der Kähne waren zur Aufnahme von 40 Mann geeignet.

Es waren die Dörfer des Dammes nördlich der Waal bereits von den Preußen mit Scharfschützen besetzt, und schoß sich die Reiche'sche Jäger-Compagnie mit der Besatzung von Loevestein viel herum. Selbst trotz der 800 Schritt betragenden Entfernung Bommels wurden Büchsenkugeln, aber ohne sonderlichen Erfolg gewechselt.

Auf dem Damme bei Thuyl, Bommel gegenüber, wurden deshalb, außer den Vorpostengeschützen der 6pfündigen Batterie Nr. 16, in der Nacht vom 13. zum 14. Dezember noch die halbe 6pfündige Fuß-Batterie Nr. 19 und die beiden russischen 12pfünder Batterien der Reserve-Artillerie des Bülow'schen Corps auf dem schmalen Vorlande zwischen Damm und Ufer, und zwar dem Wasserthor von Bommel schräg gegenüber, aufgeführt und Anstalt getroffen, mit dem Feuer dieser 32 Geschütze das Ueberschiffen begünstigen zu können. Der Offizier, *) welcher die Aufstellung dieser großen Batterie leitete, ordnete das Ueberdecken derselben mit Stroh an, damit sie der Feind nicht entdecken könne. Es war aber finstere Nacht und mit Tagesanbruch sollte das Feuer beginnen. Die Masse Stroh, wenn nicht sorgsam weggeräumt, würde dabei unfehlbar in Brand gerathen sein, die Bedienung unmöglich gemacht und die Munitionsbehälter in die äußerste Gefahr gebracht haben. Der gerade eintreffende Batterie-Chef, Kapitain Baumgarten, wußte denn auch diese gewiß unnütze und nachtheilige Maßregel ungeschehen zu machen.—Bommel wäre allerdings durch das Feuer dieser Geschützmasse geopfert worden, aber der nothwendig

---

*) Es war kein Artillerie-Offizier.

zu erreichende Zweck ließ unter diesen Umständen eine mildere Maßregel nicht zu. Um vielleicht noch einen leichteren Ausweg zu treffen, versuchte der Major v. Zglinitzki mit seinem Füsilier=Bataillon des 9. Reserve= und 2 Compagnien des Elb=Regiments, indem er sich von der Seite von Varik her auf zwei großen Prahmen herabtreiben lassen wollte, das Fort St. Andries zu überrumpeln; das Unternehmen mißglückte jedoch wegen des ver=späteten Eintreffens eines Theils dieser Truppen, dann aber hauptsächlich wegen der Unkunde des Schiffers und der starken Strömung der Waal. Die Kähne gelangten trotz aller Anstrengung nicht auf das jenseitige Ufer; das Fort richtete sein Kanonenfeuer auf sie, aus dessen Bereich sie nur mühsam wieder auf dem rech=ten Ufer in Sicherheit kamen. Bülow befahl die Wiederholung dieses Versuchs auf den folgenden Tag, ohne daß aber dadurch der Angriff auf Bommel aufgeschoben werden sollte.

Am 14. Dezember früh noch in aller Dunkelheit ließ General v. Oppen deshalb die Fahrzeuge in's Wasser bringen und brach mit der II. Colonne zum Ufer auf. Keiner der betheiligten Sol=daten war sich bewußt, im ganzen Kriege eine Unternehmung mit so bangem Vorgefühl begonnen zu haben, wie diese. Einem viel=leicht hartnäckigen Feinde gegenüber auf schwankendem Kahne der heftigen Strömung und dem feindlichen Feuer Preis gegeben, hieß einem sicheren Untergange entgegen gehen, ohne von Muth und preußischer Tapferkeit Gebrauch machen zu können.

Als die Einschiffung begann und ein kleiner Kahn, mit einigen Jägern bemannt, als Wasserpatrouille vorausgesendet wurde, um nähere Nachricht vom Feinde zu erlangen, begann der Dezember=morgen zu dämmern. Während dieser Zeit blieben die Truppen in ihren Kähnen in einer äußerst ängstlichen Spannung, die sich um so weniger verminderte, als sich allmälig ein dichter Nebel auf das Wasser senkte, der jeden freien Blick nach dem auf dem Strome lavirenden Boote unmöglich machte. Erst als der Gene=ral v. Oppen, überall der Erste, wo es Gefahr galt, sich mit dem großen Kahne, in dem er sich der Mannschaft zugesellt, an die

Spitze der kleinen Flotille setzte, gewann Muth und Freudigkeit
wieder die Oberhand. Als die Morgenröthe den Nebel durchbrach,
sah man das Recognoscirungs=Boot, dessen Rückkehr man abwarten
zu müssen geglaubt, am jenseitigen Ufer angelegt und von einer
Menschenmenge umstanden. Es entfalteten sich Orange=Fahnen
und der frohe Ruf: »Prussensche Junges, kommts over, de
gehelen Fränschen sin alltemol vertrokken. — Orange boven!
Hurrah!« verkündete, daß der Feind den Platz bereits verlassen
habe. Die französische Besatzung, ein Bataillon Etrangers und ein
Bataillon Pupilles de la garde, welche zumal statt Kanonen nur
Brunnenröhren in die Scharten am Wasserthore zu stecken vermocht
hatte, von dem bestimmten Willen und den ernsten Anstalten
Bülows unterrichtet, hatte es vorgezogen, sich keinen weiteren
Chancen in Bommel auszusetzen und die Stadt in der Dunkelheit
des frühen Morgens zu verlassen.

Das Uebersetzen geschah demnach ohne Gefahr und unter unbe=
schreiblichem Jubel. Ein Theil des 1. Bataillons Colberg'schen
Regiments und die freiwilligen sowie die Reiche'schen und ost=
preußischen Jäger, und, nachdem die von den Franzosen eben
erst angebohrten Prahme der fliegenden Brücke wieder in Stand
gesetzt waren, auch ein pommersches Landwehr=Cavallerie=Regiment
und Artillerie wurden sogleich auf das jenseitige Ufer geworfen
und zur Verfolgung des Feindes auf dem Ufer= und Querdamm
nachgesendet. Die Franzosen hatten sich über den Querdamm nach
Crèvecoeur gewendet, leisteten noch nördlich der Maas bei den
Dörfern Weel und Heel Widerstand und drängten die Reiche'schen
Jäger zurück. Da General v. Oppen außerdem noch eine feindliche
Colonne auf dem Damme von Gorkum heranrücken sah und es
schon spät am Nachmittage war, so wurde für diesen Tag die
weitere Verfolgung aufgegeben.

Das Uebersetzen des größeren Theils der Artillerie und
deren Munitionswagen dauerte der wenig Bord haltenden
Fähre und der großen Dunkelheit wegen übrigens bis 10 Uhr
Abends.

12. Ueberrumpelung des Forts St. Anbries am 14. Dezember.

Auch der Versuch auf das Fort St. Anbries warb am 14. De=
zember früh wiederholt und hatte bessern Erfolg, wie wohl nicht
ganz die Wichtigkeit mehr, wie Tags vorher.

Der Major v. Zglinitzki hatte noch am 13. Abends 20 kleinere
Kähne herbeischaffen lassen und seine Maßregeln so getroffen, daß
er mit seinem Füsilier=Bataillon vom Dorfe Heesselt aus gerade
auf das Fort zu überschiffen wollte, weil eine dort im Strome
liegende mit Gebüsch bewachsene kleine Insel einigen Schutz gegen
das Feuer des Forts zu geben versprach. Die beiden Compagnien
des Elb=Infanterie=Regiments sollten sich von Varik aus in einer
schrägeren Richtung nach der Gegend des Forts zu dirigiren, den,
wie man hoffte, aus dem Fort vertriebenen und sich nach Heere=
waaren zurückziehenden Feind in die Flanke nehmen und seine
Rückzugslinie bedrohen.

Die am rechten Waal=Ufer verdeckt liegenden Kähne waren dem
Lieutenant Schmidt des 9. Reserve=Regiments mit einer Abthei=
lung von 40 Füsilieren zur Bewachung anvertraut. Es war etwa
um die 6. Frühstunde, als 3 holländische Bauern aus dem nur
durch einen schmalen Wasserarm vom Fort getrennten Dorfe
Rossum mit einem Fischerkahne bei der preußischen Wache an=
langten und derselben mittheilten, daß von der Besatzung des
Forts in der Nacht ein beträchtlicher Theil ausgerückt sei, um
stromaufwärts die dort noch vorhandenen Schiffe und Kähne zu
zerstören, gegen Morgen aber zurückkehren werde. Es sei anschei=
nend nur die Wache im Fort zurückgeblieben; außerdem würde alle
Morgen um 7 Uhr die Zugbrücke herabgelassen, um den Bewohnern
der Umgegend den Verkauf von Lebensmitteln zu gestatten. Da war
keine Zeit zu verlieren. Während der Lieutenant Schmidt dem
Major v. Zglinitzki diese willkommene Meldung abstatten läßt,
setzt er mit seinem Detaschement sofort über den Strom, langt
glücklich am jenseitigen Ufer an, hält sich im Gebüsch versteckt,
bis die Zugbrücke herabgelassen wird, stürzt, als dies erfolgt, in

das geöffnete Thor, macht einige Mann der Wache zu Gefange=
nen, kann indeß die Flucht der Anderen, welche sich nach Heere=
waaren zu retten, nicht verhindern. Heerewaaren ist ein Dorf,
circa ½ Meile stromaufwärts an der Waal, mit dem Fort durch
einen schmalen, nach dem Dorfe zu sich verbreiternden Damm
verbunden. Der Lieutenant Schmidt schließt den Zugang des
Forts und besetzt den Wall mit seinen Leuten. Während die fran=
zösische Besatzung des Forts von Heerewaaren her sich dem Fort
nähert, ist der Major v. Zglinitzki in Folge der Allarmirung
schleunigst zu den Kähnen gestürzt und hat seine Ueberschiffung
Angesichts des Feindes ohne großen Verlust bewirkt. Denn die
von Varik herankommenden zwei Compagnien des Elb=Regiments,
im Begriff zu landen, bestimmten die Franzosen, lieber zurückzu=
gehen, als sich den Rückzug abschneiden zu lassen. Der Major
v. Zglinitzki sendet diese beiden Compagnien auf dem Heerewaa=
rener Damm zur Beobachtung des Feindes nach, wirft sich mit
zwei seiner Füsilier=Compagnien in's Fort, was ihm mit den an=
dern beiden, welche bei Rossum landen, nicht gelingt, indem diese
sich mit französischen Truppen, die auf dem Bommeler Waarde
verfolgt und im Begriff waren, sich in das Fort zurückzuziehen,
unerwartet in ein hartnäckiges Gefecht verwickelt sehen.

Zu größerem Schutze des Forts läßt der Major v. Zglinitzki
mit Hilfe eines kleinen Kahnes und einiger unter seinen Leuten
befindlichen früheren westphälischen Sappeurs die zugefrorenen
Wassergräben aufeisen.

Nachdem sich von Heerewaaren her ein lebhaftes Gewehrfeuer
hatte vernehmen lassen, kommt dem Major v. Zglinitzki die Mel=
dung zu, daß die Franzosen die beiden Compagnien des Elb=In=
fanterie=Regiments mit Uebermacht angegriffen hätten, und daß
diese einer Unterstützung bringend bedürftig wären. Eine solche
konnte indeß der Major v. Zglinitzki nicht gewähren, wenn er den
Besitz des Forts nicht in Frage stellen wollte; er ließ zurücksagen,
daß sich die beiden Compagnien auf ihre eigenen Kräfte verlassen
müßten, was um so eher angängig, da auf dem Damme die

Übermacht des Feindes ihnen nicht gefährlich werden könne. Die beiden Compagnien hatten es aber vorgezogen, sich im Dorfe selbst einzuquartieren — und waren dort überfallen worden. Die Mehrzahl ihrer Offiziere war gleich anfangs erschossen, die Leute, welche großentheils bis zum Waffenstillstande 1813 in französischen Diensten gestanden hatten, die preußische Disciplin noch nicht recht kannten und sich jetzt ohne Führer sahen, ergaben sich zu Gefangenen; nur 1 Offizier mit etwa 50 Mann kehrte zum Fort zurück.

Dazu kam, daß die beiden bei Rossum engagirt gewesenen zwei Füsilier=Compagnien vom Bataillon des Major v. Zglinitzki auf Befehl des General v. Oppen innerhalb des Bommeler Waards zur Verfolgung des Feindes über Dreyel bis Heel verwendet, dort zurückbehalten, also dem Major v. Zglinitzki entzogen worden waren, so daß die ganze Besatzung des Forts augenblicklich nur aus 230 Mann bestand.

Gegen Abend desselben Tages zeigte sich in der Nähe des Forts eine starke Cavallerie=Abtheilung, welche den Ort recognoscirte. Auch sendete der General v. Bülow die Nachricht, daß der Feind wahrscheinlich in der nächsten Zeit das Fort mit Uebermacht angreifen würde, daß der Major v. Zglinitzki aber außer zwei Geschützen keinen Mann zur Unterstützung zu erwarten habe, sich deshalb auf sich selbst verlassen müsse.

Am 15. Dezember hatten die Franzosen einen energischen Angriff versucht, waren aber zurückgewiesen worden.

Am Abend des 16. langten dann auch die vom General v. Bülow verhießenen zwei Geschütze an. Es war ein Kanonenzug der 6pfündigen Fuß=Batterie Nr. 16 unter dem Lieutenant Mente, der am 15. und 16. Dezember zur Expedition gegen Fort Loevestein verwendet, nach Bommel zurückkehrend, sofort vom General v. Holtzendorf den Befehl empfing, schleunigst nach Fort Andries zu marschiren. In vollständiger Finsterniß, von einem Boten geführt, bei Rossum ankommend, fand sich nur ein einziger Kahn zum Uebersetzen über den 50 Schritt breiten und sehr wasserreichen Kanal vor, da die übrigen größeren Fahrzeuge absichtlich wieder fortgeschickt waren. So blieben denn die Gespanne hier, und Röhre, Lasseten und Protzen mußten getrennt und einzeln über= geschifft werden. Ein neues Hinderniß bildete die Brücke zum Fort, deren letztes Joch beim Anbringen des Feindes in der Eile abgedeckt und zerhauen, demnächst aber aus Mangel an Holzwerk nur in leichter Bauart wieder hergestellt werden konnte. Zur so= liberen Herstellung der Brücke wurden aus den im Fort vorhande= nen zu der dort eingenisteten Meierei gehörigen Viehställen Bret= ter abgerissen, und durch diese und Schaafhürden eine gewisse elastische Festigkeit zu Wege gebracht. Mittelst Protze und der Langtaue und davor gespannten 20 Infanteristen gelangten beide Geschütze endlich glücklich in das Fort und wurden vom Major v. Zglinitzki selbst auf den Geschützbänken des gegen Osten gele= genen Bastions aufgestellt.

Noch vor Tagesanbruch am 17. Dezember meldeten die Wacht= posten das Anrücken von circa 4—5 feindlichen Bataillonen, welche sich ungefähr 1000 Schritt vom Fort aufstellten. Als der Frühnebel sich verzog, beschossen die Franzosen das Fort aus 2 Kanonen und 1 Haubitze, worauf sie in dichten Tirailleur= schwärmen gegen dasselbe anrückten.

Um dem Feinde das Vorhandensein von Geschützen so lange als nöthig zu verbergen, wurden diese durch davor aufgestellte Infan= teristen maskirt; als aber, nach Zurückwinken des entsandten Par= lamentairs durch den Major v. Zglinitzki, die dichten feindlichen Haufen in den Bereich der mit 2löthigen Kartätschen geladenen Geschütze gekommen waren, erhielten sie diese Ladung und machten sogleich eiligst kehrt. Nachdem noch ein glücklicher Kugelschuß ein feindliches Geschütz demontirt hatte, zogen sich die Franzosen bis hinter den Waaldamm beim Dorfe Lith zurück.

Am 17. Nachmittags erschien der General v. Oppen mit einer Eskadron der freiwilligen Jäger des Regiments Königin=Drago= ner, um, unter Mitnahme einiger Züge Tirailleurs, die gegen= wärtige Stellung des Feindes zu recognosciren.

Nachdem man im Damm bei Lith wieder ähnliche Geschütz=

Atrappen wie in Bommel gefunden, wurden zwei dazu geeignete
Dörfer mit 1 Eskadron unter dem Rittmeister Sunren und 1 Com=
pagnie der Besatzung des Forts besetzt; eine Beigabe von Ge=
schützen war nicht für rathsam erachtet: Auch trafen 2 Kompagnien
vom Colberg'schen Regiment und 1 Compagnie Reiche'scher Jäger
als Ersatz für die betaschirten 2 Compagnien des Zglinitzkischen
Bataillons im Fort ein, kehrten aber sogleich zu ihren Truppen=
theilen zurück, als letztere wieder in das Fort einrückten.

An demselben Tage besichtigte der General v. Bülow, in Be=
gleitung des jungen Prinzen von Oranien und des Prinzen Wil=
helm Radziwill, das Fort; und am 18. überbrachte zur Verstärkung
der Vertheidigungsfähigkeit des Forts der Adjutant des Generals
v. Holtzendorff, Lieutenant v. Safft, 2 eiserne schwere 12pfünder,
welche im Fort Loevestein erbeutet worden waren. Die Tags
vorher auf dem einen vorhandenen Kahn übergesetzte Cavallerie
hatte denselben leck gemacht. Ein mit Lebensmitteln angelangter
Kahn wurde indeß mit diesem durch von einem Gebäude und
einem alten Kahne losgerissene Bretter zu einer Fähre verbunden
und die mit ihren alterthümlichen Laffeten je 60 Centner wiegen=
den Geschütze behutsam hinübergeschafft, so daß sie sich mit Ein=
tritt des Abends auf dem Walle befanden.

Die mitgebrachte Munition bestand aus 100 — 16löthigen Kar=
tätschen, aber die Zündungen waren—wie dies ja wohl öfters
passirt — vergessen. Der Lieutenant Mente wußte indeß aus seinem
letztem Paare baumwollener Strümpfe, aus Mehlpulver und
Genevre, Stoppinen, und aus des Maire von Rossum Salz= und
Pfefferbüchsen Puberdosen herzustellen und dem Mangel abzuhelfen,
so wie er auch 2 Unteroffiziere und 16 Mann Infanterie binnen
wenigen Tagen zur Geschützbedienung heranbildete.

Der Aufenthalt der Truppen im Fort Andries war der engst=
möglichen Cantonirung zu vergleichen; die Leute kamen nicht aus
den Kleidern, und die 14 Offiziere waren in einem kleinen Zimmer
eingepfercht. Am 1. Januar 1814 wurde die bisherige Besatzung
durch Truppen der Division v. Thümen und zwar durch ein Ba=

taillon des 4. Oſtpreußiſchen Infanterie-Regiments abgelöſt. Den
Zug der Batterie Nr. 16 erſetzte ein Zug der 6pfündigen Fuß=
Batterie Nr. 6 unter Lieutenant Hackebeck.

Während der zweiten Hälfte des Monats Dezember war das ſo
wichtig gelegene Fort Anbries wiederholt der Stützpunkt der Re=
cognoscirungen, welche gegen Nymwegen und gegen die von dort
vom General Molitor vorgeſchobenen Detaſchements unternommen
wurden, und der Oberſt v. Sydow war mehrere Male perſönlich dort.

Nachdem wir dieſe abgezweigte Thätigkeit eines Theiles der II.
zur Eroberung des Bommeler Waard's beſtimmten Colonne aus=
führlicher berichtet, iſt es nöthig, die Maßnahmen des anderen
Theiles derſelben zu verfolgen.

13. Weiteres Ausbreiten der Preußiſchen Truppen auf dem Bommeler Waard.

Während der linke Flügel der II. Colonne das Fort Anbries
überrumpelte, beſetzte und vertheidigte, hatte der Oberſt v. Sydow
auf ſeinem rechten Flügel gleich am 15. Dezember ein Expeditions=
Commando nach dem Fort Loeveſtein entſendet. Daſſelbe beſtand unter
dem Befehl des Majors v. Heidenreich aus 1 Jäger=Compagnie,
2 Compagnien des Reiche'ſchen Freikorps, 1 Eskadron vom 1. Pom=
merſchen Landwehr=Cavallerie=Regiment und 1 Kanonenzuge der
6pfündigen Fuß=Batterie Nr. 16. (Lieutenant Mente.)

Der vorgerückte Tag und der wahrhaft halsbrechende Weg ver=
hinderte das Detaſchement, das nur zwei Meilen von Bommel
entfernte Fort zu erreichen, und bezog erſteres deshalb im Dorfe
Brakel ein ſehr gedrängtes Cantonement.

Am 16. Dezember in aller Frühe und in einem dichten hollän=
diſchen Nebel eingehüllt, rückte das Detaſchement bei weit vor=
pouſſirten Vortruppen faſt auf's Gerathewohl gegen Loeveſtein.

Bei der Ankunft fand man das Fort bereits von den Franzoſen,
welche ſo eben nach Gorkum übergeſchifft waren, verlaſſen.

Der Major v. Heidenreich begab ſich unter Begleitung der be=
rittenen Offiziere des Detaſchements in das Innere des Platzes,

und waren Alle der Meinung, daß es, namentlich den den ein=
zigen Damm=Zugang vollständig beherrschenden 2 schweren 12pfün=
dern gegenüber, und ohne alle Sturmgeräthschaften, so wie bei
den noch nicht von haltbarem Eise bedeckten breiten Wassergräben,
mindestens sehr viel Blut gekostet haben würde, das Fort zu
erobern.

Während dieser Besichtigung erschienen vom anderen Ufer der
Maas her von der I. Colonne Preußische Truppen zur Besatzung
des Forts.

In seiner Mitte entsandte gleichfalls am 15. der Oberst v. Sydow
von seiner II. Colonne ein Detaschement, bestehend aus dem
1. und Füsilier=Bataillon des Colberg'schen Regiments, den Quer=
damm entlang gegen Crèvecoeur. Als der Major v. Luckowitz mit
dem Füsilier=Bataillon genannten Regiments beim Dorfe Amelroy,
Crèvecoeur gegenüber, angekommen war, erhielt er die Meldung,
daß sich französische Truppen, vielleicht der Rest der Besatzung
von Bommel, beim Dorfe Weel einschiffen und die Maas passiren
wollten. Er detaschirte die 10. Compagnie in die Flanke des
Feindes und die 11. in dessen Front. Die Franzosen warfen sich
in ein großes Haus; als sie sich angegriffen sahen, ergaben sie
sich aber, 90 Mann stark, nach kurzer Gegenwehr. Die übrigen
hatten das linke Maasufer schon erreicht.

Der Feind verließ indeß auch das Fort Crèvecoeur, als die
Reiche'schen Jäger, die bei Heel über die Maas gingen, mit zwei
russischen Einhörnern Miene zum Angriff machten. Das Fort
wurde von ihnen besetzt. Die Füsiliere des Colberg'schen Regi=
ments wurden bis zum Fort Engeln zur Beobachtung von Her=
zogenbusch, und bis zum Dorf Empel zur Beobachtung des von .
Grave vorrückenden Feindes vorgeschoben.

In Bülows rechter Flanke war Gorkum noch immer im Besitz
der Franzosen. Die I. Colonne unter dem General v. Krafft
hatte indeß gleichfalls ihrer Aufgabe genügt. Sie war am 14. De=
zember aufgebrochen, hatte einen Ausfall von Gorkum energisch zu=
rückgeworfen, war bei Harbingsveld ungehindert über die Meervede

gegangen, hatte Worfum, ohne Gegenwehr zu finden, besetzt,
desgleichen Loevestein gesichert und sich auch, südlich der Maas
herabziehend, des Platzes Heusden mit mehreren Geschützen ohne
Opfer bemächtigt.

So war das Bommeler Waard nunmehr im Besitz der Preußen.
Der General v. Bülow nahm sein Hauptquartier in Bommel,
zu dessen Commandanten er den Ingenieur-Hauptmann v. Zaborowski *) ernannte. Seine 3. Brigade unter dem Obersten
v. Sjöholm zog er nahe um Gorfum zusammen, seine 4. Brigade
unter General v. Thümen stellte er als Hauptreserve bei Thuyl
auf.

14. Vergebliches Unternehmen gegen Herzogenbusch am 19. Dezember.

Der größte Theil der vom Bommeler Waard entkommenen Franzosen sammelte sich bei Grave, von wo und von Nymwegen aus
das Macdonald'sche Corps im Vorrücken begriffen war und dessen
anregende Thätigfeit wir bereits in seinen Angriffen des Forts
Anbries erfannten. Seine Kürassier- und Carabinier-Abtheilung
unter den Generalen Sebastiani und Excelmanns fonnte man des
öfteren sehen.

So sehr es dem Kriegsglücke Bülows zuzuschreiben, sich eines
festen Punktes nach dem andern bemächtigt zu haben, so sehr er-
fannte der Oberbefehlshaber doch die damit zusammenhängende
Gefahr. Jeder eroberte oder in Besitz genommene Platz, und
deren waren es bereits acht, bedurfte einer Besatzung, Gorfum
und Wesel wurden blockirt, Nymwegen beobachtet. In seiner
Seele arbeitete deshalb auch unausgesetzt der Plan, im Fall eines
ernstlichen feindlichen Angriffs seine ganze Macht rückwärts bei
Utrecht vereinigen zu können; doch ohne Noth wollte er nicht einen
Fuß breit Landes aufgeben. Das Heranziehen der Brigade Vorstel
zu beschleunigen, die Angriffsbewegungen der Franzosen durch eine

---

*) War später Commandeur der Pionier-Abtheilung in Wesel.

Kette kleiner Unternehmungen zu verzögern, — das war das au=
genblickliche Criterium. Bülow glaubte, indem er dem Feinde
fortwährend imponirte, sich ihn am ehesten vom Leibe halten zu
können.

Dieser Geist wohnte dergestalt auch in allen Unterbefehlshabern,
daß der Commandant von Crèvecoeur die schöne, große Festung
Herzogenbusch nicht vor Augen haben konnte, ohne einer geheimen
Einladung, sie in Besitz zu nehmen, zu folgen. Er sandte einen
jungen lecken Offizier mit der Uebergabe=Aufforderung an den
Commandanten von Herzogenbusch, Oberst Laraitrie, dessen unbe=
stimmte Antwort auf nicht völlige Abneigung, sich zu ergeben,
wenn nur ein anständiger Vorwand vorhanden wäre, gedeutet
wurde.

Der General von Bülow, hiervon in Kenntniß gesetzt, schätzte
den Ruhm einer neuen Eroberung, zumal die einer mit allen
Kriegsmitteln gefüllten großen Stadt, höher, als die Erwägung
der Schwierigkeit der Behauptung derselben, und befahl für die
Frühe des 19. Dezembers den Versuch auf Herzogenbusch. Der
General v. Oppen sollte von Heel, der General v. Krafft gleich=
zeitig von Heusden aus gegen die Festung vorgehen. Die Mittel
beider Generale waren indeß so gering, daß man mehr von der
Unterhandlung als von der Gewalt hoffen durfte. *)

Mit dem 1. Bataillon Colberg'schen Regiments, 2 russischen Ein=
hörnern, 2 leichten Feldgeschützen und dem Kavallerie=Regiment
Königin=Dragoner ging General v. Oppen selbst, die freiwilligen
Jäger des Colberg'schen Regiments zur Sicherung des etwaigen
Rückzuges bei Amelroy zurücklassend, von seinem Vorposten Heel
noch vor Tage auf Schiffen, die früher von den Franzosen zusam=
mengebracht waren, nach Crèvecoeur hinüber, zog das bereits hier
stehende Füsilier=Bataillon Colberg'schen Regiments an sich,
konnte aber wegen der grundlosen Wege, die seine Truppen zu=
rückzulegen hatten, erst um 11 Uhr bei dem vom Feinde verlasse=

---

*) Vid. Plan von Herzogenbusch. Beilage 5.

nen Fort Orthen anlangen. Das Füsilier-Bataillon Colberg'schen Regiments besetzte dieses ⅛ Meile vom Platze gelegene Fort.

Der General v. Krafft, der mit 2½ Bataillonen, 5 Eskadrons und einigen Geschützen zu gleicher Zeit von Heusden aufgebrochen war, hatte eben so schlechte Wege angetroffen und war deshalb noch nicht zur Stelle. General v. Oppen ließ Tirailleure und Ca-vallerie-Trupps längs des Dammes bis dicht an das Stadtthor vorgehen und erstere setzten sich in den vorliegenden Häusern fest. Die Geschütze wurden hinter dem Damm bei Orthen, der Citabelle Papenbrill gegenüber, placirt, von welcher man durch die bis an den Damm reichende Ueberschwemmung getrennt war, und das Regiment Königin-Dragoner ging nach der Seite von Grave gegen den möglichen Entsatz auf Erkundigung vor. Der Chef des Ge-neralstaabes, Oberst v. Valentini *), ward mit einem vom Ober-felbherrn in dem gewöhnlichen höflich-überredenden Style abge-faßten Aufforderungsschreiben nach der Festung entsendet. Von be-waffneten See-Soldaten am Eingange bei einem noch zu über-schiffenden Vorgraben empfangen, ward er dem Kommandanten ge-meldet und mit verbundenen Augen eingelassen. Der Kommandant, ein alter französischer Offizier in den anständigen Formen des ancien régime, beantwortete das Aufforderungsschreiben vor seinem ver-sammelten Kriegsrath verneinend: „die Achtung des Generals v. Bülow sei ihm zu werth, als daß er sie durch Uebergabe eines ihm anvertrauten Platzes verlieren wolle;" und mit der Art des Mannes von Ehre und Sitte fragte er den Obersten: „was er selbst von ihm denken würde, wenn er sich ergäbe, ohne ange-griffen zu sein? Nicht einmal eine zu erwähnende Macht sehe er!" — Wer die Ehre auch im Gegner schätzt, wird solchen Gründen nur militairische entgegensetzen können. Zu solchen gehörte die Weitläufigkeit des Platzes für die bekannt schwache Besatzung. Doch deutete der Kommandant auf seine Citabelle, auf deren Hal-

---

*) Dem wir diese Vorgänge, bei denen er selbst Augenzeuge und Mithan-delnder war, nacherzählen.

tung er sich im äußersten Falle beschränken könne. So trennte man sich mit gegenseitiger Höflichkeit.

Der französische Befehlshaber wich auch mit der That nicht ab von dieser fast aus dem Gebrauch gekommenen Kriegs-Urbanität. Die Truppen bei dem Fort Orthen hatten sich, die Gefahr nicht beachtend, in Haufen auf dem Damm zusammengestellt, einladend für den Feind, das Geschütz von Papenbrill, das nur einen guten Kartätschschuß weit davon entfernt war, spielen zu lassen. Er verschmähete aber die Gelegenheit, den Unsrigen Schaden zu thun; und General v. Oppen wollte mit gleicher Schonung auch sein Geschütz schweigen lassen und der Stadt unnützes Ungemach ersparen. Nur die Nacht wollte man abwarten, um in der Stille abzuziehen, als General v. Krafft, auf der andern Seite des Platzes angelangt, wo er das Fort Isabelle verlassen gefunden und besetzt hatte, die Festung mit einem Kanonenschuß begrüßte. General v. Oppen, der dies Feuer von der Festung ausgehen glaubte, wollte den Kriegsgefährten nicht allein dem Gefecht überlassen und ließ die Citadelle aus den russischen Einhörnern bewerfen. Der Feind antwortete aus derselben mit drei schweren Geschützen, zuerst mit einer Lage von Kartätschen, die auf den Wasserspiegel der Inundation einschlug und wohl nur das auf den coup de main eingerichtete Geschütz entladen sollte. Die fortgesetzte lebhafte Kanonade geschah mit Kugeln. Diese setzten dicht vor den hinter dem Damm stehenden Truppen auf die Krone des Dammes auf und gingen dann über die ersteren und die Geschütze unschädlich hinweg. Eine nochmalige Anknüpfung von Unterhandlungen ward versucht, glücklicher Weise jedoch vergeblich; — denn eben wurde von der gegen Grave vorpoussirten Cavallerie gemeldet, daß sie auf im Anmarsch begriffene feindliche Küraffiere gestoßen sei. Dies ließ ein Vorrücken des Macdonald'schen Corps vermuthen, und es hätte der sonderbare Fall eintreten können, daß, im Fall der Kommandant den Platz zu übergeben anbot, man entweder das Anerbieten ausschlagen oder sich der Gefahr aussetzen mußte, in dem übernommenen weitläufigen Ort selbst eingeschlossen zu

werden. Der General v. Oppen zog es beßhalb vor, das Unter=
nehmen auf Herzogenbuſch für jetzt aufzugeben, um ſo mehr, als
die Nachricht von dem Vorrücken der Macdonald'ſchen Truppen
durch wiederholte Meldungen beſtätigt wurde, und der angeordnete
Angriff überhaupt nur ein Verſuch, die Contenance der Beſatzung
zu prüfen, ſein ſollte.

Er zog ſeine Truppen bis Crèvecoeur und über die Maas zu=
rück. Prinz Friedrich der Niederlande und Prinz Wilhelm Rad=
ziwill waren bei dem Unternehmen auf Herzogenbuſch zugegen.

15. Lage der Franzoſen.

Die Lage der Franzoſen geſtaltete ſich in den letzten Tagen
folgendermaaßen: Die Diviſion Molitor war vor Bülow über die
Maas zurückgewichen und hatte ihre rückgängigen Bewegungen
von Crèvecoeur auf Grave fortgeſetzt. Nach dem uns bekannten
vergeblichen erſten Verſuch auf Fort Andries concentrirte der
Marſchall Macdonald die franzöſiſchen Truppen, incl. der Moli=
tors, welche fortan eine Diviſion des 11. Armee=Corps bildeten,
bei Nymwegen. Die ſchwache Diviſion des Generals Ambert,
welche die Verbindung zwiſchen Breda und Gertruidenberg zu
halten beauftragt war, ſahen wir den Streifcorps Benkendorf's
und Colomb's gegenüber, im Nachtheile. Ihre Reſte, die größ=
tentheils in den Feſtungen Breda, Gertruydenberg und Willemſtadt
vertheilt geweſen waren, befinden ſich augenblicklich im Rückmarſch
auf Antwerpen. Bei Erzählung der Epiſode der Colomb'ſchen
Thätigkeit ſahen wir dieſen Partheigänger deßhalb bis gegen Ant=
werpen, Mecheln und Loeven vordringen.

Als Napoleon die erſten Nachrichten von dem Vordringen der
Streifpartheien der Alliirten und von dem Uebergange des Bü=
low'ſchen Corps über die Maas erhielt, ſoll er noch immer die
größeſte Ruhe und Sicherheit gezeigt haben. Nur erſt nachdem
er den Verluſt von Willemſtadt, Breda und Gertruybenberg er=
fuhr, richtete ſich ſein ganzer Zorn gegen den General en chef,
Grafen Decaen. Er rief denſelben vom Commando zurück und

stellte ihn vor ein Kriegsgericht. Man darf inbeß nicht verkennen, daß diese Strenge darauf berechnet schien, die Schwäche seiner eigenen Lage zu verschleiern, und daß er im Grunde an den Un=fällen die meiste Schuld trug, weil er mit den vorhandenen schwachen Kräften zu viel vertheidigen lassen wollte, und weil seine Anordnungen mit den augenblicklichen Verhältnissen nicht mehr im Einklange waren.

Dennoch hätte Decaen wohl thätiger auftreten und selbstständi=ger handeln müssen, als er es, immer nur die Befehle Napoleons abwartend, that. Selbst Marschall Macdonald bleibt von dem Vorwurfe nicht frei, daß er sich durch untergeordnete Demonstra=tionen verleiten ließ, den Zusammenhang mit den Operationen Decaens ganz aus den Augen zu setzen.

Die Maßregeln, welche Napoleon zur Wiederherstellung seiner Verluste in Holland von Paris aus anordnete, sind aus seinem aufgefangenen Schreiben an den Senator und General Graf Rampon, welcher in Gorkum den Befehl führte, ersichtlich. Er trägt demselben auf: „diesen ihm anvertrauten Schlüssel der Niederlande mit angestrengter Kraft zu behaupten, die Dämme zu durchstechen, sich durch eine Ueberschwemmung oder ein Eismeer zu decken und auf eine Unterstützung, die bald erfolgen solle, zu rechnen."

„15 Bataillone Garden, 2 gute Batterien und 2000 Mann Ca=vallerie, die sämmtlich früher nach dem Mittel=Rhein bestimmt waren, würden unmittelbar in Brüssel eintreffen." Noch fügte er geringschätzend hinzu: „Die Alliirten haben keinen bestimmten Plan zur Campagne."

Ihn täuschte also die Stille, die noch am Rheine herrschte. Eines ernstlichen Angriffs an der Nordgrenze seines Reiches gewärtig und dagegen wegen des Oberrheins ohne Besorgniß, wird er ver=leitet, in größter Eile ein Armee=Corps, größtentheils aus Garden zusammengesetzt, zu sammeln und es auf den weniger entscheiden=den Punkt des Kriegstheaters zu dirigiren.

Es waren die Garde=Cavallerie=Division des Generals Lefèbre=

Desnouettes und die Garde-Infanterie-Division des Generals Barrois, welche die Ordre erhielten, nach Brüssel zu marschiren, wo sie ihre Organisation vollenden sollten. Die Garde-Division Boyer, welche in Lille formirt wurde, so wie die beiden Divisionen der alten Garde Friant und Laferrière-Lévêque, die sich in Trier unter Befehl des Marschalls Mortier (des Herzogs von Treviso) bereits retablirt hatten, wurden gleichfalls nach den Niederlanden in Marsch gesetzt.

So sollten sich, mit Einschluß der Garde-Divisionen Roguet und Caster, 6 Divisionen seiner Garde in Brabant vereinigen. Außerdem sollte sich noch das 1. Armee-Corps auf das Schleunigste in dem verschanzten Lager vor Antwerpen unter Lebrun, Herzog von Piacenza, versammeln.

Sobald die Vereinigung des Garde-Corps stattgefunden haben würde, war der Wille des Kaisers, die Alliirten über die Maaß und Waal zurückzuwerfen. Bevor dies jedoch möglich wurde, befahl Napoleon, daß der General Roguet, welcher mittlerweile zur Deckung von Antwerpen eingetroffen war, von hier aus nach Breda marschiren, sich dieses Platzes durch einen Ueberfall bemächtigen und dadurch die Verbindung mit Gorkum wieder herstellen solle. Der Marschall Macdonald erhielt gleichzeitig den Befehl, dies Unternehmen durch ein Vorrücken von Grave und Nymwegen aus gegen Herzogenbusch zu unterstützen. Durch diese bestimmten Befehle des Kaisers veranlaßt, ordnete er das erneuerte Vorrücken seiner disponibeln Truppen an, und dies ist der Moment, den wir als Veranlassung zu dem Aufgeben des Versuches Oppens gegen Herzogenbusch im Vorigen dargethan haben. Auch zogen wir das mißglückte französische Unternehmen Roguet's gegen Breda bereits früher in den Bereich unserer Darstellung und erwähnten dabei, daß die Franzosen in einer Breda beobachtenden Stellung bei Minderhout, Hoogstraten und Turnhout verblieben.

Gegen Ende December erhielt der General Graf Maison den Befehl über das 1. französische Armee-Corps bei Antwerpen, zugleich aber auch die obere Leitung der gesammten französischen

Streitkräfte, da Mortier mit den Divisionen von Friant und Laferrière=Lévêque zwar von Trier nach den Niederlanden aufge= brochen, aber wegen des Marsches der Verbündeten an den Ober= rhein unterwegs zurückgerufen worden war.

16. Bülow's Lage. Ereignisse vor Wesel.

Bülow, mit letzterem Umstande unbekannt, wußte durch aufge= fangene Depeschen blos, daß eine bedeutende Anzahl Kerntruppen gegen ihn im Anmarsch sei. Zur näheren Erforschung dieses, ferner um die Verbindung der Macdonald'schen Truppen mit de= nen Maison's zu verhindern, besonders aber, um das Gefahrvolle seiner kritischen Lage den französischen Befehlshabern zu verheim= lichen, ordnete er eine Reihe größerer Recognoscirungen an, die zu Ende December und Anfangs Januar eine Anzahl kleiner Gefechte und Neckereien der Vorposten im Gefolge hatten. Die Kühnheit und Zuversicht, welche die Preußischen Truppentheile dabei bewiesen, bestärkten die Franzosen in dem Glauben, daß diese kleinen Unternehmungen größeren Operationen zur Einlei= tung bienen sollten, gegen die der General Maison sich nicht besser, als durch die Bewaffnung der brabantischen und belgischen Festungen sichern zu können glaubte. Er ließ Bergen=op=Zoom auf neun Monate, Bliessingen, Tervere, die Forts Bath, Lillo und Lieftenshoek auf ein Jahr verproviantiren. Ebenso wurden die Festungen Izendyke, Hulst und die Insel Cadzand ausgerüstet, um hierdurch den Zugang zu Antwerpen in der Richtung der Westerschelde zu verhindern. Anstatt einen kräftigen Stoß gegen Breda auszuführen, beschränkte er sich darauf, eine passive Ver= theidigung bei Antwerpen zu organisiren. Unter der Maske des Angriffs war es also dem General v. Bülow gelungen, die Fran= zosen über seine Absichten zu täuschen und im kleinen Kriege so viel Zeit zu gewinnen, bis die zu erwartenden Verstärkungen eine Fortsetzung seiner Angriffs=Operationen gestatten würden.

Ähnlich wie seine äußere, war Bülow's innere Bedrängniß, auf die wir, bei dem Interesse für den Helden, wohl einen Sei=

tenblick werfen dürfen, um dann die dennoch bewahrte Klarheit seines Geistes um so mehr würdigen zu lernen.

Unter den jetzigen Verhältnissen machte es ihm doppelt Sorge, daß sich die holländische Heeres=Entwickelung allzu langsam ent= faltete. Seine Mißstimmung steigerte sich, als sich Seitens des Volkes deutlich der Wunsch kund gab, sich lieber den Engländern als den Preußen anzuschließen. Lag dies auch in der Politik begründet, so schmerzte es doch Bülow, seine reinen Absichten beargwöhnt zu sehen. Ferner gewahren wir Bülow's Feuer=Eifer nicht immer im Einklange mit den Ansichten seiner Generale. Namentlich war es der General v. Krafft, dem er oft eigenhän= dige unzweideutige Nachschriften zu den Tagesbefehlen hinzufügte. Krafft war ihm einerseits nicht scharf und schneidig, andererseits nicht vorsichtig genug. In ersterer Beziehung warf er ihm sein Genügen an dem Gefecht bei Dorst und Upelaer vor: er hätte sollen den Feind weiter verfolgen; in anderer, daß er Heusden nicht besser in Stand setzte, um sich darin halten zu können, bei welcher Gelegenheit Krafft kalt erwiederte: „Das sind Geschmacks= sachen! Ich habe keine Lust, mich einschließen zu lassen!"

Doch dergleichen immer sich findende Differenzen kränkten ihn weniger, als der Glaube, daß er vernachläßigt, gewissermaßen beseitigt sei. In dem großen Hauptquartier, in der Umgebung des Königs, schien man ihn weniger zu berücksichtigen, als Andere, denen an Verdienst und Thätigkeit sein Selbstgefühl ihn wenigstens gleich stellte. Burgsdorf, den er mit den Schlüsseln der Festungen Breda, Bommel, Crèvecoeur und Fort Andries in das große Hauptquartier gesendet hatte, meldete ihm von daher die neuesten Beförderungen. Der folgende Brief Bülow's, aus Bommel am 20. December an seine Frau gerichtet, giebt das volle Maaß seiner Mißstimmung zu erkennen:

„Tauenzien und York sind Generale der Infanterie geworden; ich und Kleist aber noch nicht. Tauenzien sein Corps wurde bei Seyda geschlagen und größtentheils auseinandergesprengt, den Tag darauf bei Dennewitz war er geschlagen und vom Schlacht=

felbe verschwunden, ehe ich ankommen konnte. Sein Rückzug von der Elbe bis Berlin, welcher mit dem von Auerstaedt viel Aehnlichkeit hatte, krönte das Werk. — Er ist General der Infanterie. — Ich habe die Impertinenz gehabt, den Feind bei Groß-Beeren gegen die Befehle des Kronprinzen zu schlagen, bin so unverschämt gewesen, den 5. September gegen dessen Befehle abzumarschiren, und den 6. die Bataille von Dennewitz zu gewinnen, wodurch der Krieg eine ganz andere Gestalt gewonnen und wodurch nur die Schlacht bei Leipzig möglich wurde; ich war ferner so impertinent, die Vorstadt von Leipzig wegzunehmen, wodurch 200 Kanonen genommen wurden, dann, ohne Autorisation, den Feind aus Holland hinauszuwerfen und dieses für ganz Europa so wichtige Land nebst einer Menge Festungen zu erobern. — Ich habe den rothen Adlerorden I. Klasse erhalten. Friedrich der Zweite würde freilich für e i n e gewonnene Schlacht einen zum General der Infanterie, für die zweite zum Generalfeldmarschall gemacht haben; aber der Mann war nicht mit seinem Zeitalter fortgegangen, er hatte nur veraltete Ideen; gegenwärtig versteht man das Ding besser."

Der Kaiser von Rußland schien ihm größere Anerkennung zu zollen. Burgsdorf war vom Könige mit den Schlüsseln der Festungen, besonders auch weil russische Truppen Breda genommen hatten, an den Kaiser gesandt; dieser ließ sich auf der Landkarte genau die Kriegszüge Bülow's nachweisen und lobte deren Kühnheit und außerordentlichen Erfolg. „Grüßen sie, sagte er, den General Büloff — der Kaiser sprach den Namen in russischer Weise — alle Truppen haben sich gut geschlagen, Büloff's Truppen ganz außerordentlich gut!" Dabei legte er ihm die Hand auf die Schulter und versprach, daß Bülow Truppen nachgesandt werden sollten; er nannte zuerst den Heerestheil Wintzingerode's, dann die Sachsen unter Thielmann, endlich den ganzen Heertheil, zu dem dieser gehörte, das III. deutsche Armee-Corps unter dem Oberbefehl des Herzogs von Weimar.

Die letzteren Nachrichten und namentlich, daß Wintzingerode endlich den Befehl erhielt, an den Rhein zu marschiren, wodurch

Vorstel vor Wesel abgelöst werden konnte, erheitern Bülow durch die Aussicht auf erneute Kriegsthätigkeit, und seine persönlichen Widerwärtigkeiten treten dagegen ganz in den Hintergrund, — um bald darauf sich nur um so stärker geltend zu machen.

Der mit der V. Brigade vor Wesel stehende General v. Borstell, dessen glückliche Detaschirung Hobe's gegen Neuß mit 4 Bataillonen und 2 Escadrons wir bereits erwähnt, wollte vor dem Eintreffen der Vortruppen Winzingerode's, die am 26. Dezember anlangen sollten, noch einen Versuch machen, Wesel mit stürmender Hand zu nehmen. Auf dem Schlosse zu Diersfort, wo er sein Hauptquartier hatte, verkündete er in Folge der Nachricht eines vormals holländischen Offiziers, daß mehrere Hundert seiner Landsleute, von denen kein Widerstand, sondern eher Hilfe zu erwarten, in der Citadelle vereinigt seien, — bei der Mittagstafel laut, er wolle dem Könige mit Wesel ein Weihnachtsgeschenk machen. In der That ordnete er zum 24. Dezember alles zum Sturm; die Truppen standen aufmarschirt, von Muth und Eifer so beseelt, daß, als zum ersten verzweifelten Angriffe 800 Freiwillige vorgerufen wurden, die sämmtlichen Leute der 8 Bataillone zugleich vortraten. Die ausgewählten 800 Freiwillige rückten, durch ortskundige Einwohner geführt, von Diersfort gegen die Citadelle, und 4 andere Colonnen standen auf verschiedenen Punkten der Nord- und Ostseite des Platzes zum Angriff bereit, welcher beginnen sollte, sobald erstere das Gelingen ihres Unternehmens signalisirten. Jedoch es waren die ihnen zum Ueberschreiten des sogenannten alten Rheins mitgegebenen Brückenböcke unzulänglich, weil der Wasserstand plötzlich um einige Fuß gestiegen war, auch der Feind, dem man jene Aeußerung Borstell's verrathen hatte, zum Empfange gut vorbereitet gefunden wurde. Das Unternehmen zerfiel darauf in sich.

Die Russen unter General Ururk trafen am 26. Dezember vor Wesel ein und übernahmen die Einschließung; Borstell marschirte ab und befand sich beim Jahresschlusse in der Gegend von Arnheim, auf dem Wege, sich mit Bülow bei Breda zu vereinigen.

General Bülow hatte mittlerweile den Rittmeister v. Auer auf's

Neue nach England abgefertigt, um dem Prinz-Regenten die Depeschen zu überbringen, in denen Bülow den Stand der Dinge
in Holland berichtete und ihm das bringende Bedürfniß an Waffen
und Ausrüstungsstücken vorstellte, welchem nur England auf dem
kürzesten Wege, durch Sendungen nach Rotterdam, abzuhelfen im
Stande sei. In gleichem Sinne, um die Verhältnisse gehörig aufzuklären und die nöthigen Hilfsmittel zu erlangen, schrieb er
wiederholt an den Kaiser von Rußland, den Kronprinzen von Schweden, an den Staats-Kanzler v. Hardenberg, an Blücher; der
Major v. Boyen entwarf diejenigen Schreiben, welche in französischer Sprache abgefaßt werden mußten. Bülow erwog, daß selbst
mit Hinzurechnung der Borstell'schen Brigade seine Truppenstärke
nicht hinreichen könne, gegen die französische, seither auch täglich
angewachsene Macht etwas Tüchtiges zu unternehmen. Denn,
wenngleich er in den ersten Tagen des Januar seine Brigaden
Thümen, Krafft und Borstell und die Reserve-Cavallerie unter
Oppen um Breda zusammengezogen hatte, so hatte er doch die
Brigade v. Zielinski (früher Hessen-Homburg) zur Einschließung
von Gorkum, einen großen Theil der Brigade Borstell — den Ge-
neral v. Hobe — vor Herzogenbusch, und einen großen Theil der
Brigade Thümen — den Grafen Lottum — zur Besetzthaltung des
Bommeler Waards und Forts Andries stehen lassen müssen, welche
Streitkräfte — in Summa: die ganze III. Brigade und 6 Ba-
taillone Infanterie, 2 Regimenter Cavallerie und eine entsprechende
Zahl von Geschützen — ihm so lange entgingen, bis verbündete
Truppen dieselben abzulösen vermochten.

Die Beklommenheit seiner Lage wurde noch erhöht, als die
starken Ströme in seinem Rücken mit Eis zu gehen anfingen, die
schon beschädigten Schiffbrücken über die Maas und die Waal abgefahren und in Sicherheit gebracht werden mußten und alle rückwärtige Verbindung zeitweise abgeschnitten wurde. In dieser
Bedrängniß stieg Bülow's Ungeduld auf's Höchste. Von holländischen Truppen war so gut wie Nichts zu sehen; die 8000 Engländer unter Graham, der persönlich den besten Willen zeigte,

beobachteten Bergen=op=Zoom und richteten, ihrem Instinct gemäß, ihr besonderes Augenmerk auf Antwerpen; — nur von den Russen unter Winßingerode war eine kräftige Mitwirkung möglich, durch welche der Besiß Hollands gesichert und Bülow aus den hemmen= den Banden, in die er gerathen war, befreit werden konnte.

Winßingerode hatte denn auch am 26. December die nöthige Berennungs=Mannschaft unter General Ururk vor Wesel gestellt, marschirte mit den übrigen Truppen nach Düsseldorf — hier aber blieb er stehen. Bülow machte ihm bringende Vorstellungen, wie zweckmäßig und rühmlich, ja wie nothwendig es sei, über den Rhein zu gehen, wo fast gar kein Feind ihm entgegenstehe, die Franzosen bei Nymwegen, denen er weit überlegen sei, im Rücken zu bedrohen und sie dadurch zum Abzuge zu bestimmen. Doch Winßingerode gab allem diesem kein Gehör und wiederholte nur die oft schon geäußerten Bedenklichkeiten und Einsprüche. Die persönlichen Vorstellungen des Oberquartiermeisters, Majors v. Reiche, beim Könige im Hauptquartier zu Karlsruhe und beim russischen Kaiser hatten schließlich den ganz unerwarteten Erfolg, daß Bülow, anstatt Winßingerode nach seinem Sinn zu bestimmen, plötzlich unter Winßingerode's Befehl gestellt wurde!

Der letztere war nämlich vor Kurzem vom Kaiser von Rußland zum General der Cavallerie befördert, während Bülow noch Ge= neral=Lieutenant war; kamen sie nun in dienstlichen gemeinsamen Verkehr, so konnte kein Zweifel obwalten, daß dem höheren Range der Befehl gebühre. Der Kronprinz von Schweden hatte in einem zarten Schreiben Bülow auf diesen unvorhergesehenen Fall vorbereitet; dieser hatte nur bitter gelacht; er mochte nicht denken, daß es mit dieser Farce, wie er es nannte, je Ernst werden könne; auch ein Schreiben des russischen Kaisers beruhigte ihn scheinbar, in welchem dieser einstimmte, daß Winßingerode vorbringen und am Niederrhein durch Thielmann ersetzt werden solle, zu welchem Zweck diesem wiederholt befohlen sei, seinen Anmarsch zu beschleunigen. Bülow drang also ferner in Winßin= gerode, wenigstens mit einem Theil seiner Truppen schon jetzt

über den Rhein zu gehen, mindestens die fliegende Schaar Tscher=
nitscheff's, der ganz willig dazu sei, übergehen zu lassen; doch
Alles war umsonst; Winzingerode erlaubte auch das letztere durch=
aus nicht, indem der Eisgang, wie er sagte, die Verbindung
unterbrechen würde.

Inzwischen hatte Bülow seiner nächsten Umgebung die sonder=
bare Wendung, welche seinen Verhältnissen drohete, mitgetheilt
und die bitteren Betrachtungen nicht verhehlt, zu denen sein em=
pörtes Gemüth durch die unerhörte Zumuthung, die man ihm
machte, aufgeregt wurde. Zwar wollte er nicht glauben, daß es
dahin kommen könne; allein er erklärte, daß, wenn dies je ge=
schehen würde, er sich solcher Schmach nicht unterwerfen, sondern
lieber den Abschied nehmen werde, als unter einem Manne zu die=
nen, den er, als er selbst schon Stabsoffizier gewesen, noch als
bloße Hofcharge am Ferdinand'schen Hofe in Berlin gekannt habe
und der zwar jetzt Militair sei, aber, wie man sähe, mit den
besten Truppen nichts auszurichten wisse.

Durchdrungen von der Unbill, die seinem General widerfuhr,
und von dem Gefühl der Gefahr, daß das preußische Heer seinen
gefeierten Führer wohl gar durch diese Mißverhältnisse verlieren
könnte, hatte der treue Boyen schon am 29. December ausführlich
und vertraulich an den Staatskanzler geschrieben und ihn beschwo=
ren, es bei dem Könige dahin zu vermitteln, daß Bülow dem
Heere erhalten und in seiner bisher immer glücklichen Kriegfüh=
rung nicht gehemmt werde.

Reiche wirkte unterdeß mündlich für Bülow's Kriegspläne:
der Kaiser von Rußland ließ Winzingerode den Befehl zukommen,
über den Rhein vorzugehen und Bülow zum Einmarsch in Belgien
die Hand zu bieten.

Winzingerode verkündigte Bülow demzufolge endlich, daß er
bei Düsseldorf über den Rhein gehen werde, verlangte jedoch zu=
gleich, daß Bülow ihn dazu durch eine seiner Brigaden verstärken
solle. Diese Forderung war in der That eine unglaubliche. Bülow,
der überall mit seinen Truppen kaum ausreichte, der einem über=

legenen Feinde gegenüber stand, sollte einen Theil derselben 20 Meilen weit entsenden, um einen General zu verstärken, der solche im Ueberfluß und nur einen schwächeren Feind gegenüber hatte! ferner sollte der Rheinübergang, der nicht genug beschleunigt werden konnte, an eine Maßregel geknüpft werden, die ohne großen Zeitverlust nicht möglich war. Dabei berief sich Wintzingerode auf die erwähnten Vorschriften des Kronprinzen von Schweden, denen zu Folge Bülow sich den Weisungen Wintzingerode's zu fügen hätte! In seiner heftigen Empörung würdigte Bülow ihn keiner Antwort und — die Sache behielt dabei ihr Bewenden!

Wir haben nicht angestanden, diesen, gleichsam inneren Verhältnissen Bülow's hier einen Platz zu gönnen, weil sie zur Vollendung des Bildes beitragen, welches die Beschreibung eines Feldzuges ist, und in welchem der Kommandirende die Hauptperson des Vordergrundes bildet.

17. Stellung und Bewegungen der russischen und französischen Truppen.

Die russischen Streifscharen Benkendorf's, Stahl's und Anderer, die sich in Holland befanden, zogen auf Wintzingerode's Befehl nach Düsseldorf ab.

Das russische Corps des Generals von Wintzingerode bestand nunmehr incl. seiner Detaschements aus 8000 Mann Infanterie und 5000 Mann Cavallerie. Es sollte binnen Kurzem noch durch das betaschirte Corps des Generals Woronzow und durch das von der Benning'schen Armee abkommandirte Corps des Grafen Stroganow, welche beide der Kronprinz von Schweden noch an der unteren Elbe zurückbehalten hatte, verstärkt werden.

Obgleich also für den Augenblick nicht sehr zahlreich, so konnte man es doch, bei den in großer Ausdehnung vertheilten Streitkräften des Feindes, als vollkommen stark genug betrachten, um allein über den Rhein zu gehen.

Macdonald hatte nämlich zur Zeit sein 11. Infanterie-Corps—

circa 11,000 Mann — und das 2. Cavallerie-Corps — circa 2240 Pferde — in der Umgegend von Cleve, Nymwegen und Wesel vertheilt. Die Division Molitor, in der Stärke von 1750 Mann war bei Venloo postirt, das 5. Infanterie-Corps — 5400 Mann — und das 3. Cavallerie-Corps — 1972 Pferde — waren in der Umgegend von Cöln aufgestellt. Von dieser Truppenmasse, die über 20,000 Mann betrug, wurde jedoch beinahe die Hälfte zu Festungsbesatzungen in Wesel, Grave, Jülich, Venloo und Mastricht verwendet, weßhalb eigentlich nur 10—12000 Mann zu Unternehmungen gegen den Rheinübergang disponibel blieben, wobei zu beachten, daß Macdonald noch stets Truppen auf seiner linken Flanke gegen das Bülow'sche Corps vereint behalten mußte. Es war daher eigentlich nur der General Sebastiani mit dem 5. Infanterie- und Cavallerie-Corps, in der Stärke von 7—8000 Mann zwischen Cöln und Neuß, der dem russischen Corps des Generals Winzingerode entgegentreten konnte.

Die verunglückten Rhein-Uebergänge der preußischen und russischen Streifcorps unter dem preußischen Major v. Boltenstern unweit Cöln und des russischen Generals Pillar bei Andernach ließen allerdings einen wachsamen Gegner vermuthen. Winzingerode war indeß, als er am 6. Januar in Düsseldorf eintraf, nicht nur überhaupt stark genug, die Operationen zu beginnen, sondern, was viel mehr ist, der Feind war durch die Fortschritte der am 1. Januar über den Rhein gegangenen schlesischen Armee gezwungen, die Vertheidigung der Rhein-Uebergänge aufzugeben.

Der russische General Tschernitscheff, der die Avantgarde des Winzingerode'schen Corps kommandirte und seine ihm aufgetragenen Vorbereitungen zum Uebergange bereits am 1. Januar getroffen hatte, setzte es durch seine Vorstellungen erst am 12. Januar durch, daß Winzingerode, indem er aber ihm die Verantwortung im Fall des Mißlingens auflud, in den Uebergang Tschernitscheff's williget.

Den Feind über den wahren Uebergangspunkt zu täuschen, waren in der Nacht vom 12. zum 13. Januar zwischen Kaisers-

werth und Duisburg einige Hundert Kosaken über den Rhein ge=
setzt, hatten sich einer der Münbung der Ruhr gegenüber gelegenen
feinblichen Redoute mit fünf Kanonen bemächtigt und die feinb=
lichen Beobachtungsposten verjagt. Die Spitze der Avantgarde
unter dem General v. Benkenborf, aus 700 Jägern und Kosaken
gebildet, ging auf Booten und Flößen von Düsseldorf aus am
Morgen des 13. über den Rhein. Es geschah unter dem Schutze
von 36 Geschützen, die zugleich die jenseits gelegenen zwei Re=
douten im Schach hielten. Die Franzosen, nicht sowohl überrascht,
als wahrscheinlich in dem Glauben, baß eine bebeutenbere Über=
macht anrücke, verließen die Redouten und zogen sich nach Neuß
zurück. Der ihnen über Ober=Cassel und Heerdt folgende Ben=
kenborf stieß hier auf ein feinbliches Bataillon und einige Schwa=
bronen und mußte bis Ober=Cassel zurückweichen. In der Zwi=
schenzeit waren die Fahrzeuge, deren sich Benkenborf bedient hatte,
an das rechte Rheinufer zurückgekehrt, und hatten von Neuem
700 Mann, mit dem General Tschernitscheff an der Spitze, über=
geschifft. Die Franzosen wurden geworfen, Neuß genommen und
die Richtung auf Aachen eingeschlagen. Der übrige Theil der
Avantgarde: 4 Bataillone Jäger, das Wolhynische Ulanen=Regi=
ment, 2 Eskadrons Husaren, 4 Kosaken=Regimenter und 1 Kom=
pagnie leichter Artillerie folgten.

Dagegen glaubte der General Winzingerobe wegen des Eis=
ganges mit dem Gros des Corps den Rhein noch nicht passiren
zu können, und ging daher einige Tage später zwischen Düssel=
borf und Cöln über.

Währendbeß befand sich die russische Avantgarde isolirt den
feinblichen Corps gegenüber, die indeß von dieser Sachlage nicht
unterrichtet waren und ersterer beshalb keine Nachtheile bereiteten.

Die aus Holland zurückberufenen Streifcorps konnten bei Em=
merich den Rhein nicht passiren und schlossen sich beshalb dem
vor Wesel kommandirenden General Ururk an. Dieser ließ den
Fürsten Schowanski mit circa 1000 Mann vor Wesel stehen und
zog in zwei Colonnen über Duisburg und Düsseldorf dem Gros

des Winßingerob'schen Corps nach, nur einige leichte Detasche=
ments zur Deckung seiner rechten Flanke gegen Roermonde ent=
sendend.

Auf der linken Flanke der russischen Avantgarde war der rus=
sische General IlowaiSky gegen Cöln marschirt und mit seinen
Kosaken am 15. Januar in die Stadt eingerückt.

Die französischen Generale Sebastiani und Arrighi (Herzog von
Padua) hatten diesen Platz am 12. verlassen, um sich mit dem
vereinten 5. Infanterie= und 3. Kavallerie=Corps gegen Aachen zu=
rückzuziehen. Die Festung Jülich ließen sie indeß mit 1800 Mann
Infanterie und 200 Pferden besetzt.

Aehnlich verfuhr der Marschall Macdonald auf seinem linken
Flügel; er concentrirte, nachdem er am 4. Januar Nymwegen
geräumt, die einzelnen Abtheilungen des 11. Infanterie= und
2. Cavallerie=Corps gegen die Maas, zwischen Venloo und Gel=
bern. Schon früher hatte der Marschall den Vorschlag gemacht,
die sämmtlichen Garnisonen aus den von ihm besetzten Festungen
bei seinem Rückzuge herausziehen zu dürfen, wodurch er, anstatt
mit 10 — 12000 Mann, mit einer Armee von 20000 Mann zu
Napoleon stoßen konnte. Napoleon billigte indeß diesen Vorschlag
nicht nur nicht, sondern ließ sogar die unzuverläßig werdenden
4000 Schweizer in Wesel durch eine gleiche Anzahl guter fran=
zösischer Truppen ablösen. Ferner wurden 1400 Mann als Gar=
nison nach Grave beordert, und wenn man nun noch die Besatzungen
von Venloo, Mastricht und Jülich hinzuzählt, so erscheint die
Schwächung des feindlichen Corps in einem so kritischen Augen=
blicke, wo ein Entsatz dieser Festungen gar nicht abzusehen war,
als ein schwer zu rechtfertigendes Verfahren.

Marschall Macdonald vereinigte nun am 18. Januar die unter
seinem Kommando stehenden vier Corps bei Lüttich, während das
Gros des Winßingerodeschen Corps allmälig zwischen Neuß und
Dyck vom rechten Rheinufer her eintraf und seine Avantgarde
unter Tschernitscheff sich schon vorwärts Aachen befand. Die Blokade
von Jülich, wo die Russen gegen die ausfallende Garnison ein

glückliches Gefecht bestanden hatten, übernahm der General Ilowaisky mit einigen Kosaken-Regimentern.

Die französischen Corps setzten ihren Rückmarsch auf Namür
fort, wo der Marschall Macdonald am 19. Januar anlangte und
hier die Befehle des Kaisers erhielt, sich sofort bei Chalons mit
ihm zu vereinigen, was auch, wiewohl in langsamer Rückbewegung
zur Ausführung kam.

18. Gefecht bei Lüttich am 24. Januar 1814.

In Folge dieses Rückzuges hatte der General Winzingerode
eigentlich gar keinen Feind vor sich. Dessenungeachtet nahm er
erst am 23. Januar sein Hauptquartier in Aachen, und schickte
seine Avantgarde bis Herve und Detaschements bis Lüttich vor.
Um seine rechte Flanke zu sichern, wurde der General Benkendorf am 24. Januar auf St. Tron dirigirt. Eine Meile vorwärts
Lüttich stießen die Kosaken plötzlich auf eine feindliche Colonne.

Es hatte nämlich der General Maison, von dem Uebergange
des russischen Corps unterrichtet, von Antwerpen aus den General
Castex mit 3400 Mann Infanterie, 600 Pferden und 5 Kanonen
in seine rechte Flanke gegen Namür und Lüttich detaschirt, um
über die Verhältnisse der Macdonald'schen Corps, deren Abberufung er noch nicht kannte, Nachrichten einzuziehen. Indem
Castex nun über St. Tron vorrückte, stieß er auf das russische
Detaschement.

Der General Benkendorf hatte im Augenblicke des Zusammen-
treffens nur 2 Kosaken-Regimenter bei sich und mußte sich deshalb
allmälig bis gegen die Vorstadt von Lüttich zurückziehen. Er beeilte
sich zwar, den General Tschernitscheff, der das Gros der Avantgarde führte, von der Annäherung des Feindes in Kenntniß zu
setzen, sah sich jedoch gezwungen, um den Uebergang über die
Maas zu behaupten, bis zum Eintreffen einer Unterstützung ein
sehr ungleiches Gefecht mit dem Feinde zu bestehen. Die Kosaken-
Regimenter Schirow und Sissojew waren einem dreistündigen
Gewehr- und Kartätschenfeuer ausgesetzt. Der General v. Ben-

kendorf ließ während des Rückzugsgefechtes nur eine geringe An=
zahl Kosaken dem Feinde in der Front gegenüber, während er
mit zwei größeren Abtheilungen die Flanken des Feindes immer
von Neuem attaquirte, um dadurch den Marsch desselben zu ver=
zögern und Zeit zur Heranziehung von Verstärkungen zu gewinnen.

Tschernitscheff, noch ohne Meldung, hatte die Kanonade gehört,
und sofort die Avantgarde vorrücken lassen; er selbst eilte mit
2 Eskadrons Husaren und 2 Geschützen im Trabe gegen Lüttich
voraus. Dem Obersten Fürsten Lapuchin, welcher kurz vorher mit
einem Kosaken=Regiment auf dem Wege nach Namür detaschirt
war, befahl er, gleichfalls nach Lüttich zu eilen. In kurzer Zeit
erreichte Tschernitscheff den Kampfplatz und ließ durch seine Ka=
nonen das Feuer beginnen. Gleichzeitig damit war auch der
preußische Major v. Lützow mit 2 Eskadrons *) Ulanen in Lüt=
tich eingetroffen, um als Partisan sich gegen die Marne zu wenden.
Auch er eilte dem Feinde sofort entgegen, nahm seine Richtung
rechts der Chaussee, während die russischen Husaren links dersel=
ben vorrückten.

Fürst Lapuchin nebst den Kosaken unter Barnekow eilte ebenso
gegen die rechte Flanke des Feindes vor. Diese vereinten An=
griffe zwangen den Feind zum Rückzuge und brachten ihm einen
Verlust von einigen hundert Mann bei. Das coupirte Terrain
und das Glatteis, welches der Cavallerie bei ihren Attaquen sehr
hinderlich war, hatte die Franzosen vor größeren Verlusten bewahrt.

Der Feind wurde bis Oreye, auf der Straße nach St. Tron
verfolgt, wohin der verwundete General Castex seine Truppen
führte. An demselben Tage hatte auch der General Maison die
näheren Nachrichten über den Rückmarsch Macdonald's und über
das Vorrücken der Russen erhalten und in Folge dessen dem
General Castex ausdrücklich befohlen, sich bei St. Tron zu con=
centriren und hier stehen zu bleiben. Diese Ordre erhielt der Ge=

---

*) Diese 2 Eskadrons vom Lützow'schen Freicorps gingen vom 25. — 31.
Januar über Huy, Marche, Rochefort nach Recogne, in welcher Gegend sich
auch das Colomb'sche Freicorps damals befand.

neral Caster jedoch erst nach dem Gefechte; wogegen die Russen durch dieses Rencontre außer der Waffenehre noch den Vortheil gewannen, die Uebergänge über die Maas˙ behauptet zu haben.

Obgleich nun der General Winhingerode durch diesen Erfolg in seiner rechten Flanke gesichert war, so konnte ihn dies doch nicht bewegen, sein Vorrücken zu beschleunigen. Er brauchte sechs Tage, um seine Avantgarde von Lüttich nach Namür marschiren zu lassen. Am 30. Januar war sein Hauptquartier noch in Lüttich und erst am 2. Februar verlegte er dasselbe nach Namür, nachdem er durch Kosaken=Detaschements, welche auf Tirlemont entsendet waren, die Nachricht erhielt, daß das Bülow'sche Corps sich mit ihm auf gleicher Höhe befände.

19. Anordnungen Maison's zur Deckung Antwerpens und Belgiens.

Seitens des französischen Generals Maison waren, wie wir schon andeuteten, alle Anstalten zur kräftigen Vertheidigung von Antwerpen getroffen. Napoleon hatte ihm den gemessenen Befehl ertheilt, Belgien zwar zu vertheidigen, dabei aber Antwerpen, welches er mit ungeheuren Kosten, um es zu einem Angriff gegen England zu benuhen, zu einem der ersten Kriegsflotten=Häfen Europas gemacht hatte, keinen Augenblick den eigenen Kräften zu überlassen. Behufs der unmittelbaren Deckung des Plahes hatte Maison den größten Theil des I. Armee=Corps, das er noch fort= dauernd durch diejenigen Truppen, welche in den Festungen der beiden Flandern ihre Formation erhalten hatten, zu verstärken suchte, unter General Ambert eine Meile nördlich der Festung bei Donk und Brakschoten an den Straßen nach Bergen=op= Zoom und Breda aufgestellt und ihm als Rückzugspunkte die leicht verschanzten Dörfer Merxem, Deurne und Wyneghem bezeichnet, welche im Falle des Angriffs bis zum Aeußersten gehalten werden müßten. Mit den Gardetruppen wollte er manövrirend Belgien vertheidigen. Die Garde=Division Roguet hatte er deshalb bei Hoogstraten, die von Lefèbre=Desnouettes zwischen Turnhout und

Brecht, die von Castex bei Lier, und die von Barrois bei Brüssel zusammengezogen. Die ganze Truppenmasse betrug circa 20 bis 30,000 Mann, wovon jedoch höchstens zwei Drittheile zum Angriff verwendbar blieben. Die erstgenannten beiden Garde-Divisionen hatten den Befehl, jedem ernstlichen Gefechte durch sofortigen Rückzug nach Westmallen auszuweichen.

20. Bülow's erste Unternehmung gegen Antwerpen.

Des Generals v. Bülow Thätigkeit im Felde beschränkte sich in den ersten Tagen des Januar, wie wir sahen, auf größere Recognoscirungen und kleinere Gefechte. Als ihm indeß am 9. Januar die traurige Gewißheit wurde, daß der Eisgang die Brücken in seinem Rücken zerstört, sowie den Uebergang der Russen über den Rhein verzögert hatte, und er in eine Lage gerathen sei, in der ihm jeder feindliche energische Angriff verderbenbringend sein müsse, faßte er den eines Helden würdigen Entschluß, dem Feinde keine Zeit zu combinirten Operationen zu lassen und selbst zum Angriff überzugehen. Er handelte dabei in Uebereinstimmung mit dem englischen Feldherrn, dem, nach Abzug der für die Sicherung Seelands erforderlichen Truppen, zur Verwendung im freien Felde circa 4000 Mann disponibel blieben; Bülow hingegen verfügte über 23½ Bataillone, 39 Eskadrons und 10 Batterien, circa 16,000 Mann; — 20 Bataillone, 14 Eskadrons und 2 Batterien standen betaschirt. Das Ziel des gemeinsamen Unternehmens war die Eroberung Antwerpens oder wenigstens die Zerstörung der Flotte im dortigen Bassin. Bülow beabsichtigte demzufolge zunächst, die feindliche fünf Stunden vor Antwerpen befindliche Postenlinie in der Front anzugreifen. Um indeß dieses gewagte Unternehmen zu caschiren und möglicher Weise die Verbindung der äußersten rechten Brigade (Aymar) des General Maison mit den Truppen Macdonald's zu verhindern, ließ er noch am 9. Januar einige Abtheilungen leichter Cavallerie in der Richtung nach Turnhout, Roermonde und Venloo aufbrechen. Diese Expedition, in Verbindung mit falschen übertreibenden Berichten, verleitete ben General Maifon zu glauben, baß Bülow über Campine auf Dieſt unb Loeven zu marſchiren beabſichtige, unb veranlaßte ihn, am 11. auch bie Garbe-Diviſion Barrois von Brüſſel nach Lier zu ziehen unb ſie mit ber von Caſter bort zu vereinigen.

Am 10. Januar brach Bülow in 3 Colonnen auf. Die Colonne bes linken Flügels, hauptſächlich aus ber Brigabe Vorſtell beſtehend, 7 ½ Bataillone, 17 Eskabrons unb 24 Geſchütze ſtark, rückte nach Chaam unb Gilze; bie mittlere Colonne, größtentheils aus ber Brigabe Thümen gebilbet, 8 Bataillone, 8 Eskabrons, 12 Geſchütze ſtark, ſchlug bie große Straße nach Klein-Zunbert ein; bie Colonne bes rechten Flügels unter General Oppen, aus ber Brigabe Krafft unb einem Theile ber Reſerve-Cavallerie zuſammengeſetzt, 8 Bataillone, 14 Eskabrons, 28 Geſchütze ſtark, marſchirte nach Sprünbel. Letztere Colonne hatte ben Auftrag, ſich von ber Straße rechts abzuwenben, Weſtweſel im Rücken zu faſſen unb bie Rückzugslinie bes Feinbes zu bebrohen. Noch während ber Nacht zum 11. ſetzte ſich Alles gegen Hoogſtraten, Loenhout unb Weſtweſel in Bewegung.

21. Vormarſch ber Colonne bes linken Flügels. — Gefecht bei Hoogſtraten am 11. Januar.

Um 8 Uhr Morgens traf bie Colonne bes linken Flügels unter General v. Borſtell über Strybeck, Kapuzinerkloſter, Meerſel unb Meer unweit Minberhout ein. Sie fanb bie Brigabe bes Generals Flament, ber burch bas frühe Erſcheinen einiger ber Colonne beigegebenen Koſaken-Trupps aufmerkſam geworben war, Behufs einer beabſichtigten Recognoscirung baſelbſt bereits verſammelt.

Der Diviſions-General Roguet ließ ſofort mit einem Bataillon bes 12. Garbe-Tirailleur-Regiments jener Brigabe ben Kirchhof von Minberhout beſetzen; 1 Bataillon wurbe weſtlich, 2 wurben weiter rückwärts, 2 nebſt ber vorhanbenen Kavallerie bei Hoogſtraten verwenbet. 4 Geſchütze poſtirte er auf ber Brebaer Straße, 2 rückwärts auf bem Wege nach Oſtmallen. Zugleich ſenbete er

der bei Turnhout stehenden Brigade Aymar den Befehl zum sofor=
tigen Rückzuge und rief 2 Bataillone von Westwesel und Loenhout
ab. Zur Deckung dieser Bewegungen nahm er, seiner Instruction
entgegen, das Gefecht an.

Der General v. Borstell ließ in 2 Colonnen angreifen. Die
erste unter Oberstlieutenant v. Schon *) war folgender=
maßen zusammengesetzt:

Avantgarde: Oberstlieutenant v. Thümen.

    Jäger=Compagnie des Major v. Heydenreich;

    Füsilier=Bataillon des 1. Pommerschen Infanterie=Regi=
    ments (v. Carbell);

    2 Eskabrons des Pommerschen Husaren=Regiments;

    ½ 6pfündige Fuß=Batterie Nr. 19 (Lieutenant Arnold).

Gros: Oberstlieutenant v. Knobloch.

    1. u. 2. Bataillon 1. Pommerschen Infanterie=Regiments
    (v. Donop u. v. Reißenstein);

    Russische 12pfündige Fuß=Batterie Nr. 7 (Oberst v. Die=
    trichs III.);

    1. und 2. Bataillon 2. Reserve=Infanterie=Regiments
    (v. Massow u. v. Hövel);

    1 Eskabron des Pommerschen Husaren=Regiments;

    Das Jäger=Detaschement dieses Regiments;

    Das Pommersche National=Cavallerie=Regiment.

Reserve: Oberstlieutenant v. Sandrart.

    3 Eskabrons des Leib=Husaren=Regiments;

    Jäger=Detaschement dieses Regiments;

    1 Eskabron des Pommerschen Husaren=Regiments;

    Jäger=Detaschement des 1. Pommerschen Infanterie=Regi=
    ments;

    Jäger=Detaschement des Pommerschen Grenadier=Bataillons;

    2. halbe Batterie der 6pfündigen (schweren) Fuß=Batterie
    Nr. 10 (Lieut. Pahlke);

---

*) Ward erst durch Allerh. Cab.=Ordre v. 17. Januar, Oberst.

Pommersches Grenadier-Bataillon (v. Romberg);
die zweite oder linke Flügel-Colonne unter Oberst v. Sydow
bestand aus folgenden Truppentheilen:

1 Compagnie ostpreußischer Jäger;
Das Jäger-Bataillon v. Reiche;
Das Füsilier-Bataillon des 2. Reserve-Infanterie-Regiments
(v. Mirbach);
1 Eskadron des Leib-Husaren-Regiments;
Das 2. Kurmärkische Landwehr-Cavallerie-Regiment;
½ reitende Batterie Nr. 11 (Premier-Lieut. Borchardt).

Bis gegen Minderhout befand sich der Oberst v. Sydow an der
Spitze der in einer Marschkolonne vorrückenden Truppen des Generals v. Borstell. Unweit dieses Dorfes wendete er sich links
auf Wortel, um von hier aus Hoogstraten zu umgehen und ba-
durch den Front-Angriff des Oberstlieutenants v. Schon auf Minderhout zu unterstützen.

Das Füsilier-Bataillon (v. Carbell) des 1. Pommerschen Infanterie-Regiments aus der Avantgarde der Schon'schen Colonne
stieß auf den Feind, der mit einer starken Tirailleurlinie das
Gefecht in der dießseitigen linken Flanke eröffnete; das Jäger-De-
tachement unter Lieutenant v. Mirbach warf sich, unterstützt von
mehreren Tirailleurzügen des 1. und 2. Bataillons desselben Regiments ihm entgegen und zwang ihn, sich bis zum Dorfe zurückzuziehen. Auch wurden von den Preußen schon mehrere Häuser
des Dorfes besetzt.

Verstärkt durch Infanterie und Cavallerie, ergriff der Feind
wieder die Offensive und machte einige Fortschritte, wurde aber
durch das Füsilier-Bataillon v. Carbell wieder in das Dorf zurückgeworfen.

Die Kirche des Orts beherrscht das umliegende Terrain und
mußte genommen werden, wenn der Feind überhaupt aus dieser
Stellung vertrieben werden sollte. Das 1. Bataillon des 1. Pommerschen Infanterie-Regiments, geführt vom Major v. Donop,

verjagte ben sich verzweifelt wehrenden Feind mit Unerschrockenheit aus diesem Posten und stellte sich dann in einem in der rechten Flanke des Feindes liegenden Gebüsche auf, wogegen das 1. Bataillon des 2. Reserve-Infanterie-Regiments von den noch zurückgehaltenen Truppen vorgezogen wurde, um den eroberten Kirchhof zu besetzen.

Das coupirte Terrain bis Hoogstraten begünstigte den Widerstand der Franzosen auf ihrem Rückzuge dahin ungemein. Der breiten dicht mit Hecken eingefaßten Chaussee- und Feld-Gräben wegen konnte weder Artillerie noch Cavallerie, selbst nicht einmal Infanterie in Massen zur Verwendung gebracht werden. Dazu kam, daß der Erdboden bei der herrschenden Kälte glatt und für die Pferde der Cavallerie und Artillerie sehr unsicher war. Das Gefecht wurde deshalb größtentheils nur durch Tirailleurschwärme geführt, wobei den Franzosen ihre natürliche Ueberlegenheit in dieser Kampfweise sehr zu statten kam. Der Kampf dauerte bereits vier Stunden und hatte wegen seiner Hartnäckigkeit auf beiden Seiten viele Opfer gekostet, und noch immer war der vom General v. Borstell dem Obersten v. Sydow übertragene Flankenangriff auf Hoogstraten nicht in Ausführung gekommen.

Der Grund hiervon war, daß der Oberst v. Sydow, um 9 Uhr bei Wortel angelangt, von seinen Patrouillen die Meldung erhielt, der Feind bringe von Turnhout über Merxplas mit 5 Bataillonen Infanterie und 3 Eskadrons Kavallerie vor. Es war dies die Brigade Aymar, welche von Hoogstraten durch die Colonne Sydow's abgeschnitten, sich jetzt auf Lier zurückzog.

Bis er hierüber Klarheit gewann, mußte Sydow ihm die Front zeigen, demnächst wandte er sich aber schnell gegen Hoogstraten.

Die Franzosen hatten unter Benutzung der Terrain-Vortheile den Rückzug hierher mit Ordnung und Standhaftigkeit vollführt und nach und nach gegen 3000 Mann Infanterie, 200 Reiter und 4 Geschütze ins Gefecht gebracht, welchen letzteren der Lieutenant Pahlke mit der halben 6pfündigen (schweren) Batterie Nr. 10 einige Male wirksam gegenüberstand.

Bei Hoogstraten kam das Gefecht zum Stehen, und es begann nun ein neuer äußerst heftiger Kampf von drei Stunden um den Besitz dieses Fleckens. Das Füsilier=Bataillon Carbell verschoß sich zwei Male. Das 2. Bataillon 1. Pommerschen Infanterie=Regiments verstärkte das Füsilier=Bataillon und verlängerte dessen Feuerlinie auf der rechten Flanke, welche der Gegner zu über=flügeln versuchte. Plötzlich brach der Feind mit mehreren Bataillons=Colonnen zum Bajonnett=Angriff aus Hoogstraten hervor. Die ½ 6pfündige Fußbatterie Nr. 19 unter Lieutenant Arnold empfing sie mit einem wirksamen Kartätschfeuer und der Oberst=lieutenant v. Knobloch führte ihnen die beiden Musketier=Bataillone seines (des 2. Reserve=Infanterie=) Regiments entgegen, warf sie zurück und drang mit Ungestüm in Hoogstraten ein. Hier aber leistete der Feind in Häusern und Straßen den hartnäckigsten Widerstand, und es mußte jeder neue Vertheidigungsabschnitt nach und nach besonders erobert werden.

Jetzt hatte sich die Colonne des Obersten v. Sydow Hoogstraten genähert, sich mit den Bataillonen v. Donop und v. Reitzenstein zum Angriff in Verbindung gesetzt und bedrohete, indem sie über die Windmühlenhöhe und das Minder=Brüder=Kloster mit Ent=schlossenheit vordrang, die rechte Flanke des Feindes. Dadurch für seine Rückzugslinie besorgt gemacht, betaschirte der Feind nach seinem rechten Flügel. Diese Schwächung der Ortsvertheidigung benutzend, gab der General v. Borstell dem Pommerschen Grena=bier=Bataillon, 3 Husaren=Schwadronen und der ½ reitenden Batterie Nr. 11 den Befehl zur Erstürmung Hoogstratens, die jetzt auch Seitens des ersteren im Sturmschritt und nach einem hitzigen Gefechte bei der Kirche vollständig ausgeführt wurde. Die Ti=railleure des Grenadier=Bataillons unter Kapitain v. Bessel eilten auf beiden Flügeln der Angriffscolonne herum und unterstützten das siegreiche Vorgehen wesentlich.

Die Franzosen gaben hierauf ihre Position in und um Hoog=straten auf und zogen sich, durch Geschützfeuer und starke Tirail=leurschwärme gedeckt, auf Oostmallen zurück. Der Oberstlieutenant

v. Schon zog 1 Eskabron der Pommerschen Husaren und die ½ reitende Batterie Nr. 11 an die Spitze der Colonne zur Verfolgung vor; der Kapitain v. Tilly folgte eilig mit einem Theile des Grenabier-Bataillons. Das 2. Bataillon 1. Pommerschen Infanterie-Regiments rückte als Reserve nach.

Bei Oftmallen angekommen, erhielten die Franzosen Verstärkung und rückten mit einer Colonne Infanterie und Cavallerie unter dem Schutze einer Batterie wieder aus dem Dorfe vor.

Im Verein mit der russischen 12pfünder Batterie des Oberst Dietrichs trat der Lieutenant Pahlke mit seinen 4 Geschützen der 6pfündigen Batterie Nr. 10 unter Bedeckung einiger Eskabrons des Pommerschen Husaren-Regiments mit großer Schnelligkeit dem Feinde entgegen, und das kräftige Feuer dieser 16 und der erstgenannten 4 Geschütze nöthigte ihn zum Rückzuge in das Dorf.

Schon war es 5 Uhr Nachmittags, und noch immer fand das sehnlich erwartete Eingreifen der Colonne des Generals v. Oppen von Westmallen gegen die linke Flanke des Feindes nicht Statt. Da die Truppen jedoch 14 Stunden auf dem Marsche und 8 Stunden hinter einander im Gefecht gewesen waren, so hielt es der General v. Borstell unabweislich nothwendig, dasselbe abzubrechen und ertheilte er dem Oberstlieutenant v. Thümen den Befehl, eine Vorpostenchaine gegen Oftmallen zur Deckung der rückwärts liegenden Truppen aufzustellen. Die Truppen bivouakirten in Allarmhäusern in den Orten von Nykevorsel bis Hoogstraten.

Der Preußische Verlust belief sich auf 3 getödtete Offiziere — Kapitain v. Gayl II., Lieut. v. Carnawalls und der Offizierdienste leistende Jäger v. Bonin — 16 verwundete Offiziere und 465 Mann an tobten und verwundeten Mannschaften.

Der General v. Borstell erhielt im nahen Tirailleur-Gefecht einen Streifschuß an der Lippe, auch wurde ihm das Pferd unter dem Leibe erschossen.

Der Major v. Carbell und 5 Andere erhielten für ihre Bravour das eiserne Kreuz I. Klasse, der Major v. Donop und 22 Andere das eiferne Kreuz II. Klaffe und Viele wurden zur Belohnnng empfohlen.

Eine fehr ehrende Anerkennung des herrlichen Geiftes, welcher die Offiziere befeelte, ift aus dem Befehl des Generals v. Vorftell zu entnehmen, welcher, in Folge des heutigen großen Verluftes an Offizieren, denfelben gebot, fich im Gefechte nicht unnöthig der Gefahr Preis zu geben, weil der bedeutende Abgang in diefer Charge fehr empfindlich für die Armee fei.

Die Franzofen geben ihren Verluft zu 300 Mann an, doch ift er wohl größer gewefen. An Gefangenen verloren fie 30 Mann.

22. Vormarfch der mittleren Colonne. Gefecht bei Weftwefel und Loenhout am 11. Januar.

Betrachten wir nun die Vorgänge des heutigen Tages bei der zweiten oder mittleren Colonne des Generals v. Thü=men. Diefelbe war am 11. Januar um 6 Uhr früh von Zundert abmarfchirt. In Wernhout theilte fich die Colonne in 2 Abthei=lungen:

Rechte Flügel=Abtheilung:

Das Detafchement des Majors v. Hellwig;

Die ½ reitende Batterie Nr. 5 (Kapitain v. Neindorff);

Das 2. Bataillon des 4. Oftpreußifchen Infant.=Regiments;

Das Füfilier=Bataillon des 4. Oftpreußifchen Infanterie=

Regiments (Major v. Kemphen);

Das 2. Oftpreußifche Grenadier=Bataillon.

Linke Flügel=Abtheilung: (Oberft v. Stutterheim);

1. Bataillon 5. Referve=Infanterie=Regiments;

Füfilier=Bataillon des 5. Referve=Infanterie=Regiments;

Die 6pfündige Fuß=Batterie Nr. 6 (Lieut. Kambly);

Das 2. Bataillon des 5. Referve=Infanterie=Regiments;

Das 2. Bataillon des 9. Referve=Infanterie=Regiments;

Das 1. Pommerfche Landwehr=Cavallerie=Regiment.

Die erftere ging auf der geraden Chauffee gegen Weftwefel vor, die letztere zog fich weiter links auf Loenhout; beide Orte follten gleichzeitig angegriffen werden. Der Feind hatte die Gräben und Büsche zwischen diesen beiden Dörfern sehr stark mit Scharfschützen besetzt.

Als die Spitze der rechten Flügel-Abtheilung vor Westwesel ankam, marschirte die Cavallerie des Majors v. Hellwig auf, und die Infanterie seines Detaschements ging durch das Gebüsch, welches zwischen der Chaussee und dem Wege von Wernhout nach Loenhout liegt. Sobald die Tirailleure des Füsilier-Bataillons 4. Ostpreußischen Infanterie-Regiments sich formirt hatten, und man bei der Colonne des General v. Vorstell ein lebhaftes Feuer hörte, wurde zu einem energischen Angriff geschritten. Die halbe reitende Batterie Nr. 5 (v. Reindorff) marschirte nahe der Chaussee auf, um den vor Westwesel angelegten Verhau zu zerstören. Der General v. Thümen bemerkte, daß sich der Feind links nach Loenhout zog, und befahl deshalb dem Füsilier-Bataillon des 4. Ostpreußischen Infanterie-Regiments in dieser Richtung zu folgen. Das 2. Bataillon desselben Regiments wurde dagegen gerade gegen Westwesel dirigirt, welcher Ort auch sofort vom Feinde geräumt wurde.

Als bei Loenhout das Gefecht lebhafter zu werden begann, sandte der General v. Thümen auch noch das 2. Ostpreußische Grenadier-Bataillon den bereits im Vormarsch begriffenen Füsilieren nach.

Unterdessen hatte der Oberst v. Stutterheim mit seiner linken Flügel-Abtheilung das Dorf Loenhout in der Mitte, wo die Kirche steht, durch das Füsilier-Bataillon des 5. Reserve-Infanterie-Regiments angreifen lassen. Das Füsilier-Bataillon 4. Ostpreußischen Infanterie-Regiments traf noch zu rechter Zeit ein, um an dem Angriff Theil zu nehmen. Ihrer vereinten Tapferkeit vermochte der Feind nicht länger Widerstand zu leisten und zog sich nach Brecht zurück.

Der Angriff auf Loenhout kostete den Preußen 2 Offiziere und 30 Mann Todte und Blessirte. Vom Feinde wurden 1 Kapitain und 80 Mann zu Gefangenen gemacht.

Der Feind, auch in Brecht hinein von dem Major v. Hellwig mit 2 Eskadrons und vom Oberst v. Stutterheim mit 3 Bataillonen,

der Batterie Rambly und dem Pommerſchen Landwehr=Cavallerie=
Regiment verfolgt, verließ dieſen Ort gleichfalls und trat den Rück=
zug in der Richtung auf Weſtmallen an.

Der General v. Thümen beſetzte mit 2 Bataillons Loenhout
und ſchob 1 Bataillon und das Detaſchement des Majors v. Hell=
wig bis Brecht vor.

23. Vormarſch der rechten Flügel=Colonne. Überfall in Weſtmallen am 11. Januar.

Nachdem wir alſo das Vorgehen der Colonne Vorſtel auf Hoogſtraten, das der Colonne Thümen auf Weſtweſel und Loenhout
betrachtet, müſſen wir noch die Thätigkeit der rechten Flügel=Colonne
Oppen, welche für den 11. Januar am wenigſten in's Geſecht
kam, verfolgen. Bülow hatte dieſer die Entſcheidung des
Tages zugedacht; und da gerade der General v. Oppen ſolche
nicht zu geben vermochte, ſo müſſen wir ganz beſonders nach den
Gründen forſchen.

Die Colonne beſtand aus:
dem größten Theile der Brigade v. Krafft, und zwar
dem Colberg'ſchen Infanterie=Regiment;
dem 1. und Füſilier=Bataillon des 9. Reſerve=Infanterie=
Regiments;
dem 1. Neumärkiſchen Landwehr=Infanterie=Regiment;
dem 2. Pommerſchen Landwehr=Cavallerie=Regiment;
der 6pfündigen Fuß=Batterie Nr. 16 (Kapit. Baumgarten);
ferner aus:
dem 2. Weſtpreußiſchen Dragoner-Regiment;
dem Regiment Königin=Dragoner;
der 1. halben Batterie der reitenden Batterie Nr. 6 (Lieut.
Jenichen);
der ruſſiſchen 12pfünd. Batterie Nr. 21 (Kapit. v. Schlitter);
und war beſtimmt, dem Feinde bei Weſtweſel in Flanke und
Rücken zu fallen, ſo wie ihn wo möglich von Antwerpen abzu=
drängen.

Schon die Vereinigung dieser Truppen-Colonne am 10. Januar bei Sprünbel, Etten und Rucphen war der schlechten Witterung und der grunblosen Wege halber sehr beschwerlich. Dabei mußte mit großer Vorsicht marschirt werden, weil die zu passirende Hai-begegend vielfach, aber nur in einzelnen Gruppen, von Wald be-deckt ist, und man nicht wußte, wie weit sich der Feind vorge-schoben haben könnte.

Diese überall eingeschärfte Vorsicht war denn auch Veranlassung, daß von der rechten Flügel-Deckung die Meldung einging, der Feind sei in unmittelbarer Nähe. Man bereitete sich sogleich nach der bezeichneten Richtung zur Einleitung des Gesechtes vor und es fehlte nicht viel, so wären die Engländer übel empfangen worden. Es waren die im Anmarsch begriffenen Bergschotten, welche in ihren sonderbaren Uniformen unsern braven Pommern unbedingt für Feinde gegolten hatten.

Während des ganzen Tages wurde hin und her marschirt und oft stundenlang gehalten. Der Abend kam dabei heran, und die Truppen mußten meist bivouakiren, da diese ärmliche Haidegegend in den meistens nur zerstreut liegenden Häusern der oben ge-nannten Dörfer kein genügendes Unterkommen bot, was sich mit der herrschenden Kälte schlecht vertrug.

Für den 11. früh um 3 Uhr hatte General v. Oppen das Ren-bezvous bei Rucphen befohlen. Die Truppen waren deshalb schon um 12 bis 2 Uhr Nachts aufgebrochen. Erst bei Rucphen brachte Oppen in Erfahrung, daß der ihm vorgeschriebene Weg über Niewmeer nach Westwesel der Brüche und Eisflächen wegen für Artillerie und Cavallerie inpracticabel sei, und daß nur einzig der Weg über Rozenbaal, Nispen, Eschen, Calmphout und Ach-tenbrock zu benutzen wäre.

Der Weg über die Brüche hätte 4 Stunden betragen; dieser aber war 9 Stunden lang: es war somit unmöglich, zeitig genug bei Westwesel einzutreffen, um an den Kämpfen des 11. Januar Theil zu nehmen. Auf dem ganzen Marsche hörte die

Colonne das Feuer in ihrer linken Flanke, und so sehr man sich auch mühete, wurde Westwesel doch erst gegen Abend erreicht.

Der General v. Oppen fand hier Bülow's Befehl vor, mit der Brigade Krafft hier stehen zu bleiben, jedoch ein starkes Cavalle= rie=Commando mit 4 Kanonen nach Westmallen und eine kleinere Abtheilung ohne Geschütze gegen Brakschoten zur Verbindung mit den Engländern vorzupoussiren.

Oppen bestimmte zu Ersterem den Oberst v. Treskow mit dem Regimente Königin=Dragoner und dem 2. Westpreußischen Dra= goner=Regimente nebst der halben reitenden Batterie Nr. 6 (Lieut. Jenichen); gegen Brakschoten den Rittmeister Raven mit 150 Pferden der 2. Eskadron Königin=Dragoner und des 2. Pommer= schen Landwehr=Cavallerie=Regiments.

Da Westmallen noch 4 Stunden von Westwesel entfernt ist, so legte der Oberst v. Treskow mit seinen Dragonern und der rei= tenden Artillerie fast den ganzen Marsch im Trabe zurück, um noch vor Eintritt völliger Dunkelheit einzutreffen. Dieser Trab nach Westmallen nach 16stündigem beschwerlichem Marsche ist historisch geworden. In Brecht wurden als Repli die Jäger= und die 1. Eskadron Königin=Dragoner zurückgelassen, zumal sich dieselben in so sehr erschöpftem Zustande befanden, daß man sie, ohne sie aufzuopfern, nicht weiter marschiren lassen konnte. Die 3. Eskadron Königin=Dragoner, welche die Avantgarde bildete, fand Westmallen von feindlichen Tirailleuren besetzt, und man sah einige Bataillone und eine Abtheilung Cavallerie durch den Ort in der Richtung auf Antwerpen defiliren.

Es wurden sofort die Büchsenschützen der Regimenter vorgezogen, und der Lieutenant Jenichen beeilte sich, mit seiner ½ reitenden Batterie eine zweckmäßige Aufstellung zu nehmen. Nach einigen wirksam angebrachten Kartätschschüssen und Granatwürfen drangen die abgesessenen Dragoner in das Dorf ein; die 4. Eskadron Königin=Dragoner machte einen zweckmäßigen Flankenangriff und nahm mehrere Franzosen gefangen. Der Feind verließ Westmallen und beschleunigte seinen Rückzug.

Der Oberst v. Treskow ließ ihn durch die 3. und 4. Eskadron Königin-Dragoner gegen St. Antonius verfolgen. Diese Verfolgung konnte indeß nur auf eine kurze Strecke ausgeführt werden, da alle Pferde nach einem so langen und höchst beschwerlichen Marsche äußerst ermüdet waren und der scharf, zum Theil sehr glatt gefrorene Boden, so wie überhaupt das der Cavallerie ungünstige Terrain derselben außerdem auch bedeutende Hindernisse in den Weg stellte.

Es war nunmehr völlig Nacht geworden. Die in der Richtung auf Ostmallen ausgesendeten Patrouillen und die Gefangenen versicherten einstimmig, daß sich in der Umgegend keine feindlichen Truppen mehr befänden. Die Kälte war immer strenger geworden und der Oberst v. Treskow fand es deshalb für zulässig, daß jeder Eskabron und der ½ reitenden Batterie zwei Bauernhöfe angewiesen wurden, aus denen Leute und Pferde ihren Unterhalt beziehen, solche aber auch so viel als möglich als Quartier benutzen konnten; nur die Hälfte der Pferde durfte zugleich gefüttert werden. Gegen Ostmallen hin war eine Feldwacht von 1 Unteroffizier und 12 Mann und gegen St. Antonius 1 Rittmeister mit 100 Pferden aufgestellt, welche Vorposten vorgeschoben hatten. Bivouaksfeuer durften nirgends angezündet werden.

Ungefähr um 10 Uhr Abends entstand Allarm; man hörte auf der Seite nach Ostmallen hin Schüsse fallen; feindliche Infanterie drang plötzlich mit der Feldwacht zugleich in Westmallen ein, schoß durch die Fenster in die überfüllten Stuben und Ställe und tödtete und verwundete mehrere Leute und Pferde.

Der Lieutenant Jenichen, in gerechter Würdigung der Verhältnisse, hatte das Einführen der Pferde der Geschütz-Bespannung und Bedienung in die Ställe nicht für rathsam gehalten; vielmehr seine 4 Geschütze angespannt in der Dorfstraße aufgestellt, die Leute zur Hälfte am Zügel stehen lassen, der andern Hälfte das Futtern gestattet. So kam es, daß beim Einbruch des Feindes die Artilleristen nur aufzukandaren brauchten, was bald geschehen war.

Bei der Finsterniß und der Unkenntniß über die Lage des Augenblicks, mußte indeß Abstand genommen werden, zu feuern.

Da passirte die feindliche Colonne die marschfertigen Geschütze und ihr Wunsch war sehr natürlich, dieselben so billigen Kaufes' mit sich fortzuführen. Es gelang ihr, die Fahrer zweier Geschütze zu zwingen, sich in Marsch zu setzen.

Als die Franzosen mit ihrer Beute durch das Dorf davon eilten, jagten die braven Fahrer aber dergestalt in den Straßengraben, daß die Geschütze umwarfen und liegen blieben. Während kaum vergangener 5 Minuten waren auch die meisten Dragoner und sämmtliche reitenden Artilleristen zu Pferde und sammelten sich in der großen Straße unweit des Batterie=Parks, um demnächst zur entgegengesetzten Seite des Dorfes hinauszumarschiren. Hierbei wurde Alles niedergeritten, was sich in den Weg stellte. Die fort= geführten und mittlerweile unbehelligt wieder fahrbahr gemachten Geschütze kehrten auf ihren Platz in der Batterie zurück; eins derselben war schadhaft geworden und blieb unter Bedeckung einer Eskadron Königin=Dragoner. 2 Eskadrons besetzten das Debouchee nach Brecht, die übrigen Eskadrons attaquirten die auf der großen Straße nach Antwerpen abziehenden Feinde und machten einige Gefangene.

Nach Verlauf von einer Stunde war die Gegend von Feinden frei, und die Eskadron des Rittmeisters v. Spitznaß besetzte West= mallen wieder. Der Oberst v. Treskow hatte sich mit einem Theile der zuerst auf dem Alarmplatz eingetroffenen Dragoner zu der Feldwache bei St. Antonius begeben und wurde dadurch, daß der Feind sich gleichfalls hierher wendete, von dem Gros seines Detaschements, welches sich zwischen Brecht und Westmallen auf= stellte, auf kurze Zeit, doch ohne Verlust, getrennt.

Von einem beabsichtigten Überfall Westmallens kann gar nicht die Rede sein, denn die Überraschung war auf beiden Seiten gleich groß. Überhaupt war der ganze Vorfall mehr unangenehm als von großen nachtheiligen Folgen begleitet.

Es steht nicht fest, woher die Franzosen so plötzlich gekommen. Einige nehmen an, sie seien in Ostmallen als Besatzung zurückge= blieben, und die dahin ausgesetzten Patrouillen hätten keine sicheren

Nachrichten gebracht. Ebenso hätten die Franzosen Westmallen, als so weit vorgeschoben, nicht für besetzt gehalten. Nach Kochs Mémoires könnte man schließen, daß es die Brigade Aimar gewesen sei, welche von Turnhout nach Antwerpen zurückging. Es heißt dort indeß nur: la brigade Aimar fut coupée à Westmael et obligée de se jeter à Liers. Endlich drittens sagten *) die gemachten Gefangenen aus, daß während des Gefechtes bei Hoogstraten 1 Bataillon Franzosen und 1 Eskabron polnischer Ulanen Behufs einer Flankenbewegung abgesendet und später abgeschnitten worden wären. Im walbigen Terrain seien sie unbemerkt geblieben, bis sie in der Nacht hervorgebrochen seien und den Streich in Westmallen vollführt hätten. Letzteres scheint das Wahrscheinlichere.

24. Bülow's Recognoscirung gegen Antwerpen. Gefechte bei Meerxem, Wyneghem und Deurne am 13. Januar. Rückzug nach Breda vom 14. bis 16. Januar.

Während, wie wir sahen, in der Nacht vom 11. zum 12. Januar, die Truppen der Borstel'schen Colonne zwischen Rykeworsel und Hoogstraten, die der Thümen'schen Colonne bei Loenhout, die des Treskow'schen Detaschements zwischen Brecht und Westmallen stehen blieben und theils kantonnirten, theils bivouakirten, ging die Brigade Krafft bis ½ Meile nordwestlich von Westwesel zurück, wo man in ähnlicher Weise ein Unterkommen suchte. Die Batterie Nr. 16 und 1 Bataillon des 9. Reserve-Infanterie-Regiments bezogen z. B. einen isolirt gelegenen großen Wirthschaftshof, in dem sich natürlich Alles Kopf an Kopf drängte. Westwesel war von den Vortruppen besetzt.

In dieser Nacht zog sich der General Roguet auf Antwerpen zurück; seine Brigade Flament besetzte Deurne, 2 Bataillone Wyneghem. Die unangefochten gebliebenen Truppen des 1. Corps unter General Ambert waren bei Meerxem aufgestellt.

Am 12. Januar war auf preußischer Seite die Colonne Borstels

---

*) Nach Oberst Mente's Erzählung, „Von der Piele auf." Seite 245.

bis St. Antonius, die Colonne Thümens bis Brackschoten vorgerückt, die Colonne Oppens durchzog die baumlose Haidegegend südlich von Brecht und nahm ihre Aufstellung zwischen beiden vorgenannten Colonnen in St. Job int Goor und anderen Ortschaften nördlich von Gravenwezel. Der General v. Borstel hatte zugleich den Auftrag, nach Lier vorzupoussiren, um den Theil des Feindes, der sich nach dort zurückgezogen, zu beobachten. Auf dem rechten Flügel Thü= mens traf auch der General-Lieutenant Graham mit 4000 Eng= ländern ein, bivouakirte in und um Eckeren und nahm von jetzt ab an den preußischen Unternehmungen Theil.

An demselben Tage hatte der General Maison die beiden Garde=Divisionen Barrois und Castex bei Lier zusammengezogen und persönlich noch 1000 Mann und verhältnißmäßig viel Geschütz von der Antwerpener Garnison zur Verstärkung dahin geführt, sowie auch die von den Truppen des Generals Roguet abgeschnit= tene Brigade Aimar mit den hier versammelten Truppen verei= nigt. Durch diese Maßregel deckte er zugleich Antwerpen und die über Mecheln nach Brüssel führende Straße. Er wurde noch im= mer durch das Erscheinen der preußischen leichten Cavallerie bei Herenthals und Gegend getäuscht und hielt an der Ansicht fest, daß die Bewegungen auf Antwerpen eine bloße Demonstration seien. Seine Absicht ging dahin, auf Diest zu rücken, den voraus= gesetzten feindlichen Colonnen in die Flanke zu kommen und sie an dem Marsche nach Loewen zu hindern.

Der General v. Bülow entschloß sich dagegen, unter dem Vor= wande einer Recognoscirung gegen Antwerpen, die Stellung der Franzosen anzugreifen. Er traf seine Anordnung so, daß die Colonne Thümens und die Colonne Oppens in erster Linie den Angriff ausführen sollten, während die Colonne Borstells bei St. Antonius und Halle in Reserve blieb, um gegen eine Unter= nehmung von Lier aus stets in Bereitschaft zu sein. Der General v. Thümen sollte um 8 Uhr Morgens des 13. von Brackschoten gegen Meerxem vorrücken, während die Engländer von Eckeren aus den Feind in seiner linken Flanke attaquiren sollten. Gleich=

zeitig follte Oppen von Gravenwezel vorbrechen und auf Wy=
neghem losgehen.

Der General v. Thümen fand die Franzosen bei Meerzem
in einer vortheilhaften Stellung. Der französische General Avy
hatte den Ort mit 5 Bataillonen besetzt. Nach hartnäckigem Ge=
fecht drangen die Preußen auf der Frontseite des Dorfes, die
Engländer auf der Flanke ein. Der General Avy blieb an der
Spitze des 4. leichten Regiments. Sein Tod brachte Unordnung
in die Reihen der Franzosen und erleichterte den Sturm von
Meerzem. Der Feind wurde bis in die Vorstadt Antwerpens
verfolgt, und hier auch ein vom General=Gouverneur Lebrun per=
sönlich entgegen geführtes Bataillon in die Stadt zurückgeworfen.

Auf dem Glacis wurde die 6pfündige Fuß=Batterie Nr. 6
(Kambly) aufgestellt, die Kanonen wurden gegen die Vertheidiger
auf den Wällen, die Haubitzen gegen den Hafen und die Stadt
gerichtet.

Der General v. Oppen hatte zur Ausführung seines Auf=
trages seine Truppen in 2 Colonnen eingetheilt. Die erste unter
dem Obersten v. Zastrow bestand aus

bem Füsilier=Bat. 3. Ostpreußischen Infant.=Regiments;

bem Füsilier=Bataillon Colberg'schen Infanterie=Regiments
(Major v. Luckowitz);

1 Eskabron Königin=Dragoner;

2 Eskabrons des 2. Westpreußischen Dragoner=Regiments;

der ½ 6pfündigen Fuß=Batterie Nr. 16 (Kap. Baumgarten);
sie sollte den linken Flügel bilden und auf Wyneghem losgehen.

Die zweite Colonne unter dem Major v. Zglinitzki be=
stand aus

2 Bataillons des 9. Reserve=Infanterie=Regiments;

der Jäger=Eskabron des Königin=Dragoner=Regiments;
sie sollte den rechten Flügel bilden und sich gegen Deurne wenden.

Als Reserve standen

1 Bataillon Infanterie und

2 Eskabrons Cavallerie

bei Schooten, um dieses Dorf festzuhalten und zugleich die Ver=
bindung mit der Brigade Thümen zu sichern.

Als Haupt=Reserve blieb der übrige Theil der Brigade
Krafft, unter ihrem General, in der Richtung auf Gravenwezel stehen.

Schon bald nachdem Gravenwezel passirt war, trafen die Vor=
truppen auf den Feind, der sie mit Kartätsch= und Kleingewehr=
feuer empfing. — Wegen des äußerst koupirten Terrains wurde
es erforderlich, die beiden Haubitzen der Batterie Nr. 16 gleich
mit in's Gefecht zu führen, und übernahm der immer thätige und
gefechtsbereite Kapitain Baumgarten persönlich das Commando
derselben. Der Feind hatte Wyneghem mit Tirailleurs und 2
Geschützen, die am Eingang des Dorfes standen, besetzt und ver=
theidigte sich hartnäckig. Die diesseitigen Tirailleure hatten sich
bald des Wirthshauses an der Straße bemächtigt, aber der Feind
organisirte im Innern des Dorfes einen neuen und immer energischer
werdenden Widerstand. Der General v. Oppen befahl, daß das
Füsilier=Bataillon des 3. Ostpreußischen Infanterie=Regiments mit
gefälltem Bajonette angreifen sollte. Dies geschah mit vieler Ent=
schlossenheit; der Feind wurde geworfen, und der Lieutenant
v. Stutterheim eroberte mit Hilfe der Unteroffiziere Pommerä=
nicke und Hurtienne hierbei ein feindliches Geschütz, dessen Protze
indeß davongeeilt war.

Der Kapitain Baumgarten, hiervon in Kenntniß gesetzt, sandte
zur Batterie zurück, um ein Paar Vorrathspferde mit Bracke und
Tau zum Zurückschaffen des Geschützes holen zu lassen. Als die
Pferde eintrafen, hatten die Franzosen bedeutende Verstärkung
erhalten. Eine Eskadron polnischer Ulanen und 2 Compagnien
junger Garde eilten aus dem Walde hervor, verjagten die Pferde,
tödteten den Unteroffizier Pommeränicke und mehrere Soldaten,
die ihre Trophäe mit dem höchsten Muthe vertheidigten, und
sandten das Geschütz zurück. Der Kapitain Baumgarten hatte, bei
der Enge des von tiefen Gräben eingefaßten Weges, nur eine
seiner Haubitzen beim Wirthshause auf dem gepflasterten Damm
placiren können und begann Granaten in den nahen Wald zu

werfen. Die Füsiliere standen auf der andern Seite des Wirthshauses. Diese Situation benutzten die oben erwähnten 2 Compagnien französischer Garde, sich auf diese Haubitze zu werfen.
Der Batterie-Chef ließ dieselbe schnell mit Kartätschen laden;
aber während dies geschah, gaben die Franzosen auf 80 Schritt
eine Salve gegen das Geschütz, wodurch 2 Mann tödtlich und
mehrere Andere und einige Pferde leicht verwundet wurden. Der
Kartätschwurf that indeß seine Wirkung, und bei dem gleichzeitigen
Vorbrechen der Füsiliere wurde der Feind zum Rückzuge genöthigt
und verlor viele Leute. Der Oberst v. Zastrow ließ auch das
Füsilier-Bataillon des Colberg'schen Regiments vorrücken. Als die
Tirailleure des genannten Bataillons links von der Straße gegen
das Dorf vorbrangen, wo bereits die Füsiliere des 3. Ostpreußischen Regiments in einem ungemein heftigen Feuer standen,
wurde zunächst der Lieutenant Böhmer im Knie verwundet. Der
Regiments-Adjutant, Lieutenant Schmückert, welcher dort neben
seinem Kommandeur, dem Oberst v. Zastrow, hielt, sprang sogleich
vom Pferde und übernahm das Kommando. In Begriff die dem
Feinde zum zweiten Male abgenommene Kanone zu vertheidigen, sank
er, von einer Gewehrkugel gleichfalls in's Knie getroffen, nieder. *)
Nun ging der Lieutenant Thoms zur Führung jenes Tirailleur-
Zuges vor, aber auch dieser brave Offizier hatte in derselben
Minute ein gleiches Schicksal. Dem braven Führer der Tirail-
leur-Division, Kapitain v. Belle, wurde die rechte Schulter zer-
schmettert. Das ganze Dorf wurde indeß mit fortgesetzter seltener
Bravour erstürmt.

Gleichzeitig war auch die Colonne des Majors v. Zglinitzki,
ohne bedeutenden Widerstand zu finden, gegen D e u r n e vorgebrungen.

Die Franzosen besetzten aber die Lisiere des nahen Waldes stark
mit Infanterie und Artillerie. Obgleich diesseits noch ein gemein-

---

*) Er wurde glücklich amputirt; starb als General-Post-Director im Januar
1862. Lieutenant Thoms starb. Der bei dem Dorf-Angriff gleichfalls verwundete Lieutenant Schleich starb in Folge der Amputation.

sames Vorgehen beider Colonnen gegen diese Stellung, unterstützt durch einen Kanonenzug der Batterie Nr. 16, stattfand, so war doch gegen eine so überlegene Stellung, der gegenüber, des beschränkten Terrains wegen, nur zur Noth 2 Geschütze aufgestellt werden konnten, Nichts auszurichten.

Ueberdies ging plötzlich die Meldung ein, daß eine feindliche Colonne in der Richtung von Schilde gegen Rücken und Flanke im Anmarsch begriffen sei.

Zwar wurden das in Reserve behaltene Bataillon und die 2 Eskadrons dem Feinde sofort entgegengeführt, aber die aus einigen 100 Mann Infanterie und Lanziers bestehende Colonne, welche wahrscheinlich beim Dorfgefecht von ihrem Gros abgeschnitten worden war und nun in der Dunkelheit durchbrechen wollte, errang doch einige Vortheile. Sie gerieth so plötzlich in die beiden abgesessenen Dragoner-Regimenter, daß hier ein Moment lang durch die losgerissenen und durch einander laufenden Pferde eine große Verwirrung entstand und der Allarm ein allgemeiner wurde. In diesem kritischen Augenblicke warfen sich mehrere Offiziere mit den von ihnen gesammelten Mannschaften auf den Feind. Es stritt Mann gegen Mann. Zastrow raffte einige Infanteristen, Oppen einige Cavalleristen zusammen, und die kühn eingedrungene Schaar wurde schneller, als sie gekommen war, wieder verjagt, Viele aber zusammengehauen oder gefangen. Die Davongekommenen gelangten auf einem Umwege nach Deurne.

Die heutigen Gefechte hatten viel Blut gekostet, auch verhinderte die Dunkelheit jede weitere Unternehmung.

Bülow zog deshalb zunächst alle Truppen bis Wyneghem zurück, ließ dieses Dorf von den Füsilieren des Colberg'schen Regiments und einem Geschützzuge der Batterie Nr. 16 unter Lieutenant Leo I besetzen und die übrigen Truppen nach Gravenwezel zurückgehen.

In Bülow's kühnem Unternehmungsgeiste lag bei den Gefechten der letzten Tage der Gedanke einer Besitzergreifung Antwerpens im Hintergrunde. Die anhaltende Täuschung Maisons, daß sein

Hauptzug auf Loeven gehe; die Nachrichten einiger Kundschafter, die Bevölkerung Antwerpens werde seine Operationen durch eine Insurrection im Innern der Stadt unterstützen; die Hoffnung, durch die Gefechte von Meerxem und Wyneghem die außerhalb der Festung sich schlagenden Truppen zu einem übereilten Rück= zuge zu zwingen und mit ihnen vereint die Thore der Festung zu erreichen: Alles dies bot bei der Bravour der preußischen Truppen so viel Anhalt, daß der Versuch nicht ausgeschlossen bleiben durfte.

Die Zähigkeit und anerkennungswerthe Tapferkeit der franzö= sischen Truppen ließ indeß dies Vorhaben scheitern.

Dagegen hatte Bülow seinen zweiten Zweck vollständig erreicht. Er hatte in seiner verzweifelten Lage den Feind beschäftigt, ihn an zwei Tagen geschlagen, sich die Initiative in seinen Operationen erhalten und so viel Terrain zwischen sich und den ungangbaren Strömen in seinem Rücken gewonnen, daß er sich darin bis zur Herannahung einer Unterstützung zu halten vermochte. Dabei war der Feind über die Stärke der ihm gegenüberstehenden Truppen noch immer im Unklaren. Er konnte bei solcher Angriffslust nur eine Uebermacht voraussetzen und lähmte dadurch die seinige.

Auch der dritte Zweck, die Recognoscirung Antwerpens, war, wiewohl in weniger erfreulichem Sinne, gelungen. Es lag zu Tage, daß, selbst in Verbindung mit den Engländern, Bülow's Kräfte zu schwach waren, gegen die mit 12,000 Mann besetzte Festung etwas Ernstliches zu unternehmen. Zumal befanden sich die Festungswerke in einem guten Zustande und waren mit zahl= reichen Geschützen versehen. Zu einer förmlichen Belagerung fehlte es ihm außer an Truppen, auch vollends an den nöthigen Ge= schützen und sonstigen Belagerungsmitteln. Auch mußte er erwar= ten, daß der General Maison, sobald derselbe von den eigentlichen Verhältnissen unterrichtet sei, ihn von Lier aus in Flanke und Rücken anzugreifen nicht unterlassen würde.

In Berücksichtigung aller dieser Verhältnisse, und da er er= warten konnte, daß seine freiwillige rückgängige Bewegung nach mehreren gewonnenen Gefechten von Seiten des Gegners nicht

beunruhigt werden würde, beschloß Bülow, die eroberten Stel=
lungen bis in die Höhe von Weftwesel, Loenhout und Hoogstraten
zwar zu behaupten, mit der Hauptmacht aber der besseren Ver=
pflegung wegen bis Breda zurückzugehen. Er führte deshalb, nach
einer am frühen Morgen nochmals ausgeführten Recognoscirung,
bei schon vorgeschrittener Tageszeit am 14. Januar und bis zum
16. sein Gros, bestehend aus der Brigade v. Krafft und der
Reserve=Cavallerie unter General v. Oppen, nach Breda und
Gegend zurück und nahm in Breda selbst sein Hauptquartier. Die
Avantgarde unter General=Lieutenant v. Borstell besetzte Hoogstraten,
Loenhout und Westwesel; die Brigade des Generals v. Thümen
kam nach Rysbergen, Gr. u. Kl. Zundert und unterhielt die Ver=
bindung mit den englischen Vorposten. Die englischen Truppen
Grahams zogen sich auf Oudenbosch zurück und ließen eine Avant=
garde bei Rosenbaal, die nach Zundert hin mit der Brigade
Thümen in Communication blieb. Als Vorposten gegen Herzogen=
busch stand eine Eskabron Königin=Dragoner in Tilburg.

In dieser Stellung bei Breda blieb das preußische Corps bis
gegen Ende des Monats Januar, um von hier aus den gegenüber=
stehenden Feind zu beobachten, so wie die Unternehmungen auf
Gorkum und Herzogenbusch zu decken; auch um den in hohem
Grade fatiguirten Truppen einige Rast zu gönnen und, was nicht
gering anzuschlagen, sie mit neuen Schuhen, Beinkleidern und
Mänteln zu versehen. Bei der empfindlichen Kälte und dem
ausgedehnten Terrain war der Sicherheitsdienst stets sehr an=
strengend.

Daß der General von Bülow den Versuch auf Antwerpen wie=
derholen werde, erschien den Franzosen kaum zweifelhaft. Es war
deshalb ihr eifriges Beginnen darauf gerichtet, die Festung und
den Hafen besser als bisher vor einem Bombardement sicher zu
stellen. Zu dem Zweck wurden die Schiffe entmastet und mit
Balkenbächern versehen, auch mehrere Punkte in der Umgebung
des Bassins, namentlich Meerxem uud Deurne, stark verschanzt.
Dann aber führte Maison die bei Lier vereinigten Truppen nach

Loeven, dem Kreuzungspunkte mehrerer Hauptstraßen. Hier traf ihn die Nachricht von Macdonalds bevorstehendem Abmarsch so wie der Befehl aus Paris, alle Streitkräfte bei Antwerpen vereinigt zu halten. Es wurden dieselben zurückgeführt und nur der General Castex mit circa 4000 Mann gegen die Maas entsendet, wo wir ihn bereits am 24. Januar das Gefecht bei Lüttich gegen den russischen General Tschernitscheff verlieren sahen. In Folge seiner Meldung, daß er Tirlemont unmöglich behaupten könne, ließ Maison die Division Barrois wieder nach Loeven marschiren. —

25. Einnahme von Herzogenbusch. 27. Januar.

Der General von Bülow hatte indeß seine ganze Aufmerksamkeit auf den Fortgang der Belagerungen von Gorkum und Herzogenbusch gerichtet. Er befahl, diese Plätze möglichst zu bedrängen und kein Mittel unversucht zu lassen, die Besatzungen zur Uebergabe zu bewegen. Der Oberst v. Zielinsky, der mit dem größesten Theile seiner 3. Brigade Gorkum einschloß, fand trotzigen Widerstand. Glücklicher war der Oberst v. Hobe vor Herzogenbusch. Er stand mit 6 Bataillonen des 3. Ostpreußischen Infanterie-Regiments und des 2. Kurmärkischen Landwehr-Infanterie-Regiments und mit 2 Cavallerie-Regimentern unter dem Oberst-Lieutenant Grafen Lottum und der halben reitenden Batterie Nr. 6 schon seit dem 8. Januar vor dem Platze. Bülow verstärkte ihn am 19. Januar mit dem 1. Bataillon Colberg'schen Infanterie-Regiments (Kapitain von Borcke) und dem Füsilier-Bataillon 9. Reserve-Infanterie-Regiments (Major v. Zglinitzki), beide unter den Befehl des Oberst v. Zastrow gestellt; ferner mit 1 Eskadron, sowie mit der 12pfündigen Batterie Nr. 5 (Contabi)) und 2 Haubitzen und 2—6pfündern der Fuß-Batterie Nr. 16 (Baumgarten).

Hierdurch sowie durch die Nachricht, daß die Russen unter Wintzingerode nun ebenfalls in die Niederlande eingerückt seien, wurde die circa 1500 Mann betragende Besatzung, trotz der Energie des französischen Commandanten, Obersten be Larettie, kleinmüthig und begünstigte hierdurch den Erfolg der preußischen Truppen.

Herzogenbusch ist, ungefähr eine Stunde vom linken Ufer der Maas entfernt, am Zusammenflusse der Demmel und Aa gelegen, welche Flüßchen unterhalb des Ortes den Namen Dieß annehmen. Der Canal von Engelen regulirt ihr Wasser, das bei Crêvecoeur in die Maas geht. Die Stadt, durch Handel und Gewerbfleiß wichtig, zählte damals circa 3700 Häuser mit 13,000 Einwohnern. Sie hatte starke mit Mauerwerk bekleidete Wälle, 7 Bastione und mehrere schwache unbedeutende Raveline. Wichtig sind die 5 Forts, die im Umkreis einer Stunde sämmtliche Zugänge zur Festung vertheidigen. Crêvecoeur und Fort Orthen schützen im Norden die Straße von Bommel, die Forts Isabelle und Antoni bestreichen die Zugänge im Süden und Pottelaer ist gegen Osten gerichtet. Die Citadelle Papenbrill liegt unmittelbar nördlich der Stadt, steht mit den Werken derselben in Verbindung und bildet ihr Reduit. Auf den Wällen standen 156 Kanonen.

Die ganze Umgegend des Platzes war unter Wasser gesetzt, und selbst während des strengen Frostes verstand es die Besatzung, durch ein geschicktes Schleusenspiel die Gegend ungangbar zu machen. Nur auf zwei Dämmen konnte man zur Festung gelangen, von denen der eine in das Hintammer=, der andere in das Vugter=Thor mündete. Der Commandant, Oberst de Laretrie, hatte schon zu Anfang der Belagerung, da er eine so weitläufige Vertheidigung für unrathsam hielt, die umliegenden Forts geräumt und theilweise zerstört, so daß nur der Hauptwall und die schwachen Raveline den vorrückenden Truppen Hindernisse in den Weg legen konnten. Es war in einer dunkeln Nacht, *) als sich zwei amsterdammer Schiffer dem Fort Orthen näherten, wo ein preußisches Jäger=Detaschement zur Beobachtung des

---

*) Zum Theil nach der Schilderung Hasencamps, der diese kriegsgeschichtliche Merkwürdigkeit gedrängter und einfacher als Kretzschmer erzählt, dargestellt.

Weges, der von Crèvecoeur herauffährt, aufgestellt war. Von einer Patrouille festgehalten, wurden beide Schiffer zu dem Befehlshaber jenes Detaschements, dem Lieutenant Kretzschmer, geführt, dem sie die Mittheilung machten, daß sie aus Herzogenbusch entflohen wären, wo man, der französischen Herrschaft müde, jeden Augenblick eine Befreiung von derselben erwarte. Die ganze Bürgerschaft, vorzüglich aber die Schiffergilde, an deren Spitze der Syndicus Wilhelm Hubert, ein Mann von anerkannter oranischer Gesinnung, stände, sei jederzeit bereit, durch einen Aufstand im Innern einen Angriff von außen zu unterstützen. In Folge dieser Mittheilung wurde der Lieutenant Kretzschmer mit einer Jäger-Abtheilung nach dem Dorfe Vugt, ¼ Meile südlich vom Platze gelegen, geschickt, um von dort aus Unterhandlungen mit der Schiffergilde anzuknüpfen. Eine Abtheilung Husaren wurde zu seiner Unterstützung in St. Michugestel, einem Dorfe auf dem rechten Dommel-Ufer, aufgestellt, und ihm dieser Ort als Rückzugspunkt angewiesen. Mit Hülfe des Maire Janette und seines Dorfdieners Jan van Bowlen, eines früheren Schmugglers, der mit allen Ortsverhältnissen der Gegend genau bekannt war, gelang es dem Lieutenant Kretzschmer einen Brief in die Stadt zu besorgen und eine Verbindung mit der Schiffergilde herzustellen. Durch den Besitzer einer Mühle, die auf dem Stadtwalle stand, wurde jetzt, sowohl bei Tage wie bei Nacht, durch Oeffnen und Schließen der Fenster und durch verschiedene Beleuchtung derselben, eine telegraphische Verbindung zwischen der Einwohnerschaft und dem Lieutenant Kretzschmer unterhalten, dem es sogar einmal gelang, sich während der Nacht verkleidet nach Herzogenbusch einzuschleichen und sich dort in einer Unterredung mit dem Syndicus Hubert über die Stärke der Besatzung und über die inneren Verhältnisse der Festung zu unterrichten. Selbst einen Plan der Stadt hatte er auf seiner nächtlichen Wanderung erhalten.

Obgleich die Franzosen durch mehrere kleinere Unternehmungen, die der Lieutenant Kretzschmer gegen die Festung ausführte, hätten vorsichtiger und wachsamer werden sollen, so scheint doch der innere Dienst nicht mit der Sorgsamkeit betrieben worden zu sein, den ein so wichtiger Posten erforderte. Nach einem vom Lieut. Kretzsch=mer entworfenen, vom Obersten v. Hobe fast gänzlich gebilligten Plane, sollte der Angriff gleichzeitig in 2 Colonnen, von benen die eine gegen das Bugter=, die andere gegen das Hintammer=Thor geschickt wurde, unternommen werden. Das Dorf Bugt und das Fort Crèvecoeur waren ben Colonnen als Sammelplätze angewiesen, von wo sie um die dritte Morgenstunde in der Nacht vom 26. zum 27. Januar in der größesten Stille aufbrechen sollten. Da die Bürgerschaft ben Offizieren der Besatzung einen Ball gab und man deshalb eine geringe Wachsamkeit erwartete, auch die Schiffergilde sich mit Waffen und Schießbedarf versehen und ben Rückzug der Franzosen nach der Citadelle Papenbrill zu verhindern versprochen hatte, so schien ein glücklicher Ausgang dieser nächtlichen Unter=nehmung nicht zweifelhaft.

Lieutenant Kretzschmer, der die Vorhut der gegen das Hintam=mer=Thor rückenden Colonne—das 1. Bataillon 2. Kurmärkischen Landwehr=Infanterie==Regiments (Kapitain v. Closter) — führte, war so glücklich, von ben Franzosen, die mit dem Aufbrechen der Eisbecke des Grabens beschäftigt waren, weder gesehen noch gehört zu werden. Die grelle Beleuchtung der Laternen verhinderte die Ar=beiter, die vorrückende Colonne zu entbecken, deren Tritte überdies durch den frischgefallenen Schnee so gedämpft und durch das Zerschla=gen des Eises so übertönt wurden, daß die Franzosen in einer Entfer=nung von kaum 200 Schritten die Annäherung der preußischen Trup=pen nicht bemerkten, welche auf diese Weise bis an bas vor dem Hintammer=Thor liegende Ravelin unbehelligt vorrückten. In der größten Stille überschritt die Vorhut auf mitgebrachten Brettern ben Graben des Ravelins, überstieg bessen Wälle, töbtete die dort aufgestellte Schilbwache mit dem Bajonett, überfiel die Wache, entwaffnete sie und nahm sie gefangen. Der Graben des Hauptwalls war nicht zugefroren, die Brücke aber auf=gezogen. Es wurden Sturmleitern angelegt und durch einen Schlosser die Ketten der Brücke geöffnet, so daß sie herunterfiel.

Dies geschah aber mit einem so lauten Geräusche, daß die Thor=
wache, dadurch aufmerksam gemacht, zu einem heftigen Kartätsch=
und Kleingewehrfeuer veranlaßt wurde. Die Vorhut hatte indeß
die Brücke schon überschritten, schnell einige Pallissaden umge=
hauen und sich den Eingang in die Stadt mit dem Bajonett er=
zwungen. Die französische Wache, welche jetzt jeden Widerstand
vergeblich hielt, trat ihren Rückzug nach der Citadelle an, wohin
auch die bei den Bürgern einquartierten Soldaten in wilder Unord=
nung flüchteten.

Die gegen das Bugter=Thor gerichtete Colonne—das 1. Bataillon
Colberg'schen und das Fusilier=Bataillon 9. Reserve=Infanterie=Re=
giments, 4 Geschütze der reitenden Batterie Nr. 6 unter Lieutenant
Doussa und 1 Eskadron des Westpreußischen Ulanen=Regiments
— welche den Hauptangriff auszuführen, hatte sich inzwischen
gleichfalls ihrem Ziele genähert. Die Vorhut, zu deren Führung
der Oberst v. Zastrow die kühnen und umsichtigen Lieutenants Müller
des Colberg'schen und von Schlichting des 9. Reserve=Infanterie=
Regiments, sowie den Feldwebel Rink bestimmt, und welche von
dem Dorfdiener Jan van Bowlen begleitet wurde, überschritt die
Eisdecke unbemerkt und erstieg den Hauptwall in der Gegend der
oben erwähnten Mühle. Nach Ueberwältigung der 60 Mann star=
ken Thorwache und Eroberung einer Kanone, deren Feuer man
sogleich gegen die nach der Citadelle eilenden Franzosen richtete,
wurde das Thor erbrochen. Die Brücke war abgetragen, der
Graben unter und neben derselben aufgeeiset. Es wurde daher
die erstere rasch wieder gangbar gemacht, wozu die Pritschen,
Tische und Stühle der Wachtstube benutzt wurden. Die Bataillone
rückten nun sogleich ein, zuerst das Bataillon v. Zglinitzki, dann
das 1. Bataillon Colberg'schen Regiments. Ein Theil derselben
eilte dem Hintammer=Thor zu, der dort eindringenden Colonne
zur Unterstützung, der andere verjagte den Feind aus den Straßen
und von den Wällen, machte viele Gefangene und drang bis an
das Glacis der Citadelle vor. Die Schiffergilde hatte den Rückzug
der Franzosen zur Citadelle leider nicht zu hindern vermocht. Der

Lieutenant Müller, den sein Weg vor der Wohnung des Commandanten vorbeiführte, fand dort sieben feindliche Standarten.

Die Franzosen begannen nun aus der Citadelle die sich auf dem Marktplatze sammelnden preußischen Truppen mit Kugeln und Kartätschen zu beschießen, wodurch mehrere Leute verwundet wurden. Die Citadelle war zwar mit Geschütz und Munition sehr gut, mit Mundvorrath aber wenig versehen. Der Commandant machte deshalb einen Ausfall gegen ein Magazin, wo zugleich das Schlachtvieh stand, welches Unternehmen indeß vereitelt wurde. Dies veranlaßte den Commandanten, sich zu Unterhandlungen geneigt zu zeigen. Der Rittmeister von Rheinbaben führte dieselben mit Geschicklichkeit, so daß der Commandant noch am 27. Januar die Citadelle mit 80 Kanonen und vielen Kriegsvorräthen an den Oberst v. Hobe übergab. 800 Mann wurden Kriegsgefangene. Die Offiziere und 100 Veteranen kehrten unter Verpflichtung, nicht mehr zu dienen, nach Frankreich zurück. Auch auf den Wällen der Stadtbefestigung fand man noch 76 meist metallene Kanonen und im Ganzen 60,000 Pfund Pulver. Die Preußen hatten nur einen Verlust von 2 Todten und 15 Blessirten.

Während der Unternehmung waren die Forts Orthen und Isabelle mit Geschützen und Reserven besetzt und bereit, die etwa zum Rückzuge gezwungenen Colonnen aufzunehmen. Zur Besetzung des Platzes verwendete Bülow 3 Bataillone des 1. Westphälischen Landwehr-Regiments, welche bisher in Zütphen gestanden hatten. Das 4. Bataillon dieses Regiments blieb noch in Zütphen zurück. Einen Theil der Besatzung bildeten später auch nassauische Truppen. Ein Regiment derselben hatte mit Auszeichnung unter Frankreichs Fahnen auf der pyrenäischen Halbinsel gestritten. Bei der Kunde von der Erhebung Deutschlands verließ es dieselben und schiffte sich auf englischen Schiffen nach den Niederlanden ein. Einen Theil dieser Truppen verschlang der Sturm vor dem Einlaufen in den Texel; die ehrenvollen Trümmer wurden auf Veranlassung des Prinzen von Oranien nach Herzogenbusch beordert, wo sie den jungen Westphalen ein ächtes Vorbild kriegerischer Haltung wurden.

26. Unternehmung Colomb's gegen die Festung Grave, und seine Abberufung aus den Niederlanden.

In der Mitte Januar begegnen wir bei einem kühnen Versuche auf die Festung Grave den Major von Colomb noch einmal in den Niederlanden. Wir hatten ihn bei Breda am 6. Januar verlassen, als er von Bülow den Befehl erhielt, eilends an die Maas zu gehen und Nachrichten über den Marsch Macdonald's, der von Nymwegen gegen Cleve hin aufgebrochen sei, einzuziehen. Er marschirte nach Tilburg, wo er bereits in Erfahrung brachte, daß feindliche Cavallerie bei Kuck über die Maas gekommen sei und in der Nähe von Venloo stehe, auch die Bestimmung habe, die Verbindung mit Antwerpen zu unterhalten. Eine zu diesem Zwecke einzeln im Dorfe Meyel im Moraste be Peel bislocirte Eskadron vom Westphälischen Husaren-Regimente Jerome Napoleon überfiel er von Eindhoven aus am 9. Januar, machte 1 Offizier und 60 Leute zu Gefangenen und erbeutete 76 mecklenburgische schöne Pferde. Abends traf er wieder in Heeze ein und ging nach St. Oedenrode. Von hier aus unternahm er seinen Zug nach Grave. Die Gräben dieser Festung waren zugefroren, und ihre Besatzung bestand aus Holländern und Brabantern, die ihre Unzuverläßigkeit durch zahlreiche Desertionen kund gaben. Colomb ließ mit vielem Lärm Leitern und Uebergangsgeräth zusammenbringen, erschien vor Grave, brachte seine Vorposten möglichst nahe und umritt mit einem ansehnlichen Gefolge die Stadt im Kanonenfeuer derselben. Nachmittags schickte er einen Offizier mit einem Schreiben an den Commandanten hinein, worin er sich für einen General ausgab, der die Avantgarde des Generals von Oppen befehlige, ihm bekannt machte, daß die alliirten Armeen überall den Rhein passirt hätten, ihn aufforderte, den Platz in seine Hände zu übergeben und darauf hinwies, daß er jetzt noch Bedingungen erhalten könne, die ihm später nicht zugestanden werden würden.

Hierauf erwiederte der Commandant mündlich, daß er am folgenden Morgen seine Erklärung geben würde. Die Nacht brachte Colomb in Zeeland zu, war früh Morgens in der Nähe von

Grave bei dem Dorfe Escharen und erhielt eine abschlägige aber sehr höfliche Antwort, die bewies, daß der Commandant getäuscht war, „denn", sagt Colomb selbst, „hätte er gewußt, über welche Mittel ich verfügte, so würde er meine Aufforderung für eine Impertinenz genommen und gar nicht geantwortet haben."

Nach diesem erfolglosen Versuch nahm Colomb seine Marsch=richtung auf Mastricht. In Venroy erfuhr er, daß dem Marschall Macdonald ein Schiff mit Militair=Effecten auf der Maas folge. Am 20. erreichte er dieses Schiff bei Stockheim, nahm die Be=deckung desselben gefangen und hatte 36 Stunden zu thun, bloß um alle die werthvollen neuen Effecten auf Wagen laden und fortschaffen zu lassen. In Bilsen traf ihn am 27. Januar ein ver=spätetes Schreiben Bülows vom 19. mit dem Befehl des Generals v. Kleist (zu dessen Corps er ursprünglich gehörte) vom 13., der ihn aus den Niederlanden abrief. Er marschirte über Tongern, Juprelle nach Huy, hier über die Maas, nach Neufville, Marché, und St. Hubert, wo er mit dem Major v. Lützow zusammentraf. Zwischen Chiny und Carignan passirte er die französische Grenze.

27. Concentrirung Maisons bei Antwerpen, Hal u. Tournay.

Auf den Vorposten der Stellung des Bülowschen Corps dauerte der kleine Krieg lebhaft fort; in den täglichen Scharmützeln vor der Linie Westwesel=Hoogstraten behielten die Preußen fast immer die Oberhand.

Dem Colombschen Streifzug zur Seite, steht der des Major's Hellwig, der mit seinen zwei Bataillonen und drei Eskadrons mit jedem Tage kühner und tiefer in Brabant einbrang; er nahm die Stadt Diest und rückte den 29. Januar auf Brüssel, wo er, wie überall die Verbündeten in Brabant, mit lautem Jubel vom Volke empfangen wurde. Am 1. Februar langte auch der russische Generalmajor Narischkin mit seiner Kosaken=Abtheilung in Brüssel an.

Ihnen ausweichend, verließen die unvollständigen Divisionen Carra St. Cyr und Lebru des Essarts des 1. französischen Corps ihre Stellung bei Loeven, wandten sich auch, wahrscheinlich wegen der ungünstigen Stimmung der Einwohner, von Brüssel ab und zogen sich nach Hal zurück.

Maison hatte nun also 2 Divisionen in und um Antwerpen, 2 bei Hal, und Alles, was er an Streitkräften noch aus den De= pots zusammenbringen konnte, wurde zur Sicherung des Rückens nach Mons und Tournay gesendet. Als bald nachher die Meldung einging, daß Mons durch ein Seitenbetaschement von Tschernit= scheff genommen worden sei, marschirten diese letzteren Truppen zuerst nach Ath, dann nach Tournay.

28. Die Belagerung von Delfzyl vom 21. November bis 5. Februar.

Hier müssen wir eine Stelle finden, um eine Episode, die Belagerung von Delfzyl, einzuschalten. Gleich Anfangs am 9. November sehen wir Bülow den Major Friccius des 3. Ostpreu= ßischen Landwehr=Infant.=Regiments mit seinem dritten 400 Mann starken Bataillon und 50 Pferden zur Besitzergreifung der früher preußischen Provinz Ostfriesland entsenden. Friccius passirte am 14. Oldenburg, überschritt am 16. bei Gr. Sander die ostfriesische Grenze, traf am 17. in Aurich ein und setzte kraft seiner Vollmacht sämmtliche Behörden wieder als Preußische ein. Die französischen Gensbarmen und Douaniers flohen eiligst nach Holland. Friccius vertheilte seine Truppen im Lande und besetzte Jever, Emden, Aurich, Norden und Leer. Ueberall fand feierlicher und freudiger Empfang statt, vor Allem aber in Emden und Aurich, den Hauptstädten. Auf den von den Franzosen verlassenen Inseln Baltrum, Norderney und anderen wurden 27 eiserne Kanonen, 2 Mortiere und viele Geschosse und Zubehör erbeutet. Der Lieu= tenant Maske, der früher 18 Jahre in der Artillerie gedient hatte, setzte daraus 8 — 6pfündige, 5 — 18pfündige Kanonen und die beiden Mörser so in Stand, daß sie später in Verwendung ge= nommen werden konnten. Die dem Bataillon in Aussicht gestan= dene Ruhe und Erholung wurde nämlich sehr bald unterbrochen.

Die französischen Douanen, Küstenwachten, Gensdarmen und 1 Bataillon Schweizer hatten sich in die durch den Dollart von Ostfriesland getrennte holländische Festung Delfzyl geworfen, machten Landungen herüber und plünderten einige Ortschaften. Die Besatzung von Delfzyl bestand anfangs aus 1500 Mann der genannten Truppen. Die in ziemlich gutem Stande befindlichen Wälle waren durch 270 Kanonen vertheidigt, welche von See= Artilleristen bedient wurden; Lebensmittel waren auf mehrere Monate vorhanden und zur Deckung des Hafens dienten 12 gar= nirte Kanonenboote. Die Lage Delfzyl's am Einfluß der Fivel in den Dollart ist sehr fest, auch konnte durch Aufziehung der Schleusen an der Ems die ganze Gegend auf mehrere Meilen unter Wasser gesetzt werden. Dagegen war der Geist der nicht französischen Soldaten nicht ganz zuverlässig; jede Gelegenheit zur Desertion wurde ergriffen und sogar 2 völlig ausgerüstete Kano= nenboote, die zum Recognosciren ausgesandt waren, gingen mit Offizieren, Mannschaften und 5 Kanonen zu den Preußen über.

Der Major Friccius wollte der Unbill, die den Bewohnern Ostfrieslands durch die öfteren Plünderungen zugefügt wurden, steuern, beorderte zum 21. Novbr. seine sämmtlichen Truppen und traf folgende Anordnungen. Zuerst wurde der Lieutenant v. Wenckstern mit 30 Husaren über die Ems gesetzt, um Delfzyl auf der südlichen Seite zu beobachten, während Holländische Natio= nalgarden aus Gröningen unter dem Obersten Busch und ein Detaschement Kosaken von dem von Winzingerode entsendeten Streifcorps die Festung auf der westlichen und nördlichen Seite einschlossen. In den nächstfolgenden Tagen entsandte er 1 Com= pagnie seines Bataillons und 50 Musketiere unter Kapitain v. Sydow zur Besetzung der südlich der Festung gelegenen Dörfer Termuntersyl und Termuntin, die 4. Compagnie unter Lieutenant v. Heimburg nach dem Reuberlande, westlich der Ems, um es als zu Ostfriesland gehörig, im Namen des Königs von Preußen in Besitz zu nehmen und demnächst die neue Schanze besetzen zu lassen, ein kleines Fort, welches dem Detaschement Sydow's

als Soutien dienen sollte. Ein Detaschement von 30 Jägern be=
setzte das Dorf Knocke, östlich des Dollart, wohin sich bisher die
Plünderung der Franzosen gerichtet hatte. Da auf diese Weise
aber immer noch keine enge, nachhaltige Einschließung des Platzes
zu erzielen war, so bot der Major Friccius den Landsturm von
Leer und Emden auf, formirte daraus 30 Compagnien à 80 Mann,
die sich bereit halten mußten, zu jeder Stunde zur Ueberschiffung
nach Holland fertig zu sein.

Am 6. Decbr. traf der englische Kapitain Dawon in Emden
ein, der den Befehl hatte, Delfzyl mit 2 Fregatten von der Was=
serseite einzuschließen. Nachdem am 10. December der Emdener
Landsturm auf 12 Kauffahrtei=Schiffen über den Dollart gesetzt
und in 6 Stunden in Termuntersyl ausgeschifft war, geschah am
11. die engere Einschließung. Die 1. und 2. Compagnie des
Friccius'schen Bataillons besetzte Borgsweer, die 3. Methuisen, die
4. Hewekes, die Musketiere und ein Commando der 1. und 2.
Compagnie Otterdum, die Jäger Termuntersyl. Jeder Ort erhielt
außerdem 1 Compagnie des mit Piken bewaffneten Landsturms zur
Verstärkung der Posten und zum Patrouilliren. Die holländischen
Nationalgarden hatten die Örter westlich und nördlich des Platzes
besetzt. Am 12. erhielt das Blokade=Corps eine Verstärkung von
100 Cavalleristen verschiedener Regimenter unter Rittmeister
v. Blankenburg des 1. Leib=Husaren=Regiments. Dieser Offizier
wurde an demselben Tage vom Major Friccius als Parlamentair
in die Festung geschickt, um sie zur Uebergabe aufzufordern. Der
Commandant, Oberst Monfroid, schlug die Aufforderung ab und
verlangte mindestens ein Bombardement. Zu einem solchen waren
indeß die Maßregeln der Belagerer noch nicht vorgeschritten.

Am 17. wurden Appingabam und Opwierde mit in die Ein=
schließungs=Chaine gezogen und dadurch eine etwas veränderte
Dislocirung der Truppen nothwendig. Jeesweer wurde als Vor=
posten mit 1 Unteroffizier und 12 Mann besetzt. Appingabam war
das Hauptquartier des Major Friccius und auch des holländischen
Oberst Busch.

Die beiden Ausfälle der Franzosen am 17. und 25. December stießen auf Gegenwehr und mißglückten; besonders brach sich der letztere an der Tapferkeit der 1. Compagnie unter Lieut. v. Logewsky, der endlich den Feind mit gefälltem Bajonett bis an die Gärten von Pharmsum, einer Vorstadt von Delfzyl, verfolgte. Die starke Besetzung dieser Vorstadt mit Infanterie und Geschützen setzte seinem Vorgehen ein Ziel. Der Feind verlor 6 Todte und 25 Blessirte, die Preußen 5 Blessirte und 1 Pferd.

Die Desertion aus der Festung nahm wieder größere Dimensionen an: am 26. gingen 3 Kanonenboote mit 9 Kanonen und 106 Mann in Emden zu den Preußen über. Offiziere mit ihren ganzen Wachen zu 20 und 30 Mann desertirten mit Gewehr und Waffen. Besonders waren es die Holländer, Schweizer und die Artilleristen, die größtentheils Ostfriesen und Holländer waren. Aus Mangel an Artilleristen mußten 12 Kanonenboote ganz außer Dienst gesetzt werden.

Zu Ende des Jahres war die Besatzung nur noch 500 Douaniers, 20 Gensdarmes zu Pferde, 80 zu Fuß, 100 Schweizer und 2 Compagnien Veteranen stark.

Zur Ausführung des Bombardements wurden nunmehr bei Tuckert, Trinat und Birum unter Leitung aus der Festung desertirter holländischer Ingenieur-Offiziere Batterien errichtet. Der Lieutenant Maske war in Gröningen beschäftigt, die erbeuteten vernagelten Kanonen wieder in Stand zu setzen und die Munition zu ergänzen. So sehr hierdurch die Hoffnung auf glücklichen Erfolg gehoben wurde, so niederschlagend war für das Berennungscorps die mit dem 1. Januar 1814 eintretende Schwächung desselben. Bülow, der, wie wir wissen, um diese Zeit in der Gegend von Bommel stand und Verstärkung bringend bedurfte, berief das Cavallerie-Commando des Rittmeisters v. Blankenburg, das Infanterie-Commando des Hauptmann v. Sydow und die Jäger-Compagnie unter Lieutenant Baumüller zur Armee ab. Es blieben an preußischen Truppen also nur das schwache Bataillon Friccius und die 50 Husaren Wendsterns vor der Festung stehen. Mehrere

ber beſetzt geweſenen Orte mußten aufgegeben werden und die Einſchließung wurde eine ſehr lückenhafte. Den holländiſchen Na= tionalgarben, ſo gut ſie equipirt und mit wie ſchönen engliſchen Gewehren ſie auch ausgerüſtet waren, fehlte es noch bergeſtalt an Kriegsübung, daß auf ſie nirgends mit Sicherheit zu rechnen war.

Den Ausfällen zu Waſſer, die häufig vorkamen, ſteuerten die Fregatten Dawon's und Clifford's, die ſich bem Hafen ſchräg ge= genüber vor Anker legten.

Da in Oſtfriesland ein preußiſches Landwehr=Regiment errichtet werden ſollte, ſo ging am 3. Januar der ganze Embener und Leerer Landſturm zur Looſung ab, wodurch eine abermalige Schwächung der Chaine entſtand; es blieben nur Otterbum, Borgsweer, Hewekes beſetzt. Vorpoſten ſtanden in Weiwert, Jees= weer und Tjamsweer. Der Holländiſche Kapitain Lavalette ſtand mit 54 holländiſchen Landwehrleuten in Weiwert zur Verſtärkung.

Der Ausfall der Franzoſen am 16. Januar nach Jeesweer und längs des Deiches nach Otterbum konnte trotz der Bravour des Jeesweerer Poſtens unter dem Unteroffizier Kalau und der ſchnellen Mithülfe der rückwärts ſtehenden Compagnien nicht ohne Verluſt für die Preußen bleiben; ſelbſt zwei friebliche wehrloſe Bauern wurden von den Franzoſen in ihren Wohnungen erſchoſſen und einiges Schlachtvieh mit hinweggetrieben.

Das Dorf Weiwert wurde jetzt zu einem Hauptpoſten unter Hauptmann v. Zieten eingerichtet; die ganze 2. Compagnie, die holländiſche Landwehr des Hauptmann Lavalette, 50 Mann hol= ländiſche Nationalgarden aus Winſchoten und 100 Mann oſt= friesfiſche Landwehr, mit Piken bewaffnet, 1—18pfünder, 2—6pfün= bige, 1—3pfündige, 1—2pfündige Kanonen mit 38 Artilleriſten, wurden hier poſtirt. Zwiſchen Weiwert und dem Deiche legte der holländiſche Artillerie=Kapitain Hogeween Batterien an, die er und der Lieutenant Palinski kommandirten. In der Batterie bei Trinat kommandirte der Lieutenant Maske, in denen bei Tuckert und Birum holländiſche Offiziere.

Am 21. Januar waren die Batterien ſämmtlich vollſtändig ar=

mirt und mit Glühöfen versehen. In Summa standen darin
5—18pfünder, 8—6pfünder, und 2 große Mörser, die der Lieu=
tenant Maske in Stand gesetzt hatte, ferner 8—12pfünder, 4—2=
pfünder, die von den Kanonenbooten genommen worden; auch
waren durch den Lieutenant Maske in Gröningen die Munitions=
vorräthe auf ein ansehnliches Quantum gebracht.

Als das Bombardement nach so viel Mühseligkeiten und Vor=
bereitungen nun endlich beginnen sollte, legte sich, um die gute
Stadt Delfzyl zu schonen, der in Gröningen sich befindende hol=
ländische General Graf Styrum in's Mittel, das Bombardement
zu verhindern. Er fertigte ein Waffenstillstands=Project an, das
der Oberst Busch dem französischen Commandanten von Delfzyl über=
senden sollte. In gerechtem soldatischem Schmerze lehnte Oberst
Busch den Auftrag ab, erhielt Arrest und ward seines Postens
entsetzt. Der an seine Stelle getretene Obristlieutenant Basel
lehnte gleichfalls ab und hatte gleiches Schicksal. Erst der Oberst=
lieutenant Falkenberg übernahm endlich das Geschäft. Mehrere
Tage gingen darüber hin, welche die Franzosen zu Ausfällen, und
um mehrere holländische Dörfer in Brand zu stecken, benutzten. In
diesem kritischen Augenblicke traf die Ordre des General v. Bülow
ein, nach welcher das 3. Bataillon des 3. Ostpreußischen Landwehr=
Infanterie=Regiments, sowie das Husaren=Commando des Lieute=
nants v. Wenckstern sofort zur Armee stoßen sollten. Es konnte Nichts
erwünschter sein. So ehrenvoll für dasselbe die Eroberung Delfzyl's,
die nach begonnenem Bombardement zu erwarten stand, gewesen
wäre, so wurden durch die Einmischung der holländischen Behör=
den die Verhältnisse doch so unbehaglich, daß nur der Abmarsch
zur Armee den Geist der Preußen wieder zu heben vermochte.

Der Major Friccius wurde vom Könige zum Commandeur des
von ihm errichteten Ostfriesischen Landwehr=Regiments ernannt;
der Kapitain v. Zieten erhielt daher den Befehl, das Bataillon
zur Armee zu führen. Den 5. Februar Abends 10 Uhr brach er
auf, passirte Gröningen, Zwoll, Kampen, Elburg, den 13. Har=
derwyk, Ammersfort, den 15. Utrecht, den 17. den Rhein bei

Kuylenburg, und stieß am 18. bei Giessendam, 1½ Stunden von Gorkum, zu seinem Regimente, welches zur Einschließung dieser Festung verwendet war.

29. Bülow's Ablösung durch das 3. deutsche Armee-Corps eingeleitet.

Die großen verbündeten Heere waren mittlerweile in Frankreich eingedrungen und hatten bei langsamem Vorrücken überall wesentliche Erfolge erreicht. Am 20. Januar waren sie an der Marne, Maas und Seine angelangt und bedroheten bereits Paris. Napoleon gab trotzdem dem Grafen Maison die gemessensten Befehle, seine Truppen bei Antwerpen zu concentriren und vorzüglich die Erhaltung dieses Platzes im Auge zu behalten, sowie zur Erreichung dieses Zweckes selbst Belgien und die Vertheidigung der alten Nordgrenzen Frankreichs aufzugeben.

Schon am 25. Januar war der Marsch der schlesischen Armee gegen die Aube und die Verbindung mit der großen Armee vollkommen gesichert und demnach die Einleitung des ganzen Feldzuges, ungeachtet der großen Zerstückelung der Kräfte beim Beginn der Operationen, durch Blücher's kühne und schnelle Bewegungen glücklich bewerkstelligt worden. Am 27. Januar verlegte der Feldmarschall sein Hauptquartier nach Brienne. Die vorausgesehene Schwierigkeit seiner Lage in der Champagne ließen ihn im Hauptquartier darum ansuchen, Bülow mit seinem Corps, nachdem derselbe durch nachrückende Truppen in Belgien abgelöst, an sich ziehen zu dürfen.

Bülow erhielt in Folge dessen aus dem Hauptquartier die Bestimmung, sich sobald als möglich in Frankreich dem schlesischen Heere anzuschließen.

So sehr es Bülow nunmehr nach einem ergiebigerem Felbe drängte, so lag es doch zu Tage, daß, ehe der Herzog von Weimar mit dem 3. deutschen Armee-Corps ihn hier nicht vollständig ersetzen konnte, an seinen Abmarsch zu den im Innern Frankreichs operirenden Armeen nicht zu denken sei. Das 3. deutsche Armee-

Corps war aber erst den 2. Januar aus seinen sächsischen Can= tonirungen aufgebrochen und schlug in 3 Colonnen die Richtung nach Westphalen ein, passirte Göttingen, Minden, Kassel, Paber= born, Lippstadt, lantonirte hier einige Tage, war den 18. Ja= nuar bei Münster eingetroffen, und konnte vor Anfang Februar nicht in die Stellung vor Breda einrücken. Der Herzog von Wei= mar eilte für seine Person mit dem Chef des Generalstabes, dem russischen Generalmajor v. Wolzogen, in das Hauptquatier Bülow's nach Breda voraus, und der General=Lieutenant v. Lecoq führte das Corps unter Ueberwindung großer Schwierigkeiten und mit bedeutenden Umwegen über den Rhein.

Dem englischen Corps war gegen Ende Januar durch den Her= zog von Clarendon eine Verstärkung von einigen Tausend Mann zugeführt worden, und Bülow glaubte die Zeit bis zum Eintreffen des 3. deutschen Armee=Corps nicht besser anwenden zu können, als wenn er der Aufforderung Clarendons und des brittischen Cabinets, zu einem nochmaligen Versuch auf Antwerpen mitzu= wirken, nachgab.

30. **Nochmaliger Versuch auf Antwerpen. Der Sturm von Lier am 31. Januar. Gefechte von Deurne und Meerxem am 1. bis 3. Februar. Carnot in Antwerpen. Bombarde= ment von Antwerpen, 3. bis 6. Februar.**

Obgleich man dem Ansuchen die Wendung gab, daß Bülow das Unternehmen der Engländer auf den Hafen und die Flotte nur unterstützen sollte, so wußte er doch recht gut, daß den Preußen die Hauptsache dabei zu thun blieb, auch hatte er die feste Ueber= zeugung, daß der Anschlag nicht gelingen würde. Es schien ihm jedoch Ehrensache, sich der Angelegenheit zu unterziehen, und seine ausgeruhten Truppen waren begierig, am Kampfe Theil zu neh= men. Der gemeinsame Angriff wurde beschlossen und die Einlei= tungen dazu verabredet. 5000 Britten und die Hauptmasse der preußischen Truppen vereinigten sich unweit Rosenbaal und vor=

wärts Breda. Die Engländer sollten Meerzem, die Preußen Wyneghem angreifen. —

Hierzu war es erforderlich daß sich Bülow in der Richtung
auf Lier sicherte. Dem General Borstell ward dieser Auftrag
und wo möglich das Vorbringen bis Mecheln übertragen, um
dort an der Dyle und Demer Posto zu fassen.

In Folge dessen rückte Borstell in der Richtung von Hoogstraten auf Westmallen vor. Seine Vortruppen unter Oberst
v. Sydow bestanden aus

dem 1. und Füsilier-Bataillon des 2. Reserve-Infanterie-
Regiments;

der 4. Ostpreußischen Jäger-Compagnie;

dem 1. Leib-Husaren-Regimente;

der halben reitenden Batterie Nr. 5.

Am 29. Januar erreichten sie Ostmallen, Westmallen und Sörsel,
am 30. Januar Pulberbosch, Sandhoven und Gegend.

Das Gros der Borstellschen Truppen unter Oberst v. Schon
war formirt aus

3 Bataillonen des 1. Pommerschen Infanterie-Regiments;

dem Pommerschen Grenadier-Bataillon;

dem 2. Bataillon des 2. Reserve-Infanterie-Regiments;

dem Pommerschen Husaren-Regiment;

dem Pommerschen National-Cavallerie-Regiment;

dem 4. Kurmärkischen Landwehr-Cavallerie-Regiment;

der 6pfündigen schweren Fußbatterie Nr. 10 (Kapitain Magenhöfer);

der reitenden Batterie Nr. 11 (Lieutenant Borchardt);

2 Kosaken-Regimentern

und rückte am 30. Januar nach Westmallen und Umgegend nach.

Der unter dem General v. Hobe gegen Herzogenbusch betaschirte
Theil der Borstellschen Brigade, nämlich:

3 Bataillone des 2. Kurmärkischen Landw.-Infant.-Reg. und

das Westpreußische Ulanen-Regiment

sollte am 30. nach Tilburg, am 31. nach Turnhout, am 1.

Februar nach Herenthals marschiren. Der Oberst v. Zastrow der, wie wir sahen, vor Herzogenbusch thätig gewesen, war dort krank zurückgeblieben und traf erst später, am 7. Februar, in Lier bei seinem (Colberg'schen) Regimente ein.

Borstell erhielt bei seinem Vormarsch die Nachricht, daß Lier eine Besatzung von 1500 Mann habe, auch durch ansehnliche Artillerie vertheidigt werde. Er vereinigte deshalb seine Avantgarde am 31. Januar Morgens bei Massenhoven, und befehligte den Oberstlieutenant v. Knobloch, mit

> den 2 Bataillonen des 2. Reserve=Infanterie=Regiments und der Jäger=Compagnie der Avantgarde,

den ersten Angriff auf Lier zu unternehmen. Ihm sollten unmittelbar 3 Bataillone und 1 Batterie des Gros folgen, während Oberst v. Sydow

> mit seiner Cavallerie der Avantgarde und
> 2 Bataillonen des Gros, darunter das Pommersche Grena= bier=Bataillon,

die Reserve bilden sollte.

Borstell hatte dem Oberstlieutenant v. Knobloch gerathen, das Antwerpener= und Lisper=Thor möglichst gleichzeitig anzugreifen. Bei der Krümmung der Chaussee, kaum 200 Schritt von der Stadt, stieß die Vorhut auf den ersten französischen Posten. Da der Oberstlieutenant v. Knobloch zugleich das dicht vor ihm lie= gende Lisper=Thor erblickte, fand er es für angemessen, die erste Ueberraschung des Gegners schnell zu benutzen und augenblicklich zum Sturm auf das genannte Thor überzugehen. Gleichzeitig trat die 6pfündige schwere Fuß=Batterie Nr. 10 mit 6 Geschützen *) auf der rechten Flanke in Thätigkeit; v. Sydow's Cavallerie, 2 Bataillone des Gros, die vorgenannte Batterie Magenhöfer und 2 Kosaken=Regimenter wurden darauf vom General v. Borstell so dirigirt, daß sie, auf die Lier=Antwerpener Chaussee stoßend, den Rückzug des Feindes abzuschneiden vermochten.

---

*) 2 Geschütze, deren Zündlöcher sehr ausgebrannt, waren während der Waffenruhe zum Verschrauben nach Breda gesandt und noch nicht zurück.

Unterdeß war der Oberstlieutenant v. Knobloch an der Spitze des Füsilier-Bataillons 2. Reserve-Infanterie-Regiments bis nahe an das Thor von Lier vorgedrungen. Durch das heftige Feuer des Gegners wurden viele Leute verloren und das Bataillon wankte einen Augenblick. Ohne Zeit zu verlieren, setzte sich Knobloch an die Spitze des 1. Bataillons genannten Regiments und wiederholte den Angriff. Den Tirailleuren des Füsilier-Bataillons unter Hauptmann v. Keller war es inzwischen gelungen, den Wall rechts des Thors zu ersteigen und das Thor von innen zu öffnen. Nun rückte das 1. Bataillon im Sturmschritt an; Knobloch ward ein Pferd unter dem Leibe erschossen. Abspringend und der Erste im geöffneten Thor, ward er durch drei feindliche Kugeln niedergestreckt und fand den Heldentod. Der Commandeur des 1. Bataillons, Major v. Massow, sank schwer verwundet und mit ihm noch viele Brave. Der Major v. Mirbach setzte sich an die Spitze seines (des Füsilier-) und des 1. Bataillons, drang in die Stadt und verfolgte den durch das Antwerpener Thor fliehenden Feind auf dem Fuße. Der Brigade-Commandeur, Oberst v. Schon, führte auch noch das Füsilier-Bataillon 1. Pommerschen Inf.-Regiments zur Unterstützung herbei; auch nahmen 3 Eskadrons des Pommerschen Husaren-Regiments an der Verfolgung des Feindes Theil.

Der französische Obrist Vautrin, den der Gouverneur v. Antwerpen mit dem 11. Tirailleur-Regimente, einer Batterie und einigen 60 Pferden nach Lier vorgeschickt hatte, um Nachrichten über die diesseitigen Bewegungen einzuziehen, hatte seinen Rückzug aus Lier indeß so schnell und mit guter Haltung seiner Truppen bewerkstelligt und benutzte das für ihn günstige Terrain so geschickt, daß die preußischen Truppen ihm nur wenig Abbruch zu thun vermochten und er auch der von Vorstell ihm gelegten Falle entging. Bei Berghem nahm er mit 1 Bataillon und 4 Geschützen eine Stellung, über welche hinaus der General v. Vorstell die weitere Verfolgung nicht gestattete. In Bockhout und Morsel blieb ein Detaschement aus 1 Bataillon, 3 Eskadrons und ½ reitenden Batterie ihm gegenüber und zur Rückendeckung der weiteren Bewegungen stehen.

Darauf setzte der General v. Borstell seine Offensivbewegungen gegen den General Maison, den er mit dem 1. Corps noch bei Mecheln und Loeven glaubte, fort. Die Vortruppen unter Oberst v. Sydow rückten von Lier bis Duffel an der Nethe und betaschirten bis Walheim (Waelhem), ½ Meile von Mecheln. Das Kosaken-Regiment Czerni-Sudow wurde zur Deckung der linken Flanke nach Loeven vorgeschoben. Borstell war mit seinem Gros in Lier stehen geblieben. Noch am Abend des 31. erfuhr er, daß General Maison sich nach Brüssel abgezogen, das Hellwig'sche Streifcorps Loeven besetzt habe und Mecheln vom Feinde verlassen sei.

Da indeß seine Aufgabe darin bestand, bis Mecheln vorzurücken und durch eine hier zu nehmende Aufstellung das Unternehmen Bülow's gegen Antwerpen zu decken, so ließ er seine Vortruppen unter Sydow nach Vilvorden an der Senne, den Major v. Heybenreich aber auf der rechten Flanke mit 1 Bataillon, 2 Eskabrons der Pommerschen Husaren und 1 Jäger-Compagnie nach Villebrock zur Beobachtung der Überfahrt von Boom abrücken. Auf der diesseitigen linken Flanke wurde der Rittmeister v. Rottberg mit 60 Pferden in Loeven postirt und ihm, wie dem Obersten Czerni-Sudow, aufgegeben, bis Namur und Nivelles zu streifen, um die Verbindung mit dem russischen Corps des Generals Winzingerode aufzusuchen und den Feind für seine rechte Flanke besorgt zu machen. Ueber die linke Flanke hinaus streiften der Kosaken-Oberst Melnikon und der Rittmeister v. Blankenburg in der Richtung auf Alost, Dendermonde und Gent. Am 1. Februar rückte das Gros der Brigade nach Mecheln und Umgegend. Der Major v. Hellwig sandte die Meldung ein, daß Brüssel von Maison bereits am 31. Januar verlassen und von ihm occupirt sei. Am folgenden Tage fielen unfern des Postens in Villebrock 11 ganz neue metallene 16pfündige holländische Kanonenröhre und 23 neue Gribeauval'sche Laffeten, welche die Franzosen auf einem Schiffe retten wollten, dem Rittmeister v. Schönermark vom Pommerschen Husaren-Regimente und dem

Artillerie-Lieutenant v. Puttkamer *) in die Hände. Diese Prise war eine sehr erfreuliche. Der General v. Holtzendorff machte Bülow den Vorschlag, diese Geschütze nach Preußen schaffen zu lassen, was auch geschah.

Ebenso überfiel der Lieutenant Sperling vom Pommerschen National-Cavallerie-Regimente mit 4 Mann die Abtei St. Bernard und nahm daselbst 1 Offizier und 40 Mann und eine Menge vorräthiger Militair-Effecten. Als er dieselben auf 14 Wagen fortzuführen im Begriff stand, wurde er von feindlichen Reitern attackirt; es gelang ihm jedoch, dieselben zurückzuhalten und seine Beute und Gefangenen in Sicherheit zu bringen. —

Während der General v. Borstell seiner Aufgabe auf die erzählte Weise nachkam, waren am 30. Januar die Preußen unter Bülow von Breda, die Engländer unter Graham von Bergen-op-Zoom gegen Antwerpen aufgebrochen. Unter sehr ungünstigen Witterungsverhältnissen und auf mit Schneewasser überlaufenen spiegelglatten Eisflächen gelangten die Truppen an diesem Tage bis in die Höhe von Westwesel, am folgenden Tage bis in die Höhe von Westmallen. Die Bivouaks ohne genügendes Lagerstroh und Brennmaterial erzeugten viele Erkrankungen an der sogenannten weißen Ruhr; doch blieben die Truppen bei gutem Muthe.

Der Versuch der Engländer, den Commandanten von Antwerpen durch 1 Million Franken zur sofortigen Uebergabe des Platzes zu bewegen, war sehr begreiflicher Weise zurückgewiesen worden. Die Franzosen schienen vielmehr zur tapfersten Gegenwehr entschlossen und gewillt, sich nicht bloß auf die Vertheidigung ihrer Wälle zu beschränken. Wir sahen bereits früher, daß der General Lebrun, unterstützt vom Admiral Missiessy, die Zeit der Waffenruhe zur Befestigung mehrerer vorgeschobener Puncte benutzte. So waren jetzt bereits der Damm von St. Ferdinand, Meerzem, die Brücke von Damm und das Dorf Deurne zu festen Posten hergerichtet.

Als Lebrun am 31. Januar über das Vorrücken der Alliirten

---

*) Am 19. Nov. 1863 als Artillerie-Inspecteur und General der Infanterie in den Ruhestand getreten.

sichere Benachrichtigung erhielt, stellte er die Division Ambert in
Braschaet und Schooten mit dem Befehl auf, hier ernstlichen
Widerstand zu leisten; den General Roguet dagegen zog er von
Wyneghem gegen Deurne zurück, so daß seine Vortruppen auf
der Höhe des Schlosses Arcil standen. Die Brücke über den Ca=
nal von Herenthals wurde stark besetzt, und der Oberst Vautrin
erhielt den Befehl, die südliche Seite von Antwerpen, von seinem
augenblicklichen Standpunkte Berghem aus, zu sichern. Die Bri=
gade Flament wurde als Reserve bei dem Eingange der Vorstadt
Borgerhout aufgestellt. Der Rest der Truppen fand im Innern
der Festung ihre Verwendung.

Bülow disponirte nach abgehaltenem Kriegsrath dahin: die
Brigade Thümen führt den Hauptangriff in der Richtung auf
Wyneghem; die Colonnen der Generale v. Krafft und v. Oppen
umgehen die Flanken des Feindes; die Engländer belogiren die
Franzosen aus Braschaet und greifen Meerxem an. Der General
v. Krafft bemächtigt sich zu gleicher Zeit Schootens; Vorstell un=
ternimmt einen Angriff auf Berghem, um die Aufmerksamkeit des
Feindes zu theilen und die Truppen Vautrin's festzuhalten.

Als im Kriegsrath Bülow sich an Thümen, dem die Haupt=
aufgabe zugefallen, mit den Worten wendete, ob er wohl mit
seiner schwachen Brigade zu reüssiren glaube? erwiederte derselbe:
„Excellenz, mit meiner Brigade schlage ich den Teufel aus der
Hölle!“ Doch der Tag sollte sehr heiß werden. Mehr als einmal
rief Thümen aus: „meine arme Brigade!“

In der 8. Frühstunde des 1. Februar bei vollständigem Regen=
wetter trafen die preußischen Colonnen dem Feinde gegenüber
ein. Der General v. Thümen rückte um 9 Uhr von Schilde aus
in 3 Colonnen gegen Wyneghem vor. Er fand diesen Ort bereits
verlassen. Auf der Chaussee gegen Deurne vorgehend, trafen seine
Vortruppen an den Lisieren des Parkes von Rivière auf Truppen
der Brigade Aimar und sahen sich einer Batterie von 10 Geschützen
gegenüber. Das Terrain rechts und links der Chaussee ist sehr
coupirt, einzelne Verschanzungen erschwerten den Angriff noch mehr.

2 Bataillone des 5. Reserve-Infanterie-Regiments, die ½ — 6pfündige Fuß-Batterie Nr. 6 (Sec.-Lieutenant Kambly) und 2 Landwehr-Escadrons, denen noch das 2. Bataillon 4. Ostpreußischen Infanterie-Regiments als Soutien folgte, machten den ersten Angriff. Der Feind leistete gegen Deurne zu und besonders auf dem dortigen Windmühlenhügel einen so hartnäckigen Widerstand, daß Thümen nicht allein das Soutien, sondern auch die Reserve, bestehend aus dem Füsilier-Bataillon des 4. Ostpreußischen Infanterie-Regiments und dem 2. Ostpreußischen Grenadier-Bataillon nebst der andern ½ Batterie Kambly, in's Feuer bringen mußte. Selbst die Theilnahme einiger Truppentheile der Colonne des Generals v. Krafft, die während des bereits seit 6 Stunden anhaltenden Kampfes bis hierher vorgerückt war, war sehr erwünscht. 2 Bataillone des 9. Reserve-Infanterie-Regiments nahmen noch sehr lebhaften Antheil am Kampfe um die Windmühle. Das Gefechtsterrain war durch den Strauchwald und die vielen Gräben für die Artillerie besonders so ungünstig, daß sie nur mit Mühe zugweise in's Gefecht gebracht werden konnte. War der Zug eine Zeit lang im Feuer gewesen, so mußte er wegen des Menschen- und Pferde-Verlustes durch einen andern abgelöst werden. Der Lieutenant Rüstow erhielt einen töbtlichen Schuß in die Stirn; der Lieutenant Hackebeck mehrere Contusionen, und sein Mantel war von sieben Kugeln durchbohrt; der Lieutenant Kambly, der sich, nach des Generals v. Holtzendorff's eigenhändigem Bericht, hierbei ganz vorzüglich durch Muth und Einsicht auszeichnete und der sich hier das eiserne Kreuz I. Classe erwarb, verlor 2 Pferde unter dem Leibe. Die Batterie verlor 1 Offizier, 8 Mann und 8 Pferde, sämmtlich durch feindliches Tirailleurfeuer; die feindlichen Geschütze thaten derselben gar keinen Schaden und wurden durch sie nur einige Leute der rückwärts stehenden Infanterie blessirt.

Erst als die Umgehung des Feindes linker Flanke durch einen Theil der Brigade Krafft und durch das 2. Bataillon 4. Ostpreußischen Infanterie-Regiments über eine Brücke des Flüßchens

Schin zur Ausführung kam, verließ der Feind die Windmühle und seine Verschanzungen. Als nämlich der General Lebrun diese Seitenbewegung bemerkte, gab er dem General Aimar den Befehl, sich bis nach der Vorstadt Borgerhout zurückzuziehen und das dazwischen liegende Terrain in einem geordneten Rückzuge zu räumen. Das Dorf Deurne stand in Flammen, und der Feind glaubte, es würden diese dem Nachbringen der Preußen ein Ziel setzen. Aber eine Masse Tirailleure stürzten den retirirenden Colonnen nach, gewannen deren Flanke und beschossen dieselbe auf eine höchst belästigende Weise. Zum Schutze dagegen ließ der General Roguet den Eskabron=Chef Briqueville mit 200 Lanciers einen Angriff auf die preußischen Schützen machen und ihm noch 1 Bataillon des 12. Tirailleur= und 1 Bataillon des 13. Voltigeur=Regiments folgen, welche durch eine Flankenbewegung die preußischen Tirailleure von der Brücke abschnitten und sie in den schwach beeiseten Sumpf versprengten. Hier fanden die kühnen Wagehälse ein trauriges Grab.

Thümen behielt die letzten Häuser des Dorfes Deurne und die Schanzen mit dem 2. Ostpreußischen Grenadier=Bataillon besetzt. Rechts und links dieser Aufstellung wurden 100 Mann zur Sicherung der Flanken postirt, und das Füsilier=Bataillon des 4. Ostpreußischen Inf.=Regiments bildete einige 100 Schritte rückwärts das Soutien dieser Aufstellung. 2 Bataillone des Colberg'schen Regiments von der Brigade Krafft bezogen auf dem halben Wege zwischen Wyneghem und Deurne einen Bivouak; die noch übrigen 3 Bataillone der Brigade Thümen gingen nach Wyneghem zurück. Es war vollständig Abend geworden. —

Die Anstrengungen der 3 anderen Colonnen waren an diesem Tage auch nur von theilweisem Erfolge begleitet gewesen. Die Colonne des Generals v. Krafft hatte allerdings das Dorf Schooten in Gemeinschaft mit dem zur Thümen'schen Brigade gehörigen Füsilier=Bataillon des 4. Ostpreußischen Infanterie=Regiments und 2 Eskabrons, die zur Herstellung der Verbindung von Gravenwezel auf Schooten dirigirt waren, besetzt.

Die hier aufgestellte Division Ambert zog sich, im Gegensatz zu ihrer Aufgabe, den Posten energisch zu vertheidigen, auf Meerxem zurück. Die auf dem rechten Flügel anrückende Colonne der Engländer hatte sich durch das Mitführen eines bedeutenden Artillerie-Trains schwerer Geschütze in ihrem Marsche sehr ver= spätet und war erst gegen Abend vor Braschaet eingetroffen. Sie überwand hier die ihr entgegengestellten feindlichen Bataillone, warf sie in Unordnung auf Meerxem zurück, nahm 2 Kanonen, und machte mehrere Hundert Mann zu Gefangenen. Sie selbst hatte circa 200 Mann Verlust. Eine weitere Verfolgung vermochten sie nicht zu unternehmen. Dadurch gewann der Feind Zeit, sich in Meerxem zu sammeln und am folgenden Tage den Kampf, wenig geschwächt, wieder aufzunehmen. —

Die linke Flügel-Colonne unter dem General v. Oppen war auf dem Wege von Herenthals vorgerückt, war durch das überall sehr schwierige Gelände aufgehalten und hatte den Uebergang über den Canal von Herenthals, der hartnäckig vertheidigt wurde, nicht erzwingen können.

Die Cavallerie-Brigade unter dem Obersten von Treskow er= reichte am Abend östlich von Deurne das Dorf Womelgen.

Die entworfene Disposition war sonach nicht in ihrem ganzen Umfange ausgeführt worden; die Ausbauer, welche die französi= schen Truppen an diesem Tage bei Deurne gezeigt, hatte die Nachtheile, welche ihnen aus der Fahrlässigkeit bei Lier hätten erwachsen können, wieder ausgeglichen: der Angriff der Verbün= deten hatte sich Antwerpens weder durch Ueberraschung zu bemäch= tigen, noch sich der Festung so weit zu nähern vermocht, daß ein Bombardement hätte schon jetzt erfolgen können. Es war ein Tag gewonnen, und ein solcher ist für einen noch nicht ganz verthei= digungsfähigen Platz stets von bedeutender Wichtigkeit.

Gegen die Nacht des 1. Februar hielten die verbündeten Ge= nerale eine Conferenz, in der man dahin überein kam, daß die Engländer am folgenden Tage Meerxem angreifen, die Preußen aber die Brücken über die Schin und über den Canal von Heren= thals forciren sollten.

Als der General v. Thümen am Morgen des 2. Februar be=
merkte, daß der Angriff der Engländer auf Meerxem ernstlich ge=
meint sei, ließ er die beiden Bataillone des Colberg'schen Regi=
ments rechts von Deurne bis an den durch diesen Ort fließenden
kleinen Bach vorbringen, während links das Füsilier=Bataillon 4.
Ostpreußischen Inf.=Regiments, eben dahin dirigirt, vorrückte. Der
Feind vertheidigte Deurne jedoch mit größter Hartnäckigkeit; die Ba=
taillone fanden überall kaum erwarteten Widerstand. Bülow hielt
auf einem Hügel bei Wyneghem und verfolgte das Gefecht mit
Spannung. Als er den Angriff scheitern sah, rief er den Major
v. Reiche zu sich und befahl ihm, sich an die Spitze des nahe=
stehenden Bataillons vom 9. Reserve=Infant.=Regiment zu stellen
und in der Fronte anzugreifen. Reiche führte dasselbe, in Colonne
formirt, im Sturmschritt auf der Chaussee gerade in das Dorf
Deurne hinein. Das Unerwartete des brüsken Angriffs ließ den
Feind keinen bedeutenden Widerstand leisten, er wurde geworfen
und Reiche besetzte die Brücke über die Schin, sie gegen alle fer=
neren feindlichen Versuche festhaltend. Die Flügel=Bataillone
bemächtigten sich nunmehr auch der Ufer des Baches, und Tirail=
leure wurden bis zu den äußersten Häusern von Deurne vor=
poussirt. Das Gros des Bataillons vom 9. Reserve=Inf.=Regiment
behielt die Brücke, 1 Bataillon Colberg'schen Regiments eine Meierei
rechts und das Füsilier=Bataillon des 4. Ostpreußischen Infanterie=
Regiments eine Meierei links am Flusse besetzt, während das
2. Ostpreußische Grenadier=Bataillon in den auswärts liegenden
größeren Gehöften Posto faßte. Eine Kanone nebst 2 Eskadrons
Landwehr=Cavallerie wurden diesem Bataillone attaschirt. Die
übrigen Truppen der Brigade nebst der Artillerie bezogen in
Wyneghem und Schilde Quartiere. Der Verlust in diesen beiden
Gefechten bestand an Todten: in 2 Offizieren, 2 Unteroffizieren
und 65 Gemeinen; an Blessirten: in 15 Offizieren, 38 Unterof=
fizieren, 8 Spielleuten und 565 Gemeinen. Das 2. Bataillon
des 4. Ostpreußischen Infanterie=Regiments participirt daran allein
mit 6 Offizieren, 214 Mann. Der Verlust des Feindes wird ge=
ringer angegeben.

Weſtlich von Deurne bildeten einige Bataillone die Verbindung mit den Engländern, welche gegen 10 Uhr Vormittags Meerxem nach hartem Kampfe nahmen und die Franzoſen bis unter die Kanonen von Antwerpen zurückwarfen.

Somit hatten die Engländer ſich ihrem Angelpunkte, dem Hafen von Antwerpen, erwünſchter Weiſe genähert. Dieſer gewaltige Hafen erſten Ranges, unmittelbar der Themſe gegenüber und für engliſche Kanonen unzugänglich, war mit ſeinen Arſenalen, Werften und ſonſtigen Bauten von Napoleon mit 20 Millionen Franken hergeſtellt. Von zwei großen gegrabenen Baſſins faßte das eine 34, das andere 14 Linienſchiffe. Jetzt lagen hier 38 Linienſchiffe und 10 Fregatten abgetakelt vor Anker; 18 neue Linienſchiffe von der größeſten Bohrung waren auf der Werft noch im Bau begriffen, das weiteſt vorgeſchrittene zum Ablaufen vom Stapel fertig, das jüngſte mit eben erſt eingewogenem Rahmen.

Die ängſtliche Eiferſucht der Engländer, gegen welche dieſe Waffen doch immerhin zunächſt geſchmiedet wurden, und der nochmalige Verſuch, dem Hafen ernſtlich beizukommen, erſcheinen deshalb ebenſo gerechtfertigt, als das Zugeſtändniß, daß Napoleons ſcharfes Auge den richtigen Punkt in ihm wohl erkannt hatte. —

In der Nacht vom 2. zum 3. Februar erbauten die Engländer hinter dem St. Ferdinands=Deiche und unweit Meerxem, auf 1900 bis 3000 Schritt vom Baſſin, 5 Batterien für 19 Mörſer und ſchwere Haubitzen und 5 — 24pfünder. Die Einführung der ſchweren Geſchütze war mit Schwierigkeiten verknüpft. Der General v. Thümen ließ deshalb preußiſcher Seits, um die Aufmerkſamkeit der Franzoſen von den engliſchen Batterien abzulenken, unweit von Deurne einige Haubitzen vom Terrain gedeckt aufſtellen und das Feuer gegen die am weiteſten vorgeſchobenen Werke der Stadt beginnen. Um 3 Uhr Nachmittags fiel auch aus den engliſchen Batterien der erſte Schuß. Das Feuer derſelben dauerte nunmehr unaufhörlich und die Luft erdröhnte meilenweit davon. Auch bedienten ſich die Engländer der congreveſchen Raketen gegen Stadt und Hafen. Nach der Beobachtung, welche man aus der preußi=

schen Aufstellung machen konnte, schossen die Engländer größten=
theils zu kurz und viele ihrer Hohlgeschosse krepirten in der Luft.
Um 6 Uhr fing es zwar in der Nähe des Bassins zu brennen an,
doch wurde das Feuer bald wieder gelöscht.

Am 4. Februar Morgens 9 Uhr begann das Bombardement
von Neuem und dauerte den Tag hindurch mit einigen Unter=
brechungen fort. Ebenso wurde es am 5. um 8 Uhr Morgens
wieder eröffnet und mit großer Lebhaftigkeit bis 6 Uhr Abends
fortgesetzt, zu welcher Zeit es wegen Munitionsmangels eingestellt
werden mußte. Außer der Zerstörung eines einzigen Kriegsschiffes
und einigen unerheblichen Beschädigungen anderer war, trotz der
aufgewendeten ungeheuren Geldmittel, kein Resultat erreicht. Die
Vorsichtsmaßregeln des Admirals Missiessi, der, gleich wie in
Malta, die Schiffe durch Blindagen und mit Erde und Dünger
gegen das Bombardement eingedeckt hatte, waren sonach von gutem
Erfolge für die Franzosen begleitet gewesen.—

Am 2. Februar hatte der berühmte Carnot das Gouvernement in
Antwerpen übernommen. Er hatte geglaubt, seine Dienste dem Kaiser
in dem Augenblicke, wo der Boden seines Vaterlandes vom Feinde
betreten wurde, anbieten zu müssen und that dies auf die ihm
eigene Weise.

Carnot hatte an Napoleon am 27. Januar 1814 geschrieben:
„Sire, so lange der Erfolg Ihre Unternehmungen krönte, habe ich
davon abgestanden, Eurer Majestät meine Dienste anzubieten, Dienste,
welche ich für Eure Majestät nicht angenehm (agréables) glaubte.
Heute, Sire, wo das Unglück Ihre Standhaftigkeit auf eine harte
Probe stellt, schwanke ich nicht mehr, Ihnen die schwachen Kräfte
anzubieten, die ich noch habe: es ist wenig — ohne Zweifel —
was ein 60 jähriger Arm vermag; aber ich habe geglaubt, daß
das Beispiel eines Soldaten, dessen patriotische Gesinnungen
bekannt sind, um Ihre Adler viele Männer zu sammeln vermag,
welche, unsicher in ihren zu nehmenden Entschlüssen, noch zu über=
reden sind, daß es besser sei, ihrem Vaterlande zu dienen, als
dasselbe zu verlassen.“

Napoleon, der Carnot selbst noch bei seinem Rücktritte aus seiner officiellen Stellung mit ungeheuchelter Hochachtung begegnete, und dem Scheidenden mit erhobener Stimme zugerufen hatte: « Adieu, Monsieur Carnot, tout ce que vous voudrez, quand vous voudrez et comme vous voudrez! » nahm sein Anerbieten ohne Zögern an, indem er äußerte, daß, wenn Carnot seine Dienste anbiete, er auch auf dem Posten, den er ihm anvertraue, treu sein werde. Somit ernannte er ihn zum Gouverneur von Antwerpen, von allen Plätzen des Reiches damals der wichtigste durch seine Lage, seine Größe und seine Marine-Etablissements.

Carnot sah den Kaiser nicht, empfing die Befehle des Kriegsministers und begab sich, ohne Zeit zu verlieren, auf seinen Posten. Glücklich gelangte er mitten durch die Streifpartheien der Verbündeten in die Festung und bewies nur allzu deutlich, daß er mit dem Kennen auch das Können zu verbinden wußte.

Sofort unternahm er die Untersuchung der Werke und des Kriegs-Materials, recognoscirte die Positionen des Gegners, ordnete neue Vertheidigungs-Arbeiten an, nahm die Revüe über die Truppen ab und wußte sie zu electrisiren, besuchte die Spitäler, verschaffte sich Ueberzeugung vom Approvisionnement aller Art und traf Maßregeln für den Unterhalt und die Ruhe der zahlreichen Einwohner des Platzes.

Bei der Geringfügigkeit der Zahl der ihm zur Disposition stehenden Truppen schränkte er alle weitgreifenden Excursionen ein, soweit sie nicht Fouragirungen oder die Erhaltung eines frischen Geistes der Truppen zum Zwecke hatten. Er erwog, daß es nicht seine Pflicht sei, sich im freien Felde gegen überlegene Kräfte des Gegners zu schlagen, sondern daß er den Platz zu halten habe, der ihm anvertraut war. Sein von ihm aufgestelltes Vertheidigungs-System, welches sich besonders auf ein durchgreifendes Vertikal-Feuer basirt, suchte er so viel als möglich zur Geltung zu bringen, und da dies auch vom Platze selbst geschehen konnte, so gab er, mit Ausnahme von Borgerhout und Berghem, alle Außenposten auf.

Die Division Roguet zog er nach Antwerpen hinein, um sich in ihr eine Reserve zu erhalten. —

Der veränderte Geist, der mit Carnot in die Vertheidigung Antwerpens gekommen war, konnte den Verbündeten nicht lange verborgen bleiben. Bülow selbst verschmähete nicht, im Interesse der großen Sache, einem so großen Gegner gegenüber, neben der scharfen Waffe auch die der Feder in Anwendung zu bringen.

Er schrieb ihm am 11. Februar von seinem Hauptquartier Brüssel aus folgende Zeilen:

„Mein Herr General, ich habe durch die aufgefangenen Pariser Briefe erfahren, daß Euer Excellenz vor Kurzem den Herzog von Piazenza ersetzt haben, und ich wünsche dazu zum voraus der Stadt Antwerpen Glück. Das Vertrauen der Nation hat also das Unrecht ausgeglichen, welches ein ehrgeiziger Mann begangen hatte; es hat den Mann in eine wichtige Stellung zurückgeführt, welcher niemals hätte eine andere einnehmen sollen.

„Eure Excellenz kennen den Zustand Ihres Vaterlandes. ebenso gut und besser vielleicht als ich; Dieselben kommen aus dem Innern und Dero geübtes Auge wird das Ungemach beobachtet haben, welches Frankreich bedroht. Die großen Armeen sind nur noch 15 Lieues von Paris, der General Wellington avancirt von Bayonne, die Generale Blücher und Winzingerode haben Chalons und Rheims bereits passirt; Bois-le-Duc ist übergeben, Gorkum steht im Begriff zu kapituliren, zahlreiche Verstärkungen deutscher und holländischer Truppen treffen täglich bei mir ein, der Kronprinz von Schweden mit der Nordarmee kommt vom Rhein heran und überall, selbst im Herzen Frankreichs, beweiset uns der Geist des Volkes, daß wir ihm willkommen sind. Es ist nicht mehr zweifelhaft, daß die Tyrannen-Herrschaft eines Souverains, der das Unglück über Frankreich und Europa gebracht hat, sich ihrem Ende nähert. Es sind nicht die Franzosen, welche wir bekämpfen: Euer Excellenz wissen es; Sie werden dazu überredet durch den Geist der Mäßigung, welcher die Proclamationen der verbündeten Monarchen auszeichnet; Sie werden davon überzeugt durch die Billigkeit, welche die Maßnahmen aller Generale geleitet hat, ein unglückliches Volk in diesem Augenblicke zu schonen. Heute handelt es sich nicht darum, Frankreich zu theilen und die Einwohner zu zwingen, gegen ihren Wunsch einen neuen Herrscher zu empfangen; es handelt sich darum, die Übel von zwanzig Kriegs- und Unglücksjahren zu beendigen: es handelt sich darum, sie so schnell als möglich zu beendigen! Das ist, General, der Gesichtspunkt, von dem man ausgehen muß, um uns zu beurtheilen, und der einzige, vielleicht der schönste, welcher jemals existirt hat. Die Völker Europas müssen alle zurückgeführt werden zum Frieden, zur Ruhe, zum Glück.

„Euer Excellenz, dessen Talente sowohl als Militair wie als Staatsmann gleichermaßen bekannt sind, dessen gerechter und loyaler Charakter sich niemals verläugnet hat, Euer Excellenz befinden sich heute in einer Lage, in der Sie, wenn Sie wollen, unendlich Gutes bewirken können. Setzen Sie Sich an die Spitze eines Volkes, welches seine Fesseln bricht; organisiren Sie seine Hülfsmittel; bereiten Sie das zukünftige Glück Frankreichs vor; machen sie eine muthige Anstrengung und begründen Sie Sich die Unsterblichkeit, indem Sie einen entschiedenen Entschluß fassen, Ihr Vaterland zu befreien. Ich werde es mir zur Pflicht machen, Sie auf jede Weise zu unterstützen. Ich werde mich mit besonderer Genugthuung freuen, zum Glücke Frankreichs durch die Franzosen selbst beitragen zu können.

„Welcher auch der Entschluß Euer Excellenz sein möge, er wird nichts in den Gefühlen der größesten Hochachtung ändern, mit der ꝛc. ꝛc. „Graf v. Bülow.“

Carnot antwortete darauf am 18. Februar:

„Mein Herr General, es ist mir zu sehr daran gelegen, mir die Achtung, wovon Ihr Brief Zeugniß gibt, zu bewahren, als daß ich nicht mit allen mir zu Gebote stehenden Mitteln den ehrenvollen Posten, den mir Se. Majestät der Kaiser der Franzosen anvertraut, vertheidigen sollte.

„Je mehr wir Ungemach zu erdulden haben, um so mehr sind

unsere Anstrengungen nöthig, es umzugestalten; ich habe das Glück, in einem gegen die Verführung wie gegen die offene Gewalt wohlgerüsteten Platze zu kommandiren, und die Loyalität meiner zahlreichen Garnison ist gleich ihrem Muthe.

Unsere Wünsche gehen auf einen ehrenvollen Frieden, welchen wir nicht anders als durch Siege erlangen können, und die, welche wir so eben feiern, geben uns die Hoffnung, daß wir nicht mehr allzu lange darauf zu warten brauchen.

„Glauben Sie, Herr General, daß die Vertheidiger Antwerpens das durch ihren Souverain so glücklich begonnene Werk nicht verderben werden, und wollen sie genehmigen, 2c, 2c.

„Carnot."

In diesem hier ausgesprochenen Sinne wirkte denn auch Carnot, treu seinem dem Kaiser Napoleon gegebenen Versprechen, in niemals erlahmender Thätigkeit fort.

31. Bülow's Anordnungen bezüglich seines Abmarsches zur schlesischen Armee. Das Blokade-Corps vor Antwerpen tritt unter die Befehle des englischen Generals Graham. Vorrücken des 3. deutschen Armee-Corps.

Der General v. Bülow überzeugte sich,—wie er ja vor dem Unternehmen bereits dessen Fehlschlagen ahnte,—daß bei den vorhandenen Mitteln kein Erfolg gegen Antwerpen zu erwarten sei. Er beschloß daher, den Engländern die weitere Einschließung dieses Platzes zu überlassen, dagegen mit seinen Preußen eiligst in Frankreich einzurücken, um sich dem schlesischen Heere anzuschließen. In Folge dessen bestimmte er, daß die Brigade v. Krafft am 6. Nachmittags die Brigade v. Thümen in ihrer Aufstellung bei Deurne ablösen und letztere um 9 Uhr Abends nach Lier marschiren solle. Hier traf sie um 3 Uhr Morgens ein und setzte noch am 7. ihren Marsch bis Mecheln fort. Die Brigade v. Krafft folgte am 7. nach Lier und wurde durch die sächsische Brigade des Generals v. Gablenz ersetzt.

Es war nämlich die erste Colonne des 3. deutschen Armee-

Corps am 5. unb. 6. Februar, nachdem sie bei Arnheim, Rhee=
nen, Kuilenburg, Bösekam unb Breeswyk ben Rhein, bei Bommel
unb Gammern bie Waal, bei Aalsten bie Maas überschritten
hatte, in unb um Breda eingetroffen, wo, wie wir bereits sahen,
ber Herzog von Weimar für seine Person schon am 24. Januar
angelangt war. Am 8. Februar brach sein Corps in 2 Colonnen
auf, von benen bie bes Generals Lecoq, aus 7 Bataillonen In=
fanterie, 5 Eskabrons Cavallerie, 2 Fuß=Batterien, bem Artillerie=
Park unb ber Sappeur=Compagnie zusammengesetzt, ungefähr
6000 Mann unb 700 Pferde stark war unb sich auf Brüssel unb
Mecheln birigirte. Die 2. Colonne, aus 5 Bataillonen Infanterie,
2 Eskabrons Ulanen unb 2 Batterien reitenber Artillerie beste=
henb, 4000 Mann unb 600 Pferde stark, marschirte bis nach
Lier, wo sie sich mit 3 Bataillonen bes Preußischen Elb=Infante=
rie=Regiments (Oberstlieutenant v. Reuß), unb 2. Eskabrons bes
Brandenburgischen Dragoner=Regiments (Major v. Osten) verei=
nigte unb einen Theil bes Blokade=Corps von Antwerpen unter
bem Befehle bes englischen General Graham bilbete.

Auf biese Weise enbete Bülow's zweites Unternehmen auf Ant=
werpen.

Wir glauben bie Grünbe angebeutet zu haben, welche ihn bazu
bewogen, unb in bem bitteren Tabel nicht einstimmen zu bürfen,
welchem unser Helb bieserhalb mehrfach ausgesetzt worden ist.
Jebenfalls aber müssen bie Außerungen berjenigen französischen
Geschichtsschreiber, welche bie Unternehmung gegen Antwerpen
als «une solle expédition» bezeichnen unb ihren Ausgang ben
Verbündeten zur Schmach anrechnen wollen, auf bas Bestimmteste
zurückgewiesen werden!

Während ber Vorgänge vor Antwerpen war bie Avantgarbe
bes Generals v. Borstell am 4. Februar in Brüssel eingerückt. Der
Major v. Hellwig hatte 2 Stunden vorwärts gegen Hal seine Vor=
posten unb wurde hier von bem Kosaken=Regimente bes Major
Elsenwangen unterstützt. Der General v. Borstell, ber sich überzeu=
gen wollte, ob ber Feind bie Absicht habe, sich bei Hal zu behaup=

ten, ließ den Obersten v. Sydow mit 1 Bataillon, 1 Eskadron und der halben reitenden Batterie Nr. 11 (Lieut. Borchardt) nebst 1 Jäger-Compagnie auf der Chaussee gegen Hal vorrücken, während Hellwig's Streifcorps dem Feinde in der linken und ein anderes Cavallerie-Detaschement demselben in der rechten Flanke Besorgnisse erregen sollte. Der Feind behauptete sich jedoch bei Broeghem.

Nachdem die Seiten-Detaschements des rechten Flügels Gent besetzt und die des linken Flügels mit dem Corps Winkingerode's in Verbindung getreten waren, erhielt man durch aufgefangene Briefe die Nachricht, daß der General Maison beabsichtige, sich auf Mons zurückzuziehen. Es zeigte sich auch wirklich, daß der Feind am 7. Hal verließ, jedoch, da er wahrscheinlich über das Vorrücken des Corps von Winkingerode näher aufgeklärt worden war, sich über Enghien und Ath auf Tournay dirigirte. Der Oberst v. Sydow verfolgte den Feind mit 2 Bataillonen, dem Leib-Husaren-Regiment und ½ Batterie am 7. bis Enghien. Der Major v. Hellwig hielt sich hierbei auf Sydow's rechter Flanke und wandte sich auf Lessines.

32. Gorkum kapitulirt. Bülow concentrirt seine Truppen bei Brüssel. Marsch nach Frankreich über Mons. Die Brigade Vorstell muß zurückbleiben.

Der General und Senator Graf Rampon, Gouverneur der Festung Gorkum, hatte seinen wichtigen Posten bis zu diesem Zeitpunkte mit Zähigkeit vor Uebergabe bewahrt. Bülow drängte schon lange den General v. Zielinsky zu ernstlicheren Schritten; doch gestattete die glückliche Lage der Festung keine weiteren Unternehmungen als ein Bombardement. Zur Einleitung desselben hatte Bülow den General v. Holkendorff dahin beordert. Derselbe ließ hinter dem die Festung überhöhenden Maas-Damme Bettungen strecken, in den Damm Scharten einschneiden und in die so vorbereitete Position 1—75pfündigen, 2—50pfündige, 4—16pfündige Mörser, 4—7pfündige Haubitzen und 4—24pfündige Kanonen in Batterie stellen. Bedient wurde dieselbe durch preußische und hol-

ländische Artilleristen unter Kommando des holländischen Majors
Holy. Auch ordnete Holtzendorff an, daß die Geschütze von Wor=
kum und die auf der anderen Seite der blokirten Festung in Po=
sition stehenden beiden 7pfündigen Haubitzen der 6pfündigen Fuß=
Batterie Nr. 5 (v. Glasenapp) zu der Bewerfung der Stadt mit
beitragen sollten. Die entschieden guten Dienste des Kapitains
v. Glasenapp bei diesem Bombardement sind vom General v. Zie=
linsky besonders hervorgehoben worden.

Der Feind antwortete aus allen seinen Geschützen, that jedoch
keinen Schaden. Dagegen wurden mehrere seiner Geschütze zum
Schweigen gebracht, und die Stadt hatte, nach der Aussage der
Deserteure und einiger geflüchteter Einwohner, bedeutend gelitten.

In Folge dessen wurden von Seiten des Gouverneurs, Grafen
Rampon, Unterhandlungen angeknüpft, welche damit endeten, daß
die Festung kapitulirte, die Besatzung sich kriegsgefangen ergab und
sämmtliche Vorräthe und Kriegs=Bedürfnisse zur Auslieferung ge=
langten.

Noch war die Kapitulation zwar an die Bedingung geknüpft,
daß der Platz bis zum 20. Februar nicht entsetzt werde. Nach dem
Stande der Dinge war ein Entsatz indeß unmöglich; und Bülow,
der in diesem glücklichen Ereigniß einen wenn auch nicht ganz hin=
reichenden Ersatz für die nicht gelungene Unternehmung gegen
Antwerpen sah, war über den weiteren Erfolg dieser Angelegen=
heit so wenig zweifelhaft, daß er alsbald den größten Theil seiner
Brigade Zielinsky an sich zog und mitnahm. Sie sollte nur noch
eine kurze Zeit verweilen, bis einige holländische Truppen, die
für die weitere Beobachtung und dann Besetzung des Platzes hin=
reichend waren, zur Ablösung herbeikämen. Als dies geschehen,
blieb preußischer Seits nur noch das 3. Ostpreußische Landwehr=
Infanterie=Regiment unter Major Graf Klinkowström und wenige
Cavallerie vor Gorkum stehen.

Der General v. Bülow beschloß nunmehr, alle nicht durch De=
taschirungen oder als Besatzungen verwendeten Truppen seines
Corps am 8. Februar bei Brüssel zu vereinigen und befahl dem
General v. Borstell, den Feind durch den Obersten v. Sydow in

der Richtung auf Tournay im Auge behalten zu lassen, mit dem Gros seiner Brigade aber als Avantgarde nach Mons zu marschiren. Vorstell erreichte noch am 8. Hal und poussirte nach Thubize vor.

Die gegen die Flanken und zu anderen Zwecken detaschirten einzelnen Abtheilungen fanden an verschiedenen Punkten Gelegenheit, sich auszuzeichnen. Der Lieutenant v. Corsep des Westpreußischen Ulanen-Regiments, welcher eine Patrouille von 18 Ulanen führte, sprengte ein auf Requisition befindliches feindliches Kommando auseinander und nahm 1 Kapitain und 10 Mann, welche sich in einem Hause vertheidigten, dadurch gefangen, daß er die Hälfte seiner Leute absitzen ließ und das Haus mit gefällten Lanzen erstürmte. Als er hierauf durch 200 Mann feindlicher Infanterie angegriffen wurde, benahm er sich so umsichtig, daß er seine Gefangenen behielt und doch ohne weiteren Verlust zurückkam.

Am 9. Februar rückte General v. Vorstell nach Braine le Comte; der General v. Hobe erreichte als Vortrupp mit 3 Bataillonen, dem Pommerschen Husaren-Regimente und der reitenden Batterie Nr. 11 (Lieut. Borchardt) Mons.

Links der preußischen Marschrichtung stand der General v. Winzingerode in Binche; seine Avantgarde unter General v. Tschernitscheff hatte am 9. Avesnes genommen, und Streifpartheien rückten schon gegen Laon vor.

Am 6. Februar hatte Bülow ein sehr anerkennendes Schreiben vom Prinzen von Oranien durch die Hand dessen Adjutanten, Oberst v. Fagel, erhalten, in welchem ihm die Ehre der Eroberung Hollands zuerkannt und Bülow angegangen wird, auch ferner die Interessen des Prinzen nach Möglichkeit zu fördern. Auf zarte Weise ward Bülow vom Prinzen eine lebenslängliche Rente von jährlich 1000 Ducaten verliehen. *)

---

*) Dieselbe wurde später, bei Bülow's frühem Tode (1816), in eine auf den jedesmaligen ältesten Sohn erbliche verwandelt. (Leben Bülow's von Varnhagen v. Ense, Seite 313.)

Zu dem Erfreulichen sollte sich bald wieder Verdruß und Ärger gesellen. In Lier anlangend, fand Bülow daselbst unerwartet das Hauptquartier des Herzogs von Weimar, der, wie wir bereits erwähnten, nicht gesäumt hatte, mit einem Theile der in Breda eingetroffenen Truppen seines Heeres hierher vorzurücken. Der Herzog war verwundert, daß Bülow abmarschiren wollte, bevor noch das 3. deutsche Armee-Corps vollständig beisammen sei; er gab zu erkennen, daß er die Preußen noch nicht entbehren könne und erklärte zuletzt, daß Bülow unter des General-Gouverneurs der Niederlande Befehle stehe. So hatte sich also Bülow in der Ablösung, die ihn frei machen sollte, nur einen neuen Zwang herbeigewünscht, der ihn noch schlimmer festzuhalten drohete, als es früher der Kronprinz von Schweden gethan. Da der Herzog allerdings in seinem Rechte war, so, ließ sich Bülow mit ihm auf Unterhandlungen ein und erbot sich, ihm vorläufig noch einige Truppen zurückzulassen, worauf auch der Herzog mit billiger Rücksicht einging. Der tapfere und lebensfrohe Fürst hatte selber zu viel militairischen Geist und menschliches Gefühl, um nicht zu erkennen, wie empfindlich es einem Feldherrn von Bülow's Art und Verdienst sein mußte, mitten im Zuge zu neuen Thaten gehemmt zu werden und auf dem nunmehr unergiebigen Kriegsschauplatz unselbstständig verweilen zu sollen. Bülow war jedoch aufs Aeußerste mißgestimmt und vermied jede weitere Annäherung an den Herzog. Seine Lage war auch jedenfalls eine schwierige: vom Kronprinzen von Schweden noch keineswegs losgelassen, von Blücher herbeigerufen und nun sich noch des Herzogs von Weimar erwehrend! Er erhielt sich selbstständig und setzte seinen Marsch zu Blücher nach Frankreich fort. Am 8. Februar zog er in Brüssel ein, wo er das Gros seines Corps vereinigt fand. Er übte gleich hier eine Handlung aus, die ganz der Selbstständigkeit entsprach, welche er behaupten wollte: er ernannte den Obersten Grafen v. Lottum zum Militair-Gouverneur von Brüssel. Als der Herzog von Weimar an demselben Tage in Brüssel eintraf, war er etwas erstaunt, daß ihm vorgegriffen worden; allein aus Achtung für Bülow erkannte er dessen Ernen-

nung an und begnügte sich, seinerseits den Herzog von Urſel zum
Civil-Gouverneur zu ernennen. Alle Reibungen ließen ſich indeß
doch nicht vermeiden, und Bülow blieb während der vier Tage
ſeines Brüſſeler Aufenthalts in ſehr übler Laune und gereizter
Stimmung.

Am 13. verlegte Bülow ſein Hauptquartier nach Braine le
Comte, am 16. nach Mons. Hier, im Angeſichte der franzöſiſchen
Grenze, mußte Bülow über die Zahl der dem Herzoge zurückzu-
laſſenden Truppen in's Reine kommen. Er ſah wohl ein, daß der
Herzog, bevor ſeine noch rückwärts befindlichen Truppentheile angelangt waren, gegen Maiſon's und Carnot's mögliches Zuſam-
menwirken einen harten Stand haben würde. Darum überließ er
ihm ſeine ihm attaſchirten Koſaken-Regimenter, auch ſollte Vorſtell
mit einigen ſeiner Truppen ſtehen bleiben. Bülow meinte zwar
nur einige Bataillone; allein der Herzog befahl darauf, daß
Vorſtell mit ſeiner ganzen Brigade zurückzubleiben habe. Dadurch
wurden Bülow 8000 Mann, 1400 Pferde und 20 Geſchütze entzogen. Es erſcheint zweifelhaft, ob Bülow nachgegeben hätte, wenn
ihn nicht neue Verwickelungen heimgeſucht hätten.

Der Kronprinz von Schweden war nämlich mit ſeinen ſchwe-
diſchen Truppen am 11. Februar in Cöln eingetroffen und glaubte
nun das Band ſeines Oberbefehls, das „bisher lang nachſchleppte
und nur noch locker anhing, wieder ſtraffer ziehen zu dürfen,“
und ſo ſandte er an Bülow nach Mons den Befehl, ſeine Truppen bei Mons zuſammenzuziehen und dort bis auf Weiteres ſtehen
zu bleiben. Hier konnte wieder nur ein kühner Entſchluß retten.
Geſtützt auf die aus dem großen Hauptquartier ihm vorläufig zu-
gewieſene Beſtimmung, *) ſich in Frankreich dem ſchleſiſchen
Heere anzuſchließen, überdies durch Wintzingerode von Blücher's
in der Champagne erlittenen Unfällen benachrichtigt, beſchloß er,
nur dem Drange ſeiner Vaterlandsliebe zu folgen. Er ſandte am

---

*) Die desfallſige Cabinetsordre ging Bülow erſt am 1. März in Avi-
gnon, durch den von Blücher ihm zugeſendeten Major v. Brünned zu.

17. an Blücher die tröſtliche Nachricht, daß er eiligſt aufbreche, um ſich über Laon mit ihm zu vereinigen, und trat am 18. wirk= lich mit 16000 Mann friſcher Truppen — „die Leute wohlge= halten, gut gepflegt, in ſchönen neuen Uniformen, die Pferde wählig, die Geſchütze blank" — den Marſch nach Frankreich an. Er paſſirte die altfranzöſiſche Grenze bei Solre=ſur=Sambre, umging Maubeuge und erreichte am 20. bei La Chapelle die große Straße und über Vervins und Marle am 24. Laon. Wintzinge= rode ſtand bei Rheims.

33. Nunmehrige Streitkräfte der Verbündeten in den Nie= derlanden.

Hier trennen wir uns, der uns geſtellten Aufgabe, den Feldzug in Holland, Flandern und Brabant zu erzählen, nachkommend, von unſerm Helden, und kehren zur Erörterung der augenblicklichen Sachlage nach den Niederlanden zurück.

An preußiſchen Truppen finden wir hier noch: die aus 7 Ba= taillonen Landwehr beſtehenden Beſatzungen von Arnheim, Nym= wegen, Herzogenbuſch und anderer kleinerer Plätze, einen Theil der vor Gorkum verwendeten Truppen noch eben da und 13 Bataillone, 19 Eskadrons und 8 Geſchütze der v. Vorſtell'ſchen Brigade reſp. der Reſerve=Cavallerie unter Generalmajor v. Hobe, ſowie das der erſteren unterwieſene fliegende Corps des Majors v. Hellwig; außerdem 1 ½ Batterien aus der Reſerve=Artillerie.

General=Lieutenant v. Vorſtell behält alſo zurück:

das Pommerſche Grenadier=Bataillon (Major v. Romberg);
das 1. Pommerſche Infanterie=Regiment (Oberſt v. Schon);
das 2. Reſerve=Infanterie=Regiment;
das Elb=Infanterie=Regiment;
das 2. Kurmärkiſche Landwehr=Infanterie=Regiment;
das 1. und 2. Weſtphäliſche Landwehr=Inf.=Regiment;
die Reiche'ſchen Jäger,
das Hellwig'ſche Freicorps;
das Pommerſche Huſaren=Regiment;

das Westpreußische Ulanen-Regiment;

das Brandenburgische Dragoner-Regiment (Prinz Wilhelm);

das Pommersche National-Cavallerie-Regiment und
die 6pfündige (schwere) Fuß-Batterie Nr. 10 (Magenhöfer);
die reitende Batterie Nr. 11 (Borchardt) und
die ½ — 12pfündige Batterie Nr. 5 (Conrabi); — beide
letzteren aus der Reserve-Artillerie hierher abkommandirt—,
in Summa circa 8000 Mann Infanterie, 1400 Pferde und
20 Geschütze.

An Truppen des 3. deutschen Armee-Corps sind bereits angelangt und in Thätigkeit: 12 Bataillone Infanterie, 9 Schwa-
bronen Cavallerie, 1—12pfündige Fuß-Batterie à 8 Geschützen
(Hauptmann Rouvroy I.), 1—6pfündige Fuß-Batterie à 8 Geschützen (Hauptmann Rouvroy II.), 2 reitende Batterien à 6 Geschützen (Hauptleute Birnbaum und Probsthain), 1 Reserve-Mu-
nitions-Park und 1 Compagnie Sappeure und Pontonniere (Hauptmann Clauß); zusammen 10,000 Mann, 1600 Pferde und 28
Geschütze.

So hatte also der Herzog von Weimar in Summa ungefähr
18000 Mann Infanterie, 3000 Pferde und 48 Geschütze für
Operationen im offenen Felde zu seiner Disposition, wenn wir
von den englischen Truppen, 8000 Mann und 1500 Pferde stark,
als ihren Separat-Zweck, Antwerpen und Bergen-op-Zoom einzuschließen und unausgesetzt im Auge zu behalten, sowie von den
unter dem sächsischen General v. Gablenz bei Antwerpen vereinigten
6000 Mann sächsischer und preußischer Truppen, hier augenblicklich absehen wollen.

Seitens des 3. deutschen Armee-Corps wurde die Hauptverstär-
kung durch die Thüringer Division und die Truppen des Generals
v. Thielemann noch erwartet.

37. Uebergabe von Gorkum am 20. Februar.

Mittlerweile war der Termin herangerückt, an welchem die
Festung Gorkum den Preußen übergeben werden sollte. Der Kom-

mandeur des 3. Oſtpreußiſchen Landwehr=Inf.=Regiments, Major
Graf Klinckowſtröm, führte in Abweſenheit des Generals v. Zie=
linsky das Kommando über die Einſchließungstruppen, welche zur
Zeit nur noch aus dem genannten Regimente, dem Jäger=Bataillon
Reiche, einigen Eskadrons preußiſcher Cavallerie und 1 Regi=
mente Holländer beſtanden.

Am 19. Februar wurde der Kpt. v. Zieten als Militair=Kom=
miſſarius mit 2 Ärzten nach der Feſtung geſchickt, um die von
dem franzöſchen Gouverneur, Grafen Rampon, für völlig invalide
angegebenen Militairs zu unterſuchen, ob ſie im Stande ſeien,
den Marſch nach Preußen auszuhalten, oder ob es angemeſſen
ſei, ſie auf Ehrenwort nach ihrem Vaterlande zu entlaſſen.

Am 20. um 10 Uhr Morgens ſtreckte die Beſatzung: 105 Offi=
ciere und 2400 Mann, auf dem Glacis, unweit der Chauſſee
nach Utrecht, das Gewehr, und wurde ſogleich nach dem rechten
Ober=Ufer in Marſch geſetzt. Der General Rampon mit 15 Offi=
cieren ſeines Stabes bildeten die erſte Colonne, ſämmtliche übri=
gen Officiere die zweite, welche der Kpt. v. Zieten transportirte;
die dritte, vierte und fünfte beſtand aus den Chargirten und Ge=
meinen, von 3 Kapitains und den Lieutenants Stumpff und
Klebs II des 3. Oſtpr. Lbw.=Rgts. geführt, welche nebſt den Es=
kortirungs=Mannſchaften die Gefangenen bis Preußiſch=Minden
zu begleiten und ſie dort zum Weiter=Transport abzuliefern hatten.

Zur Übernahme der Geſchütze und Beſorgung ſämmtlicher Ar=
tillerie=Angelegenheiten beſtimmte der General v. Holtzendorff den
Artillerie=Lieutenant Liebermann v. Sonnenberg.

Nach dem Abmarſche jener Colonnen hielten die Preußen unter
allgemeinem Vivatrufen der Einwohner und dem Geläute aller
Glocken ihren feierlichen Einzug in die Feſtung.

Da wir das 3. Oſtpr. Landw.=Inf.=Regt. noch ferner in den Nie=
derlanden, und zwar ſtatt bisher in 4, nur in 3 Bataillonen for=
mirt, begegnen, ſo ſei hier erwähnt, daß der inzwiſchen eingegangene
Befehl des Königs, die Landwehr=Regimenter in 3 Feld= und 1
Reſerve=Bataillon umzugeſtalten, bei genanntem Regimente hier

in Gorkum zur Ausführung kam. Das 3. Bataillon — früher Major Friccius, jetzt v. Burgsdorf — obgleich eins der bravsten der Armee, wurde, da es durch seine Verluste das schwächste war, in das 1. Bataillon einrangirt. Das Reserve=Bataillon wurde in der Heimath errichtet.

Am 27. Februar gingen die preußischen Truppen zu ihren weiteren Bestimmungen zur Armee ab. Das mehrgenannte Land= wehr=Regiment des Major Graf Klinkowström passirte zwischen Hartinsfeld und Giessendamm die Waal, ging über Heusden, Tilburg den 1. März nach Turnhout und den 5. durch Brüssel, wo wir es später wiederfinden werden. —

36. Aufgabe des Herzogs von Weimar, Aufstellung seiner Truppen. Kleinere Unternehmungen Geismar's, Bychalow's und Hellwig's.

Die Lage des Herzogs von Weimar war im Ganzen genommen keine beneidenswerthe. Zwischen Antwerpen, Ostende, Nieuwport, Dünkirchen, Ypern, Lille, Condé, Valenciennes, Maubeuge, Philippeville, und Maestricht eingepfercht, hatte er die Aufgabe, nicht allein den Besitz des Landes, sondern auch die Verbindung mit der schlesischen Armee zu sichern. Jene Festungen waren aber nach Bedürfniß, Antwerpen sogar stark besetzt (in Summa circa 30,000 Mann), und außerdem verfügte General Maison über eine Truppenzahl von circa 10,000 Mann Infanterie unter den Gene= ralen des Essarts, Castex, Barrois und Solignac und über 2000 Mann Cavallerie, welche jeden Moment durch die Garnison der eben nicht bedrohten Plätze verstärkt werden konnten. Zu schwach, am linken Ufer der Lys und der Schelde eine ausreichende Streit= macht aufzustellen, mußte der Herzog immer auf freie Bewegung zwischen Antwerpen und Lille Bedacht nehmen, ohne die mindeste Aussicht auf bemerkenswerthe Erfolge zu haben. Um indeß gegen irgend welchen plötzlichen Schlag Seitens des Feindes in Bereit= schaft zu sein, gab er seinen Truppen zur Zeit des 20. Februar folgende Aufstellung:

In und um Mons: der Generalmajor v. Ryssel mit
3 Bataillonen Sächsischer Infanterie;
1 Bataillon Preußischer Infanterie (Füsilier-Bataillon des 2.
Reserve-Infanterie-Rgts.);
3 Eskadrons Sächsischer Küraßiere;
2 ib,   des Pommerschen Husaren-Rgts.;
1 reitenden Sächsischen Batterie à 6 Geschützen.

In und um Tournay; Generallieutenant v. Borstell mit
9 Bataillonen Preußischer Infanterie;
7 Eskadrons ib,   Ulanen und National-Capallerie;
½ — 12pfündigen Preußischen Batterie Nr. 5 (Conrady):
der 6pfündigen Preußischen Batterie Nr. 10 (Magenhöfer);
der Preußischen reitenden Batterie Nr. 11 (Borchardt);
der ⅓ Sächsischen 12pfündigen Batterie Nr. 1 (Rouvroy);
einem Detaschement Sächsischer Sappeure.

Zur Reserve dieser beiden Posten; der Generallieutenant v. Lecoq in Leuze mit
4 Bataillonen Sächsischer Infanterie;
der ⅓ Sächsischen 12pfünder Batterie Nr. 1;
der Sächsischen 6pfündigen Fuß-Batterie Nr. 1;
2 Eskadrons des Pommerschen Husaren-Regiments unter
Major v. Arnim.

Das Streifcorps des Majors v. Hellwig sicherte, in Courtray
stehend, die rechte Flanke und beobachtete Lille, Ypern und Ostende,
besetzte Menin als Vorposten und patrouillirte gegen die Straße
von Tournay nach Lille.

Außerdem war das Kosaken-Regiment des Obersten Bychalow
in Gent postirt, um nach Ostende, Sas van Gent und Antwerpen
zu streifen.

Das Hauptquartier des Herzogs befand sich größtentheils in
Ath und wurde durch das Bataillon Sächsischer Garde und 2
Schwadronen Sächsischer Husaren gedeckt.

Um zugleich einen Blick auf die momentane Sachlage bei Antwerpen zu werfen, sei erwähnt, daß das Blokade-Corps daselbst

13

unter dem Generalmajor v. Gablenz aus folgenden Truppen be=
stand:

1 Bataillon Jäger,
2 Bataillonen leichter Infant. des 1. Regiments,
2 Eskadrons Ulanen,   } Sachsen.
1 reitenden Batterie (Nr. 2),

3 Bataillonen des Elb=Inf.=Regiments,
2 Eskadrons des Brandenburgischen Dragoner=   } Preußen.
   Regiments,

Sie hielten Verbindungsposten unter sich vom linken Flügel zu
Maelhem und Duffel an der Nethe über Contich, Bokhout, Broe=
chem, Herenthals, Santhoven nach Westmallen, welcher letzte
Posten mit dem ersten in Brecht stehenden der Engländer com=
municirte.

Als Garnison in Brüssel, welche wichtige Stadt man unter
allen Umständen behaupten mußte, wurde das Bataillon Weimar=
Füsiliere, welches zu dem Zweck kürzlich vom Antwerpener Blo=
kade=Corps zurückgezogen worden, verwendet.

Der Herzog von Weimar nahm die Posten von Mons und
Tournay als seine Hauptstützpunkte an, und ließ deren Haupt=
wälle, welche noch aus früherer Zeit bestanden, in Mons unter
dem sächsischen Artillerie=Hauptmann v. Birnbaum, Kommandeur der
1. reitenden Batterie, zu Tournay unter dem Hauptmann Plöb=
terll vom Generalstabe, durch Schanzarbeiter so viel als möglich
sturmfrei herstellen; etablirte zwei große Lazarethe in Breda und
Loeven, ein Laboratorium unter Premierlieutenant v. Hanmann
in Breda. Auf größere Unternehmungen noch verzichtend, da die
erwarteten Verstärkungen immer noch nicht eintrafen, beschäftigte
er den Feind durch unternehmende Partheigänger, sicherte auf
diese Weise zugleich seine rechte Flanke und störte die Verbindung
auf der französischen Operationslinie.

Einer der glücklichsten und umsichtigsten dieser Partheigänger
war der russische Oberst v. Geismar, Adjutant des Herzogs von
Weimar, der mit 1 Eskabron Ulanen und 1 Eskabron Husaren in

der Stärke von 200 Pferden, nebst dem bonischen Kosaken-Regimente Szerni-Subow, das gegen 540 Pferde zählte, ein Streifcorps bildete, welches, in Ath vereinigt, am 15. Februar über Renaix nach Courtray ging, dessen Schlüssel man ihm bei seinem Erscheinen überreichte. Hierdurch war dem rechten Flügel der Alliirten ein Anhalt gewonnen, weshalb auch die Besetzung Courtray's durch das Streifcorps Hellwig's sogleich erfolgte. Bei seinem weiteren Vorgehen fand Geismar Menin zu stark besetzt, um es angreifen zu können. Er ging deshalb am 16. zwischen Lille und Ypern hindurch nach Messines. Den 17. überfiel er Bailleul, warf die circa 100 Mann starke Besatzung und machte Gefangene. Hierauf faßte er den Entschluß, das Städtchen Cassel, das auf der Kuppe eines Hügels liegt, zu nehmen. 400 Mann feindlicher Infanterie wurden vor der Stadt angegriffen, doch gelang es nicht, sie gänzlich abzuschneiden. Die Spitze seiner Ulanen brang dessenungeachtet kühn vor, erhielt jedoch bei einer plötzlichen Wendung der Straße auf geringer Schußweite ein wirksames Feuer aus dem barrikabirten Eingange des Städtchens, wodurch mehrere Officiere und Soldaten verwundet und der brave Major v. Berge von den Sächsischen Ulanen getödtet wurde. Auch nachdem nun die Husaren und ein Theil der Kosaken absaßen und das Gefecht mit dem Karabiner führten, gelang es doch nicht, sich in den Besitz des Ortes zu setzen. Während der Nacht, als sich der Oberst v. Geismar bereits abgezogen, verließ jedoch der Feind Cassel, wahrscheinlich um einem erneueten Angriff auszuweichen. Der sächsische Volontair Major Graf Pückler besetzte hierauf am 18. den Ort mit 100 Husaren.

Am 19. Februar ging Oberst v. Geismar zwischen Aire und St. Venant über die Lys, überfiel St. Pol, entwaffnete 300 Mann, befreiete überall Gefangene und zerstörte die Telegraphen. Den 20. Februar überfiel er das Städtchen Doulens und nahm einen großen Theil der Besatzung der Citadelle gefangen. Auch scheuete er sich nicht, am folgenden Tage einer von Arras zum Entsatz anrückenden Colonne von 1000 Mann Infanterie und 1

Eskabron Husaren mit seinem Kosaken-Regiment und 1 Eskabron Sächsischer Cavallerie entgegen zu gehen, dieselbe unvermuthet zu überfallen und ihr 20 Gefangene abzunehmen. Die Citadelle von Doulens, die er währenddeß eingeschlossen hielt, ergab sich am 23., wodurch dem Streifcorps eine große Beute an Munition und Waffen zufiel und 100 englische und spanische Kriegsgefangene befreit wurden. Als aus Arras abermals feindliche Truppen vorbrachen, diesmal durch 400 Mann und 2 Eskabrons aus Amiens unterstützt, fiel der Oberst v. Geismar denselben unvermuthet in den Rücken und nöthigte sie zum Rückzuge. Die eroberte Citadelle von Doulens erhielt nunmehr eine Besatzung aus gefangenen Spaniern, welche sie indeß auf die Dauer nicht zu behaupten vermochten.

Zu derselben Zeit, in der der Oberst v. Geismar seine Streifzüge bis an die Somme ausdehnte, zeigte sich auch der Oberst Bychalow mit seinem Kosaken-Regiment in Gent thätig. Er hatte den Zustand des an der Mündung des Kanals unterhalb Gent nicht weit vom Meeresufer liegenden Forts Sas van Gent erforscht, das noch mit 300 Mann französischer Infanterie besetzt war, und wagte am 21. Februar einen unerwarteten Angriff. Er ließ den größten Theil seiner Kosaken absitzen und das Fort von mehreren Seiten ersteigen. Die Besatzung kapitulirte und wurde nebst 3 erbeuteten Kanonen in das Hauptquartier des Herzogs abgeführt. Das Fort wurde durch .ein schwaches Detaschement Kosaken besetzt und durch die Franzosen nicht wieder angegriffen. Der 80jährige aber noch immer lebensfrische Oberst Bychalow erhielt für diese That auf sein Bitten und auf Empfehlung des Herzogs vom Könige von Preußen den rothen Adler-Orden.

Auf dem äußersten rechten Flügel rückte der Major v. Hellwig am 23. Februar aus der Gegend von Courtray nach Menin vor. Die flandrischen Bürger von Ypern hatten bei verschiedenen Gelegenheiten eine für die Alliirten günstige Stimmung geäußert, von der sich der Major v. Hellwig den besten Erfolg versprach. Der Platz war kaum mehr eine Festung zu nennen, hatte 550

Mann und einige Kanonen Besatzung, und der General v. Borstell trug selbst beim Herzoge darauf an, den Major v. Hellwig bei dem Unternehmen mit 2 Bataillonen und 4 Geschützen unterstützen zu dürfen.

Major v. Hellwig ließ Pikets gegen Lille in Menin und Courtray zurück und brach am 23. mit seinem Corps und der erhaltenen Verstärkung gegen Ypern auf, stellte unter Bedeckung eines Bataillons die beiden Haubitzen der 6pfündigen Preußischen Batterie Nr. 10 unter Lieutenant Pahlke bei der Mühle von Puitheest auf und bewarf die Stadt mit Granaten. Der Feind antwortete aus 8 schweren Geschützen und. wies den Parlamentair unter Drohung von Flintenschüssen zurück. Die Bürger thaten nichts zur Unterstützung des Unternehmens, wahrscheinlich weil sie noch unter dem Eindrucke der am Vormittage stattgehabten Anwesenheit des Generals Maison und dessen in der Nähe postirten Truppenzahl von 1000 Mann standen.

Hellwig zog sich deshalb mit einbrechender Dunkelheit unbemerkt nach Menin wieder zurück und hatte nur den Verlust eines braven Officiers seiner freiwilligen Jäger zu Fuß, des Lieutenants v. Zawadski, zu beklagen, der beim Vorgehen durch eine Kanonenkugel getödtet wurde.

Das bei Menin zurückgelassene Piket war am Morgen bei dem Abbrechen einer Brücke von einem Trupp feindlicher Cavallerie überrascht worden und verlor 3 Mann und 5 Pferde.

Die Besitznahme von Ypern war noch nicht aufgegeben, und der General v. Borstell ließ deshalb die Verstärkung Hellwig's von 2 Bataillonen und 4 Geschützen unter dessen Kommando bei Courtray stehen.

Nach Brügge wurden zwei unternehmende Officiere mit 70 Pferden des Pommerschen Husaren-Regiments abgesandt, um bei dem dort herrschenden guten Geiste zur allgemeinen Bewaffnung des Landvolks aufzumuntern. Zur Steigerung des ausgesprochenen Enthusiasmus begleitete der Major Graf Pückler, Adjutant des Herzogs, das Detaschement.

In Mons war inzwischen schon am 22. Februar auf der Straße
über Avesnes ein Transport der bei Soissons gemachten Kriegsgefangenen, bestehend aus dem General Longchamp, 1 Oberst,
85 Officieren und 2115 Unterofficieren und Soldaten eingetroffen,
und am 27. Februar über Braine le Comte nach Brüssel weiter
spedirt.

36. Recognoscirung von Maubeuge und Condé.

Die schon seit längerer Zeit vom Herzoge beabsichtigte Recognoscirung von Maubeuge wurde nun zur Ausführung gebracht und dem
in Mons zunächst stehenden General v. Ryssel übertragen. Zu gleicher
Zeit sollte Generallieutenant v. Lecoq zur Theilung der Aufmerksamkeit des Feindes mit den bei Ath und Leuze stehenden Reserven
eine Demonstration vor Condé machen, vielleicht auch Kenntniß
über die in und vor diesem Platze herrschenden Zustände nehmen.
Maubeuge war der wichtigste Punkt auf der Operationslinie der
alliirten Heere von den Niederlanden aus in das innere Frankreich, und die mögliche Besitznahme dieses Platzes würde von
größester Wichtigkeit gewesen sein.

Der Generalmajor v. Ryssel traf mit seinen Truppen am 24.
Februar Abends in der Umgegend von Maubeuge ein und rückte
am 25. in 3 Colonnen bis nahe gegen die Festungswerke vor. Die
Besatzung eröffnete ein lebhaftes Geschützfeuer, welches jedoch den
größtentheils gedeckt stehenden Truppen keine bedeutenden Verluste
zufügte. Der General v. Ryssel, unter Zustimmung des Artillerie-
Kommandeurs, Oberst-Lieutenants Raabe, und des Chefs des Generalquartiermeisterstabes, Oberst Aster, gewann die Überzeugung, daß die Eroberung des Platzes ohne Errichtung von Bela-
gerungs-Batterien unausführbar sei, und so kehrte die Expedition,
da auch der Herzog vergeblich erwartet worden, noch an demselben
Abende wieder in ihre vorherigen Aufstellungen zurück.

Bei der gleichzeitigen Recognoscirung von Condé durch Lecoq
kam es zu einem lebhaften Gefechte. Durch 4000 Mann aus Valenciennes verstärkt, waren die Franzosen dem aus 4 Bataillonen,

8 Geschützen und 1 Eskadron bestehenden Recognoscirungs-Deta-
schement überlegen und rückten demselben außerhalb der Festung
entgegen. Lecoq behauptete sich jedoch bis zum 25. Abends. Es
gelang ihm, unter dem Vorwande, einen Parlamentair an den
Kommandanten, Brigade-General Travert, zu senden, sich der
Werke zu nähern und, soweit der Gesichtskreis reichte, sie zu erforschen. Schon der flüchtige Augenschein lehrte, daß die Eroberung
dieses kleinen aber festen Platzes ohne förmliche Belagerung noch
unzulässiger war als die von Maubeuge, da fast zwei Dritttheile
seiner Umgebungen auf Kanonenschußweite durch Überschwem-
mungen unzugänglich waren, auf dem andern Drittheil aber, wie
er in Erfahrung brachte, starke Minensysteme der Annäherung
große Schwierigkeiten entgegensetzen mußten.

Es kam noch am 25. wiederholt zum Gefecht, an dem sich auch
die von dem General v. Borstell nach Condé ausgesandte Verbin-
dungs-Patrouille von 100 Mann Infanterie und 1 Eskadron des
Pommerschen National-Cavallerie-Regiments betheiligte. Mit Einbruch der Dunkelheit brach Lecoq das Gefecht ab und nahm die
Quartiere der letzten Nacht wieder ein. Seine Truppen hatten
sich sehr brav gehalten.

Am 25. hielt auch der Herzog von Weimar in Begleitung des
englischen Herzogs v. Clarence eine Musterung der preußischen
Truppen in Tournay ab.

37. Vor Antwerpen.

Zu dem Beobachtungs-Corps von Antwerpen zurückkehrend,
finden wir, daß der englische Generallieutenant Graham und der
sächsische General v. Gablenz mehrere Male gegen Recognoscirungen und Ausfälle des Gouverneurs Carnot auf ihrer Hut sein
mußten.

Schon am 11. Februar früh 8 Uhr fiel eine Abtheilung gegen
Mortsel aus, ward indeß nach kurzem Gewehrfeuer wieder zu-
rückgewiesen. Am 23. früh 9 Uhr wurde der Kommandant der
Vorposten, Oberst v. Riesemeuschel, durch einen Ausfall angegrif-

fen, der mit 300 Mann Infanterie und 100 Pferden auf der Hauptstraße gegen Lier bis Mortsel vorging und vielleicht zur Deckung seiner eigenen linken Flanke, vielleicht auch mit dem Versuche, die Vorposten von ihrem Repli abzuschneiden, eine Ab= theilung entsandte. Die Wachsamkeit der Vorposten verhinderte die Ausführung. Es entspann sich ein Tirailleurgefecht, in welchem der Feind zurückging.

Der stärkste und erfolgreichste Ausfall aber fand am 27. Februar statt. Mit 4 Bataillonen und 2 Kanonen versuchte die Besatzung in der Morgendämmerung Boolhout zu überfallen, und obschon bei der sehr durchschnittenen Bodencultur es ihm gelang, mit 1 Bataillone von rückwärts her in den Ort einzubringen, so waren doch die Truppen des Oberst v. Niesemeutschel, die sich trefflich hielten, im Stande, den Angriff zu vereiteln. Seine Geschütze hatte der Feind in Mortsel gelassen, und so gelang es dem Major v. Beeten, sämmtliche allarmirte Vorposten auf die Replis zu= rückzuziehen, durch den kaltblütigen Widerstand der Jäger und Schützen unter dem Lieutenant Freyer aber dem Angriffe so lange die Spitze zu bieten, bis die Posten von Contich, Edeghem und Boolhout herbeleilen und die feindliche linke Flanke attakiren konnten. Um 8 Uhr wendete sich der Feind zum Rückzuge, plünderte im Vorbeigehen den an der Chaussee bei Boolhout liegenden Gasthof, erlitt aber durch die ihn verfolgenden Ulanen noch einige Verluste an Todten, Verwundeten und Pferden. Ein zu gleicher Zeit ausge= führter Scheinangriff auf Edeghem wurde durch den von Duffel herbeeilenden Posten des Oberstlieutenants v. Reuß zurückgewiesen. Als der auf den Allarm von Lier mit 1 Bataillon des 1. leichten Sächsischen Infanterie = Regiments, ½ Eskadron Ulanen und 2 reitenden Geschützen herbeikommende General v. Gablenz anlangte, war das Gefecht bereits glücklich beendet.

. Seitdem der Herzog von Weimar das Blokade=Corps um 2 leichte Bataillone und 1 reitende Batterie geschwächt, war die Lage des Generals v. Gablenz der starken Besatzung Antwerpens gegenüber keine beneidenswerthe. Sein Detaschement zählte nur

noch 6 schwache Bataillone und 4 Eskadrons. Auf einer so ausgedehnten Basis mußten die Kräfte der Truppen auf's Höchste
angespannt werden. Es war immer die Hälfte auf Vorposten und
fast täglich fanden Allarmirungen und kleine Gefechte statt. Auf
die Hülfe der Engländer konnte er gar nicht rechnen; sie brauchten
48 Stunden, um zur Stelle zu sein, und bei dem flüchtigen Charakter der Ausfälle kamen sie mithin außer Betracht. Außerdem
standen den Franzosen alle Hülfsmittel, welche der Schelde-Strom
gewährte, zu Gebote und ihre prompte Bedienung durch Spione
ließ sie niemals in die Falle gerathen, die Oberst v. Niesemenschel
ihnen häufig legte. Eine Folge dieses Mißverhältnisses war, daß
der General Graham sein Hauptquartier von Gr. Zundert nach
Calmphout verlegte und die Besetzung von Westmallen, Halle und
Santhoven übernahm. Gablenz konnte sich nun besser concentriren, seine Vorposten verstärken, ein permanentes Patrouillen-
System einrichten und sein Hauptquartier etwas weiter rückwärts
nach Duffel verlegen. Alle Fahrzeuge der Schelde und der Rupel,
deren er sich bemächtigte, ließ er in den Kanal von Brüssel in
Sicherheit bringen und durch den Posten von Villebroek streng
bewachen.

Auf feindlicher Seite schien sich jetzt ein ernsteres Unternehmen vorzubereiten. Dem General Maison ging nämlich
die bestimmte Weisung Napoleon's zu, einen Theil der Besatzung Antwerpen's, nämlich die Division Roguet, 6—7000
Mann stark, an sich zu ziehen. Diese Truppen waren, da ein
ernster Angriff auf den Platz aufgegeben war, dort überflüssig
und konnten daher vom General Maison auf eine wirksamere
Weise gegen die Operationslinie der in das Innere von Frankreich vorgerückten Corps verwendet werden. Um die Herausziehung
der Division Roguet aus Antwerpen und ihr Aufbrechen nach
Gent nun leichter bewirken zu können, hatte Maison die Besatzungen von Valenciennes und Condé mit einer Demonstration
gegen Tournay beauftragt. Das bereits erwähnte Gefecht bei
Condé war die Folge davon. Auch der Major v. Hellwig wurde

am 25. aus Menin verdrängt und mußte am 26., trotz der ihm von Vorstell gelassenen Verstärkung, der feindlichen Uebermacht gegenüber auch Courtray aufgeben und sich nach Oudenarde zurückziehen, wo sich der Feind zu wiederholten Malen mit starken Patrouillen zeigte.

General v. Vorstell, durch diese Vorgänge selbst für Tournay besorgt gemacht, wo ihm, nach Abgang der auf Vorposten gegen die feindlichen Festungen stehenden 3 Bataillone, als Besatzung dieses Platzes nur noch 4 Bataillone zur Verfügung standen, forderte deshalb eine Verstärkung derselben durch Rechtsziehen der Reserve, nöthigenfalls durch Nachschub von Mons. Bei der ernsten Lage der Dinge wurde sein Ansuchen sofort gewährt. Die halbe Sächsische 12pfünder Batterie Nr. 1 und das 1. Grenadier-Bataillon rückten deshalb am 28. in Leuze ein. Die beiden Husaren-Eskadrons unter dem Oberst Fürst v. Schönburg gingen von Ath nach Beloeil und Bury, das 2. und 3. Grenadier-Bataillon nebst 6 Geschützen der Sächsischen 6pfündigen Fuß-Batterie Nr. 1 wurden an die Befehle des Generals v. Vorstell nach Tournay gewiesen.

38. Eintreffen des ersten Nachschubes des 3. deutschen Armee-Corps.

Sehr rechtzeitig ging dem Herzoge von Weimar eine nicht unbedeutende Verstärkung in der Thüringisch-Anhaltischen Division seines Armee-Corps zu, die unter den Befehlen des Kaiserlich-Russischen Generalmajors Prinz Paul von Würtemberg am 25. Februar in Brüssel eintraf. Sie hatte zwar noch nicht ganz die Stärke, wie solche vorn in der Ordre be Bataille angegeben ist, zählte indeß 3400 Mann Infanterie und 60 Pferde. Sie war in folgender Art formirt:

Divisionair: Generalmajor Prinz Paul von Würtemberg.

Chef des Stabes: v. Koppenfels, Major im Sächsischen Generalstabe.

Brigadier: v. Egloffstein, herzoglich Weimarischer Obrist der Infanterie.

Infanterie:

3 Lin.-Bat: 1 Bat. Gotha (Oberst Münch);
    1 „ Anhalt-Bernburg(Maj. v. Sonnenberg);
    1 „ Schwarzburg (Major Blumröber).
2 Landw. Bat. 1 Bat. Weimar (Major v. Wolfskeel);
    1 „ Gotha (Major v. Kirchbach);
2 Compagnien freiwilliger Jäger zu Fuß Weimar und
Gotha (Major v. Seebach).

Kavallerie:

1 Eskadron freiwilliger Jäger zu Pferde Weimar und
Gotha (Rittmeister v. Werthern).

Mit Artillerie war diese Division bei der Ausrüstung nicht bedacht worden. Da aber der General v. Bülow dem Herzoge von Weimar mehrere eroberte und in Arnheim zurückgelassene französische 6pfünder angeboten hatte, so erhielt der Oberstlieutenant Raabe die Weisung, aus 3 dieser 6pfünder ohne Verzug eine halbe Fuß-Batterie zu bilden. Dieser zog die erforderliche Bedienungs-Mannschaft und die Bespannung aus sämmtlichen sächsischen Batterien und dem mobilen Park, und erhielt dafür den Ersatz, für erstere durch kommandirte Zimmerleute und Mannschaften von der Infanterie, für letztere durch die für den Dienst des Armee-Corps in Brüssel gelieferten Pferde. Das Kommando dieser halben Fußbatterie erhielt der Premierlieutenant Hirsch, und da er um diese Zeit die Organisation derselben in Brüssel beendet hatte, so wurde sie alsbald in die Linie gezogen und, obschon anfänglich für den Posten in Mons bestimmt, jetzt der Thüringischen Division zugewiesen.

Da die offensiven Bewegungen des Feindes möglicher Weise auch auf eine Annäherung an Antwerpen, sowie auf die Bedrohung Brüssel's gerichtet sein konnten, so wurde die Thüringische Division vorläufig in Brüssel belassen. Sie sollte von dort erforderlichen Falls zur Beobachtung von Gent und Antwerpen nach Aloft und Dendermonde vorgeschoben werden. Das bisher in Brüssel gestandene Füsilier-Bataillon Weimar wurde als ein Nach-

ſchub für die gegen Tournay vorgerückten Reſerven nach Enghien
dirigirt.

39. Unternehmung gegen Courtray.

Jetzt war der General v. Borſtell in den Stand geſetzt, etwas
Ernſtliches gegen den in Courtray ſich hartnäckig behauptenden
Feind zu unternehmen. Er theilte dem Oberſten v. Hobe am 1.
März eine aus Preußen und Sachſen combinirte Abtheilung von
5 Bataillonen, 3 Esfadrons und 10 Geſchützen zu, mit der er von
Tournay aus auf den Feind losgehen ſollte, während der Major
v. Hellwig mit ſeinem Streifcorps dies von Oudenarde her zu
bewerkſtelligen hatte.

Ehe indeß noch der Abmarſch Hobe's erfolgt war, fiel der General Maiſon von Lille her mit 3—4000 Mann, 1200 Pferden
und 4 Geſchützen, in 2 Colonnen über Bouvines gegen Bourghelles, Baiſieuz und Camphin vorgehend, auf die Vorpoſten des
Generals v. Borſtell und verwickelte ſie in ein lebhaftes Cavallerie-
Gefecht. Der Lieutenant Tiszka an der Spitze einer Esfadron des
Weſtpreußiſchen Ulanen-Regiments ging dem überlegenen Feinde
beherzt entgegen, ſo daß die in Bourghelles geſtandenen 2 Compagnien ſich ohne Verluſt auf Froidemont zurückziehen konnten,
warf eine in ſeiner Front ſtehende feindliche Lancier-Esfadron,
ſah ſich durch andere abgeſchnitten, ſchlug ſich aber, ſich rückwärts
wendend, durch den geſprengten Feind hindurch und erreichte ſo,
nach einem Verluſte von 3 Mann und 5 Pferden, glücklich die
zu ſeiner Aufnahme herbeieilende 1. Esfadron ſeines Regiments.
Die Höhe von Marquain ſo wie die von Froidemont waren durch
je 1 Bataillon, Lamain durch Tirailleure beſetzt. Der dieſe Truppen kommandirende Major v. Bayer ging mit ſeiner Cavallerie
und einem reitenden Geſchütze mit ſolchem Erfolge vor, daß der
Feind die beſetzten Dörfer Bourghelles und Camphin gegen 2 Uhr
verließ und zurückging.

General v. Borſtell ſah ſich in Folge dieſes brüsken Angriffs
veranlaßt, eine Verſtärkung um 1 Esfadron zu beantragen. Es

wurde hierzu bie in Bury ſtehende Eskabron Huſaren beorbert unb Vorſtell verwenbete ſie zur Communication mit ber Expedition bes Oberſt v. Hobe nach Warcoing.

Nach ber glücklichen Abwehr bieſes Angriffs konnte nunmehr ber Aufbruch Hobe's gegen Courtray am 2. März früh ſtattfinben.

Um jeboch für jeben Fall geſichert zu ſein, ließ ber Kommanbirenbe an bemſelben Tage ben Prinzen Paul von Würtemberg mit bem Linien=Bataillon Schwarzburg, bem Linien=Bataillon Gotha, 2 Compagnien freiwilliger Jäger Weimar unb Gotha unb 1 Eskabron bes Branbenburgiſchen Dragoner=Regiments auf ben Poſten nach Denbermonbe unb ben Oberſt v. Egloffſtein mit ben beiben Linien=Bataillonen Bernburg unb Weimar nach Aloſt aufbrechen, währenb Brüſſel burch bie beiben Lanbwehr=Bataillone Weimar unb Gotha unb 1 Eskabron freiwilliger Jäger beſetzt blieb. Der Oberſt v. Egloffſtein wurde ferner burch 2 reitenbe Kanonen, welche ber General v. Gablenz von Mecheln nach Denbermonbe betaſchiren mußte, verſtärkt.

Auf bem Renbezvous bei Ramegnies traf ber Oberſt v. Hobe folgenbe Eintheilung ſeiner Truppen :

Avantgarbe: Major v. Romberg.

   Das Pommerſche Grenabier=Bataillon;

   1 Bataillon bes 2. Kurmärkiſchen Lanbw.=Inf.=Regiments;

   2 Kanonen ber reitenben Batterie Nr. 11 (Lieut. Vorcharbt);

   60 Huſaren bes Hellwig'ſchen Corps, welche ben beiben von Oubenarbe hergeführten Haubitzen ber reitenben Batterie Nr. 11 als Eskorte gebient hatten.

Groß:

   2 Bataillone bes Preußiſchen 2. Reſerve=Infanterie=Regiments, welche von Oubenarbe her zu ihm ſtießen;

   1 Bataillon (II.) bes Sächſiſchen Grenabier=Regiments;

   2 Eskabrons bes Pommerſchen National=Cavallerie=Regts.;

   1 Eskabron bes Weſtpreußiſchen Ulanen=Regiments;

   2 Haubitzen ber reitenben Batterie Nr. 11;

   6 Geſchütze ber Sächſiſchen 6pfünber Fuß=Batterie Nr. 1.

Hinter Cocghem stieß die Avantgarde auf feindliche Feldwachen, gegen welche der Lieutenant v. Grumbkow mit den Tirailleuren der 1. Grenadier-Compagnie vorging. Da aber der Feind zur Aufnahme seiner Vorstoßten 2 Bataillone auf der Chauffee entwickelte, so wurde der Kapitain v. Schönebeck mit der 3. und halben 2. Grenadier-Compagnie zur Unterstützung vorgeschickt und zugleich der Kapitain v. Beßel mit 3 Tirailleur-, 1 Jäger-Zuge und 20 Pferden unter Lieutenant v. Guretzki auf Belleghem entsendet, um dort den Feind zu vertreiben und auf seine rechte Flanke zu wirken. Die Verbindung hielt der Lieutenant Matthiaß mit einem Jägerzuge. Unter dem wirksamen Feuer des reitenden Kanonenzuges und von den vorgeschickten Truppen gedrängt, wich der Feind aus einer Stellung in die andere zurück.

Nachdem der Kapitain v. Beßel noch durch den Kapitain v. Tilly mit 2 Grenadier-Compagnien unterstützt worden, waren die Franzosen für ihre rechte Flanke besorgt und zogen sich eiligst nach den Vorstädten von Courtray ab.

Dies Gefecht mit den Vortruppen benutzte der Oberst v. Hobe, um, dadurch maskirt, mit dem Gros seines Detaschements rechts von der Straße gegen Sweweghem zu operiren. Er formirte eine neue Avantgarde unter dem sächsischen Major v. Bünau und ging auf das genannte Dorf los, das der Major Hellwig, von Oudenarde vorgehend, schon um 10 Uhr genommen und sich vorwärts auf der Straße von Courtray aufgestellt hatte, daselbst aber noch mit dem Feinde scharmuzirte. Ueber Sweweghem ging deshalb Hobe weiter nach Harlebeke. Hier fand er bereits 60 Kosaken des Oberst Bychalow, die im Verein mit 1 Eskadron Hellwig'scher Husaren den Ort schon um 12 Uhr Mittags überfallen und 20 Garde-Chasseure zu Gefangenen gemacht hatten. Es war gegen 3 Uhr, als Hobe hier ankam, Harlebeke mit dem Gros besetzte und den Major v. Bünau mit 1½ Bataillonen, 1 Eskadron und 2 Geschützen nach Cuerne zur Behauptung der Brücken über die Lys und die Heule detaschirte, durch welches Manöver er die Verbindung mit Brügge und die linke Flanke von Courtray selbst bedrohete.

Der Feind fühlte sich trotzdem stark genug, selbst zur Offensive überzugehen. Er brachte gleich Geschütze in's Gefecht und drängte mit großen Tirailleurschwärmen auf die Avantgarde Romberg's, der seine Stellung bei Belleghem aufgeben und Hobe folgen mußte. Dabei wurden seine 3 Tirailleurzüge unter Kapitain v. Bessel nebst den Hellwig'schen Husaren von ihm abgeschnitten und gezwungen, anfänglich auf Coeghem, dann sogar bis War= coing zurückzugehen, wo sie sich der dort als Repli stehenden Sächsischen Husaren=Eskadron anschlossen.

Als Major v. Romberg Eweweghem erreichte, fand er den Major v. Hellwig in's Dorf zurückgedrängt. Mit Unterstützung einiger zu ihm betaschirten Tirailleurzüge der Landwehr unter Kapitain v. Stülpnagel und etwa 100 Grenadieren unter Kapitain v. Wiersbitzki behauptete er sich darin. Romberg kam erst um 6 Uhr in Harlebeke an, Hellwig aber ging, da sich seine Fuß= Jäger zum zweiten Male verschossen hatten, bei Einbruch der Nacht mit seiner Haupttruppe bis Heestert zurück und besetzte Eweweghem nur mit einem Cavallerie=Piket, woselbst auch Oberst v. Hobe zur Deckung seiner linken Flanke während der Nacht 1 Compagnie Infanterie und 1 Eskadron aufstellte.

Noch Abends um 9 Uhr meldete Major v. Bünau aus Cuerne, daß der Feind in Courtray von Menin aus sich durch 3 Bataillone und 7 Kanonen verstärkt habe, in der Stadt sehr wachsam und unter den Waffen, sowie beschäftigt sei, die Thore zu barrikadiren. Auch die ernste Haltung, die der Feind am frühen Morgen des 3. März gegen die diesseitigen Patrouillen zeigte, das Preisgeben Eweweghem's Seitens des Majors v. Hellwig, die offene Ebene von circa 1000 Schritt Breite um die Stadt her, die einen ge= waltsamen Angriff auf dieselbe mindestens zu einem sehr blutigen gemacht haben würde, bewogen den Oberst v. Hobe, nicht mehr zu wagen, als was er mit Sicherheit vorher berechnen konnte. Deshalb zog er sich bald nach Tagesanbruch auf die große Straße nach Brügge zurück und ging über Thielt nach Deinze. Der Major v. Bünau führte die Arrieregarde. Der Feind folgte bis Cuerne, ohne den Rückzug weiter zu beunruhigen und besetzte Spreweghem. Der Major v. Hellwig ging von Heestert direct nach Oudenarde zurück.

Am 4. März besetzte Hobe mit dem Gros die letztgenannte Stadt und ließ Hellwig die Deckung der rechten Flanke in Deinze übernehmen.

An demselben Tage hatte der Herzog von Weimar sein Hauptquartier von Ath nach Tournay verlegt, wo er eine größere Truppenmasse concentrirte. Der Prinz Paul von Würtemberg ward mit den 3 Bataillonen Schwarzburg, Gotha und Anhalt-Bernburg der Anhalt-Thüringischen Division von Aloft und Denbermonde herangezogen. Ebenso rückte das Garde-Bataillon aus Ath nebst der von Mons in Leuze wieder eingetroffenen halben 12pfünder Batterie dahin ab. Auf den Posten von Aloft und Denbermonde rückte dagegen das 3. Ostpreußische Landwehr-Infanterie-Regiment unter dem Major Graf Klinckowström, welches, von Gorkum zurückkehrend, sich der Mitwirkung fügen mußte. Das Füsilier-Bataillon Weimar und die 2 Compagnien Weimarischer und Gothaer freiwilliger Jäger wurden an die Befehle des Generals v. Ryssel in Mons verwiesen.

40. v. Hobe von Maison in Oudenarde angegriffen. v. Schön's Recognoscirung gegen Courtray.

Unterdeß schritt der General Maison in der weiteren Ausführung seines Planes, einen Theil der Garnison von Antwerpen an sich zu ziehen, in der Art vor, daß er am 5. März gegen 7000 Mann Infanterie, 1000 Pferde nebst 25 Geschützen in Courtray vereinigte und den Gouverneur von Antwerpen, General Carnot, gleichzeitig aufforderte, durch einen großen Ausfall auf dem linken Ufer der Schelde in der Richtung auf Gent die Verbindung mit ihm aufzusuchen. Durch diese Bewegungen bezweckte Maison ferner, die Verbündeten für Brüssel besorgt zu machen und sie dadurch über den eigentlichen Zweck seiner Operationen zu täuschen. Während er mit seinem Gros von Courtray gerade auf Oudenarde losging, schickte er unter dem General Penne auf seiner linken Flanke, den Kosaken Bychalow's entgegen, ein Seitendetaschement von 5—600 Mann, welches auf der Straße von Deinze vorrücken, bei St. Eloyswynwe die Lys passiren und dann, sich rasch auf Gent wendend, diesen Ort überfallen und so lange besetzt halten sollte, bis die aus Antwerpen erwarteten Truppen eingetroffen sein würden.

Oudenarde, zu den älteren Städten Flanderns gehörend, ist nach Art derselben mit einer wohlerhaltenen Ringmauer und einem Graben, der von der Schelde gespeiset wird, innerhalb der Vorstädte umgeben. Der Oberst v. Hobe war fest entschlossen, diesen Platz auf das Äußerste zu vertheidigen.

Bereits am Vormittage des 5. März hatte er seine unter Maison's persönlicher Gegenwart angegriffenen Vorposten durch seine 3 Eskadrons aufnehmen lassen, auch das Bataillon des 2. Kurmärkischen Landwehr-Infanterie-Regiments mit 2 Kanonen der reitenden Batterie Nr. 11 unter Lieutenant Gülle auf dem Windmühlenberge vor der Vorstadt Beveren aufgestellt.

Als gegen 4 Uhr Nachmittags die feindlichen Colonnen in der Richtung von Avelghem auf der der Schelde parallel laufenden Chaussee gegen Oudenarde anrückten, rief Oberst v. Hobe seine sämmtlichen Truppen unter die Waffen.

Die Franzosen begannen den Angriff mit Entwickelung einer Batterie von 6 Geschützen gegen die auf dem Windmühlenberge in Position stehenden 2 Kanonen des Lieutenants Gülle, die dort ein lebhaftes Feuer unter- und aushielten. Nachdem jedoch der Verlust zu bedeutend geworden, zog der Oberst v. Hobe diese Geschütze sowie das Bataillon des 2. Kurmärkischen Landwehr-Infanterie-Regiments in die Vorstadt zurück, während er nunmehr über seine Truppen wie folgt disponirt hatte: der Major v. Mirbach stand mit dem Füsilier-Bataillon des 2. Reserve-Infanterie-Regiments und den 2 Haubitzen der reitenden Batterie Nr. 11 links vom Courtrayer Thore auf dem Windmühlenberge; rechts von diesem Thore waren 2 Compagnien des Sächsischen Grena-

14

vier=Bataillons und 2 Compagnien des Kurmärkischen Landwehr=
Bataillons, sowie 4 Geschütze der Sächsischen 6pfündigen Fuß=
Batterie Nr. 1 beordert. Am Courtrayer Thore selbst komman=
dirte der Major v. Bünau die 4 übrigen Compagnien der vorge=
nannten Bataillone, während der Major v. Hövel mit dem 2.
Bataillon des 2. Reserve=Infanterie=Regiments und den übrigen
2 Geschützen der vorerwähnten Sächsischen Fuß=Batterie das
St. Heinrichs=Thor besetzt hielt. Als Reserve stand hinter der
Schelde der Major v. Romberg mit dem Pommerschen Grenadier=
Bataillon und den 2 reitenden Geschützen des Lieutenants Gülle.
Davon standen die 1. Grenadier=Compagnie und einige Jäger
unter dem Kapitain v. Tilly am Wasserthore, 1 Compagnie unter
Kapitain v. Wiersbitzki am Thore nach Tournay, die übrigen
2 Compagnien an der Scheldebrücke.

Der Feind war nach diesseitigem Aufgeben der ersten Stellung
um mehrere hundert Schritte vorgerückt und beschoß die Stadt
aus seinen 6 Kanonen und dazu getretenen 4 Haubitzen. Die
links und rechts des Courtrayer Thores in Position stehenden 6
Geschütze des Vertheidigers nahmen die feindliche Batterie unter
wirksames Kartätschfeuer. Nach einem lebhaften Tiralleurgefechte
drangen feindliche Colonnen gegen das eben genannte Thor und
versuchten, dasselbe zu stürmen, wurden aber wiederholt durch die
Standhaftigkeit der Infanterie und die unerschütterliche Kaltblü=
tigkeit der Artillerie mit großem Verluste zurückgeschlagen.

Gegen 8 Uhr mußte der eingetretenen Finsterniß wegen dem
Gefechte ein Ende gemacht werden. General Maison gab den
weiteren Sturm auf, ließ indeß fortdauernd die Stadt mit Gra=
naten bewerfen, wodurch sich der heutige Gesammtverlust an
Todten und Verwundeten bis zu 70 Mann steigerte, auch der
Stadt ein namhafter Verlust an Häusern und Einwohnern zuge=
fügt wurde.

Der Feind hatte nicht alle seine Kräfte in's Feuer gebracht,
und der Oberst v. Hobe hatte gerechtes Bedenken, ob er, — zu=
mal wenn der Feind sich gegen das ungleich schwerer zu verthei=

bigenbe St. Heinrichs-Thor wenbete — einem erneuerten Sturme
nochmals mit Erfolg trotzen könnte. Herbeiziehung schleuniger
Hülfe wurde vergebens versucht; beshalb unb weil ber Feinb bie
obere Schelbe zu überschreiten unb bie Verbinbung mit Tournay zu
bebrohen anfing, auch bie Stellung ber biesseitigen Artillerie eine sehr
exponirte war, wurbe im Kriegsrathe ber Stabsofficiere beschlossen,
eine Aufstellung hinter ber Schelbe zu nehmen. Am 6. März,
Morgens 4 Uhr, wurden beshalb Geschütz unb Truppen aus ber
Stabt zurückgezogen unb hinter berselben auf ber Straße nach
Renaix aufgestellt; bie Avantgarbe behielt bie Stabt besetzt.

Beim Anbruch bes Tages melbeten bie Patrouillen inbeß ben
Abzug bes Feinbes aus seinem Bivouat, worauf ber Oberst
v. Hobe bie Barrikaben wegräumen unb seine sämmtliche Caval=
lerie zur Verfolgung bis Avelghem vorgehen ließ.

Der Verlust bes Feinbes war verhältnißmäßig sehr bebeutenb;
er begrub 70 Tobte, nahm 40 Wagen voll Leichtverwunbeter mit
sich, hinterließ 40 Mann Schwerverwunbete unb verlor bei ber
Verfolgung noch 24 Gefangene.

Der Lieutenant Gülle ber Preußischen reitenben Batterie Nr. 11,
sowie ber Hauptmann Rouvroy II. ber Sächsischen Cpfünber Fuß=
Batterie Nr. 1 hatten sich in biesem Gefecht besonbers ausge=
zeichnet unb wurben ber höchsten Belohnung empfohlen.

Sobalb im Hauptquartier bie Nachricht vom Angriff auf Oube=
narbe eingelaufen war, gab ber Herzog bem General v. Borstell ben
Befehl, bem Oberst v. Hobe sogleich burch eine starke Recognos=
cirung gegen Courtray Luft zu machen. Noch in ber Nacht er=
gingen bie weiteren Orbres zur Detaschirung nach Leuze unb Ath
unb gegen Courtray. Zu letzterer bestimmte ber General v. Vor=
stell ben Oberst v. Schon. Dieser brach am 6. früh 4 Uhr vom
Thor Septfontaines zu Tournay auf mit

    bem 1. unb Füsilier=Bataillon bes 1. Pommerschen Infante=
    rie=Regiments;

    bem 3. Bataillon bes Sächsischen Grenabier=Regiments;

    1 Cskabron Sächsischer Husaren;

der ½ Preußischen 6pfündigen Fuß-Batterie Nr. 10 (Rapi-
tain Magenhöfer).

Als Soutien für ihn ward der Prinz Paul von Würtemberg mit
2 Bataillonen Linien-Infanterie Schwarzburg und Bernburg;
1 Eskabron des Pommerschen National-Cavallerie-Regiments
und
der zweiten ½ Preußischen 6pfündigen Fuß-Batterie Nr. 10
in Warcoing aufgestellt.

Der Oberst v. Schon ging mit allen Vorsichtsmaßregeln gegen
Courtray vor. Erst in der Vorstadt traf man auf Franzosen, die
von der Spitze der diesseitigen Avantgarde verjagt wurden. Der
Rittmeister v. Seebach brang aus ruhmvollem eigenem Triebe
mit 3 Husaren in die Stadt ein, um zu recognosciren, was an
Truppen darin sei. Auf dem Marktplatze erhielt er Infanterie-
feuer.

Der Oberst v. Schon hatte weder die Aufgabe, Courtray zu
nehmen, noch war er stark genug, dem General Maison den Rückzug nach diesem Orte zu verlegen. Er sollte nur dem Feinde für
seine Rückzugslinie Besorgnisse erregen. Deßhalb zog er sich auf
Warcoing zurück, wo er, zwischen hier und Espierres, vereint mit
den Truppen des Prinzen Paul und einem noch zur Verstärkung
nachgesandten Bataillone, ein Bivouak aufschlug und Coighem
und Helchin mit Vorposten besetzte. Die französische Division Barrois in Courtray, verstärkt durch das Detaschement des Generals
Penne, der von seinem vereitelten Unternehmen auf Gent zurückkehrte, sandte 1 Bataillon, 1 Eskabron und 3 Geschütze nach
Belleghem vor, hier eine Aufstellung zu nehmen. Ebenso wurde
der französische General Daudenaerde mit 2 Bataillonen und 400
Lanciers nebst einer halben Batterie in Eweweghem und der
Oberst Latour mit 2 Bataillonen und einigen Hundert Mann Cavallerie auf dem linken Flügel in Harlebeke, Hülste und Cuerne
postirt.

Unterdeß führte auch der General Maison im Laufe des 6. März
seinen Rückzug von Oudenarde über Avelghem nach Courtray aus.

41. Allgemeiner Angriff Borstell's auf Courtray; Gefechte bei Belleghem und Sweveghem am 7. März. Courtray von Maison geräumt.

Der Herzog von Weimar wollte nun seinerseits die errungenen Vortheile weiter verfolgen und dem General Maison dergestalt imponiren, daß derselbe für's Künftige ähnliche Diversionen unterlasse. Er zog deshalb die Truppen des Generallieutenants v. Lecoq am 6. aus Leuze nach Tournay heran, gab diesem General am 7. das Kommando über sämmtliche gegen die Festungen Lille und Conbé stehenden Vorposten sowie über die Besatzung von Tournay, welche augenblicklich aus 2 Sächsischen Bataillonen unter Major v. Brand, den 3 neuformirten Geschützen des Premierlieutenants Hirsch und 6 Geschützen der Sächsischen 6pfündigen Fuß-Batterie Nr. 1, welche Truppen theils von Ath, theils von Oubenarbe heranrückten, gebildet wurde.

Alle übrigen Truppen wurden bei Warcoing concentrirt und dem Generallieutenant v. Borstell der Oberbefehl der auszuführenden Expedition übertragen. Der Herzog traf selbst um 8 Uhr früh bei dem Corps ein. Borstell formirte dasselbe, wie folgt:

I. Treffen: Oberst v. Schon.

    1. und Füsilier-Bat. des 1. Pommerschen Inf.-Regiments;

    3. Bataillon des 2. Kurmärk. Landw.-Inf.-Regiments;

    1½   „   des 1. Sächsischen Linien-Regiments,

    1 Eskabron des Westpreußischen Ulanen-Regiments;

    1   „   Sächsische Husaren;

    die ½—12pfündige Batterie Nr. 5 (Conrabi);

    die 6pfündige Fuß-Batterie Nr. 10 (Magenhöfer);

    2 Geschütze der reitenden Batterie Nr. 11. (Burcharbt.)

II. Treffen: Prinz Paul von Würtemberg.

    1. und 3. Bataillon des Sächsischen Grenabier-Regiments;

    1 Bataillon Schwarzburg,

    1   „   Anhalt-Bernburg;

1 Eskabron des Pommerschen National-Cavallerie-Regts;
die Sächsische 1—12pfünder Batterie (Hauptm. Rouvroy I.).
Rechtes Seitenbetaschement: Oberst Fürst Schönburg.
2. Bataillon des 1. Pommerschen Infanterie-Regiments
(Major v. Reitzenstein);
3 Tirailleurzüge und 1 Zug freiwilliger Jäger des Pommerschen Grenadier-Bataillons unter Hauptm. v. Bessel.
(Diese hatten seit dem 2. März, wo sie bei Velleghem
abgeschnitten wurden, in Ramegnies gestanden);
1 Eskabron des Sächsischen Husaren-Regiments.

Zur Deckung der Schiffbrücke bei Herrines.
1 Bataillon Gotha;
2 Geschütze der Sächsischen 6pfündigen Fuß-Batterie Nr. 1.

Gleichzeitig war dem Major v. Hellwig und dem Kosaken-Regiment Bychalow aufgegeben worden, von Gent gegen Harlebeke
vorzugehen, um so zu einem umfassenden Angriff von allen 3 diesseitigen Colonnen gegen Courtray beizutragen.

Beide Treffen Borstell's marschirten rechts ab und setzten sich
auf der Straße nach Courtray in Bewegung. Bei Coighem angelangt, ging des Oberst v. Hobe Meldung ein, daß er vor 9 Uhr
von Oudenarde nicht aufbrechen könne, da die 3 über die Schelde
dirigirten nun zurückgerufenen Bataillone nicht früher eintreffen
könnten. Die Colonnen hielten. Der Oberst v. Ziegler, erster Adjutant des Herzogs, wurde währenddeß mit 2 Comp. des Sächsischen
3. Grenadier-Bataillons unter Major v. Döring und 40 Pferden
des Pommerschen National-Cavallerie-Regiments unter Major
v. Waldow dem Oberst v. Hobe zur Herstellung der Verbindung
gegen Avelghem entgegengesandt; dagegen der Major v. Schmeling vom Westpreußischen Ulanen-Regiment mit seiner Schwadron,
3 Compagnien des Sächsischen 1. Linien-Regiments unter Major
v. Eychelberg und 2 Geschützen der reitenden Batterie Nr. 11 zur
Recognoscirung des Feindes auf der Straße vorgeschickt. Nachdem die erste feindliche Feldwacht bei Coighem geworfen war,
traf man eine halbe Stunde weiter auf ein hinter einem Verhaue

aufgestelltes feindliches Bataillon. Der Major v. Eychelberg ließ das Verhau erstürmen; der Feind zog sich nach Belleghem zurück und wurde rasch verfolgt. Auf der Höhe von St. Anne vor Belleghem rückten dem Major v. Schmeling nunmehr 2 feindliche Bataillone entgegen, und trat derselbe deshalb in Ordnung und ohne Verlust den Rückmarsch nach Coighem an.

Um 1 Uhr Mittag trafen der Oberst v. Ziegler und der Oberst v. Hobe in Avelghem ein. Letzterer berichtete, daß Sweweghem vom Feinde mit 1000 Mann und 4 Geschützen besetzt sei. Der Herzog theilte in Folge dessen dem Oberst Ziegler noch Hobe's Avantgarde von 3 Eskadrons und 2 reitenden Geschützen des Lieutenants Gülle, unter Major v. Zastrow, mit der Weisung zu, angriffsweise gegen Sweweghem zu verfahren. Der Oberst Fürst Schönburg sollte ihn von St. Genoix aus mit seiner Abtheilung unterstützen, Oberst v. Hobe aber nach Coighem als Reserve für Beide abrücken, und nur die 2 Bataillone des 2. Reserve-Infanterie-Regiments an das 1. Treffen des Oberst v. Schon abgeben.

Das durch die Umstände bedingte verspätete Eintreffen des Oberst v. Hobe bewog den Herzog, den für heute projectirten Angriff auf Courtray bis zum andern Morgen zu verschieben, jedoch war zur Begünstigung dieses Vorhabens der Besitz von Belleghem und Sweweghem unumgänglich erforderlich. —

Es giebt kaum eine Gegend, welche mehr auf den kleinen Krieg hinwiese, als diese fruchtbaren Ebenen Flanderns. Jedes Ackerfeld ist durch hohe Baumreihen von dem angrenzenden geschieden; lebendige Hecken verhindern überall die größeren taktischen Bewegungen und hemmen die Übersicht; Cavallerie und Artillerie haben deshalb eine besonders schwierige Verwendung. Der Vertheidiger ist so lange im Vortheil, bis er sich zur Flucht wendet.

Auf solchem Terrain rückte um 2 Uhr Nachmittag der General v. Vorstell von Coighem, der Oberst v. Ziegler von Avelghem vor. Der Feind räumte ohne Widerstand den Verhau vor Belleghem, sogar die Position vor St. Anne und hielt erst eine halbe

Stunde vor Courtray, wo er durch ein ſtarkes Detaſchement aufgenommen wurde, die bedeutendere Anhöhe daſelbſt feſt.

Sweveghem iſt nur ½ Meile von hier entfernt; Vorſtell hörte
deutlich das Feuer des dortigen Angriffs. Er ließ deshalb, um auch
ſein Vorrücken zu dokumentiren, die halbe 12pfündige Batterie Nr. 5
eine weit vorgerückte Aufſtellung nehmen und den auf der Höhe
ſtehenden Feind lebhaft beſchießen. Der Feind antwortete mit Geſchützfeuer aus leichterem Kaliber und die Kanonade zog ſich,
langſam genährt, bis zur Dunkelheit hin.

Für die Nacht behielt Vorſtell Belleghem beſetzt. 1 Bataillon
wurde an der Abzweigung der Straße nach Sweveghem aufgeſtellt; die übrigen Truppen beider Treffen bezogen rechts und links
der Straße mit geringem Abſtande das Bivouak, die geſammte
Artillerie aber wurde zur Reſerve nach Coighem, wo auch der
Herzog ſein Nachtquartier nahm, zurückgeſchickt. —

Der Oberſt v. Ziegler hatte vor Sweveghem einen härteren
Stand. Der Feind zählte 1000 Mann und 4 Geſchütze; der Oberſt
v. Ziegler disponirte, wie vorher erwähnt, zuerſt nur über 2
Sächſiſche Grenadier-Compagnien, 4 Eskadrons Cavallerie und
2 reitende Geſchütze. Er rückte bis auf Kanonenſchußweite an das
Dorf, ließ die beiden Sächſiſchen Grenadier-Compagnien unter
Premierlieutenant v. Mandelsloh links der Straße vorgehen und
das Dorf plänkelnd angreifen; die übrigen Truppen behielt er
links der Straße in Reſerve.

Das Haubitzfeuer des Feindes gegen dieſe Reſerve war ohne
Wirkung, die von ihm entwickelte Tirailleurlinie aber ſo ſtark,
daß der Premierlieutenant v. Mandelsloh ſich zurückziehen mußte.
Bald darauf, um 5 Uhr Nachmittag, langte der Oberſt Fürſt
Schönburg mit ſeinen obengenannten Truppen von St. Genoix
her zur Unterſtützung an. Sofort ſandte Oberſt v. Ziegler die
beiden Sächſiſchen Grenadier-Compagnien rechts, das Preußiſche
2. Bataillon des 1. Pommerſchen Infanterie-Regiments (v. Reitzenſtein) links der Straße wieder vor, um Sweveghem in Front
und beiden Flanken anzugreifen, erſtere eine Eskadron Preußi-

ſcher Ulanen, letzteres die Esladron Sächſiſcher Huſaren als Sou=
tien hinter ſich.

Tirailleure und Geſchütze des Feindes wichen gegen das Dorf
zurück. Zur Eroberung deſſelben wurden 1 Tirailleurzug und
die freiwilligen Jäger des Hauptmanns v. Beſſel, die 5. Com=
pagnie des Bataillons v. Reitzenſtein als Soutien hinter ſich, in
der linken Flanke gegen das Dorf vorgeführt; der Major v. Gayl
vom 1. Pommerſchen Infanterie=Regiment verlängerte mit 2 Ti=
railleurzügen die Feuerlinie des Kapitains v. Beſſel, um den
Rechts=Abmarſch des Bataillons zu decken; der Major v. Reitzen=
ſtein ſtand mit 3 Compagnien ſeines Bataillons auf der Straße
im Centrum, die Sächſiſchen Grenadiere auf dem rechten Flügel.

Alles ſetzte ſich in Bewegung. Bei der Stypkaer Waſſermühle
eingetroffen, kam die Colonne des Majors v. Reitzenſtein in das
Geſchützfeuer des Feindes, der die Chauſſee an geeigneten Stellen
durch Verhaue geſperrt hatte und dieſe durch Artilleriefeuer be=
ſtrich. Bei Aufräumung des erſten Verhaues wurde dem Major
v. Reitzenſtein das Pferd unter dem Leibe erſchoſſen und er ſelbſt
durch den Sturz ſo ſchwer verletzt, daß der Kapitain v. Kuylen=
ſtierna, als älteſter hier anweſender Officier, das Kommando
übernehmen mußte.

Während der Major v. Gayl und der Kapitain v. Beſſel das
koupirte Terrain links, die beiden Sächſiſchen Grenadier=Compa=
gnien daſſelbe rechts der Straße vom Feinde ſäuberten, nahm und
räumte der Kapitain v. Kuylenſtierna mit ſeinen 3 Compagnien
des 1. Pommerſchen Infanterie=Regiments unter dem heftigſten
Kleingewehr= und Geſchützfeuer ein Verhau nach dem andern, ſo
daß der Feind endlich auf die Vertheidigung des Dorfes beſchränkt
war. Dieſe geſchah indeß um ſo hartnäckiger, als dem Gegner
die Vortheile des Terrains und namentlich der mit einer Stein=
mauer umgebene Kirchhof zu Gebote ſtanden.

Nach Aufräumung des letzten Verhaues griff der Lieutenant
v. Kalckreuth mit der 8. Compagnie des 1. Pommerſchen Infan=
terie=Regiments das Dorf längs der Straße und 4 feindlichen

Geschützen gegenüber an; unter Mitwirkung der 6. Compagnie bemächtigte er sich des vor dem Kirchhofe liegenden Dorfabschnitts, während der Major v. Gayl, der Kapitain v. Vessel und Lieutenant v. Wittke mit ihren Abtheilungen sich auf der linken Flanke im Dorfe festsetzten und die Sachsen auf der Nordseite in dasselbe einbrangen. Schon war es dunkel, als der Kapitain v. Kuylenstierna die bis jetzt als Reserve hinter dem letzten Verhau gestandene 7. Compagnie vorrücken ließ, um dem Angriffe gegen den Kirchhof mehr Nachdruck zu geben. Hinter der Kirchhofsmauer stand der Feind dicht gedrängt im Anschlage, gab auf die Stürmenden in geringer Distance eine Salve, wandte sich dann aber zur Flucht, als er sah, daß die Angreifer nicht wankten. Diese Salve aber kostete den braven Pommern 3 Officiere und 80 Mann. Die Sächsischen Grenadiere, die den Feind in Flanke und Rücken angriffen, erkauften den Sieg ebenfalls blutig genug. Die einbrechende Nacht, die Unbekanntschaft mit der feindlichen Stärke und die Nähe von Courtray erlaubten die Verfolgung nicht; doch ließ der Oberst v. Ziegler den Lieutenant Gülle einen seiner Spfünder aus der Reserve vorziehen, und gab dieser vom Ausgange des Dorfes dem Feinde das Geleite durch einige in das nächtliche Dunkel auf gut Glück ihm nachgesendete Kugeln. —

Gleichzeitig mit diesem Kampfe um Sweweghem griffen der Major v. Hellwig und der Oberst Bychalow, von Deinze auf der großen Genter Straße vorgehend, den französischen General Latour in Harlebeke und Cuerne an. Die Franzosen hielten sich bis zur Nacht und zogen dann nach Courtray ab.

Der ganze Verlust der Verbündeten am heutigen Tage betrug 4 Officiere und 146 Mann; der des Feindes wird als bedeutender angenommen. Der Major v. Gayl und der Hauptmann v. Kuylenstierna erwarben das eiserne Kreuz I. Classe. Eiserne Kreuze II. Classe und russische Orden wurden zahlreich verdient und ausgegeben. —

Am nächsten Tage sollte nunmehr der Angriff auf Courtray erfolgen. Nach der entworfenen Disposition wollte der General

v. Vorstell den Hauptangriff von Belleghem her ausführen, und sollte der Oberst v. Ziegler die Attacke von Sweweghem her unterstützen. Der Oberst v. Hobe, der hinter den linken Flügel herangezogen war, erhielt den Auftrag, sich mit 3 Bataillonen, 1 Escadron und ½ Batterie auf Roubaix zu dirigiren und von hier aus gegen die Rückzugslinie des Feindes auf Lille zu operiren.

Am 8. März 4 Uhr Nachmittags ging indeß vom Vortrupp die Meldung ein, daß Courtray soeben vom Feinde, der seinen Rückzug auf Menin genommen, verlassen sei. Er wurde sogleich verfolgt; seine Arrieregarde stand vor Menin, sein Hauptcorps aber jenseits in einer Aufstellung hinter der Lys bei Halluin.

Die Demonstration gegen seine Rückzugslinie hatte den General Maison zu dieser rückgängigen Bewegung veranlaßt; seine erste Absicht, auf der Straße über Tourkoing dicht bei dem linken Flügel der Alliirten vorbeizugehen und hierbei ein Überfallgefecht zu engagiren, scheiterte an der Ermüdung seiner Truppen. Deshalb sich über Menin nach Lille wendend, ließ er nur an wenigen Punkten schwache Vorposten-Detaschements stehen.

Ungeachtet der Herzog mit allen Truppen in Courtray einrückte, sollte dieser Ort doch für die Folge nur als Vorposten betrachtet und besetzt werden. Der Herzog kehrte sogleich mit einem Theile der Truppen nach Tournay zurück. Der General v. Vorstell erhielt den Befehl, mit dem Reste des Corps am folgenden Tage dahin aufzubrechen. Menin wurde, gleichfalls als vorgeschobener Posten, von Kosaken besetzt. Major v. Hellwig blieb mit seinem fliegenden Corps und 70 Kosaken in Courtray; als Repli wurde Prinz Paul von Würtemberg mit 5 Bataillonen und 3 Kanonen in Warcoing und Umgegend postirt. Alle übrigen preußischen und sächsischen Truppen nahmen ihre früheren Positionen wieder ein, wobei indeß von den Vorstellschen Truppen die Vorposten gegen Condé gegeben wurden.

42. Kleinere Unternehmungen um Antwerpen, gegen Menin, Brügge, aus Maubeuge.

Da hiermit der Plan Maison's, sich durch einen Theil der Garnison Antwerpen's zu verstärken, abermals gescheitert war, so hatte auch die dahin zielende Thätigkeit der Antwerpener Truppen weniger zu bedeuten. Am 7. März waren wiederum 5000 Mann durch die tête de Flandre nach Beveren vorgegangen und hatten selbst Waesmünster und St. Nicolas stark besetzt. Der Posten des Oberst Bychalow in Waesmünster von 1 Officier und 4 Kosaken wurde dabei überfallen und aufgehoben. Es war noch nicht klar, ob die Expedition gegen Gent oder Dendermonde gemünzt sei. Um so mehr erschien es ungerechtfertigt, daß gerade in diesem Momente der Major v. Klinckowström mit seinem 3. Ostpreußischen Landwehr-Infanterie-Regimente zu Bülow nach Frankreich aufbrach. Erst auf den bedeutungsvollen Zusatz: „kein Soldat marschirt ab, wenn er den Feind vor sich hat!" nahm das Regiment den von ihm seit 2 Tagen entblößten Posten von Aloft und Dendermonde wieder ein. Die Franzosen fouragirten die Orte des linken Scheldе-Ufers aus, besetzten auch Rüpelmonde mit 400 Mann, plünderten Themsche und sollten auch dort einige Einwohner erschossen haben.

Diese Antwerpener Expeditionen erforderten indeß wenigstens einige Vorsichtsmaßregeln und scharfe Beobachtung von Seiten der Verbündeten. Dieses wurde sogar geboten, als der General Maison nicht nur einen Theil seiner mobilen Macht abermals bei Tourcoing concentrirte, sondern auch den Kosakenposten Hellwig's aus Menin wieder hinauswarf.

Es wurde deshalb der Oberst v. Egloffstein, Brigadier der Thüringisch-Anhaltischen Division, der bisher mit 5½ Bataillonen zur Beobachtung bei Warcoing gestanden, am 10. März mit 1½ Bataillonen des Sächsischen 1. Linien-Regiments, 1 Bataillon Gotha, ½ Eskadron Husaren des Rittmeisters v. Seebach und den 3 Geschützen der Hirsch'schen Batterie in Oudenarde aufgestellt und ihm seine etwaige Rückzugslinie auf Renaix angewiesen.

Der Feind versuchte indeß keine größeren Unternehmungen. Nur am 12. März machte der französische Divisions-General Morand, welcher in Ostende kommandirte, von dort aus über Nieuwport mit 500 Mann des 55. Linien-Regiments einen Streifzug gegen Brügge, verscheuchte den Major Graf Pückler mit seinem Deta-schement Pommerscher Husaren unter Rittmeister v. Rottberg auf einige Stunden aus dieser Stadt und brandschatzte dieselbe mit 80,000 Franks. Die Antwerpener Expedition ging auch wieder zurück und ließ nur noch einen schwachen Posten in St. Nicolas stehen. Unter diesen Umständen wurde Oberst v. Egloffstein von Oudenarde nach Avelghem, seinem früheren Posten, zurückgezogen, auch nunmehr der Major Graf Klinckowström mit seinem 3. Ost-preußischen Landwehr-Infanterie-Regimente am 15. März von Aloſt und Dendermonde nach Brüssel entlassen. In Dendermonde blieben nur 2 Fußjäger-Detaschements nebst 1 Preußischen Drago-ner-Escadron und 2 Geschützen der Sächsischen 2. reitenden Bat-terie unter Lieutenant Schumann als Beobachtungsposten, der unter die Befehle des Generals v. Gablenz trat. Der Gouverneur von Brüssel, Oberst Graf Lottum, wurde indeß angewiesen, eins seiner Landwehr-Bataillone der Thüringisch-Anhaltischen Division als Soutien für den Posten in Dendermonde in Bereitschaft zu halten.

Der Feind concentrirte sich unterdeß aufs Neue bei Lannoy und Roubaix. Der General v. Borstell sollte ihn dort in der Nacht vom 13. zum 14. überfallen, um ihn noch weiter in die Linien seiner Festungen zurückzubrängen. Die Recognoscirungen des Oberst Fürst Schönburg und des Majors v. Hellwig ergaben aber, baß die Stärke des Feindes an 6000 Mann betrage und baß die Wege so unpassirbar seien, baß ein Vorwärtskommen nur höchst schwierig zu bewerkstelligen sein werde, Geschütz aber gar nicht fortkommen könne. Die Expedition Borstell's wurde deshalb für jetzt rückgängig gemacht.

Die sich vorbereitende und endlich durch Blücher's Sieg gekrönte Schlacht bei Laon konnte auch für die übrigen Verhältnisse in

Flandern nicht ohne Einfluß bleiben: vorher die Sorge des Generals Ryssel, von den Verbindungen mit Blücher abgeschnitten zu
werden, da die Franzosen bereits Vervin, Marlé und la Capelle
besetzten und das Städtchen Solre le Chateau überfielen; vorher
ferner die eifrige Ausbesserung der Festungswerke von Mons,
die Einrichtung von Geschütz-Emplacements und Lazarethe daselbst,
die Vorsendung von Kundschaftern gegen Avesnes; — nachher der
temporaire abwartende Stillstand der bisher so lebendigen größeren
Kriegsoperationen der feindlichen Chefs, dafür aber größere Ver-
bissenheit in den kleineren Affairen bei Aufhebung von Trans-
porten an Munition und Kriegsgefangenen.

So gelang es der Besatzung von Maubeuge, durch einen Ver-
steck im Dorfe Rouveroy einem Transporte französischer Kriegsgefangenen aufzulauern, die aus 150 Mann Jägern und Leuten
des 4. Reserve-Infanterie-Regiments unter Lieutenant Wolbenscher
bestehende Eskorte am hellen Tage zu überfallen, sämmtliche
Gefangene zu befreien und selbst noch 12 Gefangene zu machen.
Die Hauptpunkte der Etappenstraße von Mons bis Avesnes,
wo der russische Oberst Nasakyn mit 1250 Mann Infanterie,
100 Pferden und 15 Kanonen des Winzingerodeschen Corps postirt
war, wurden daher augenblicklich durch einige Bataillone und
Escadrons verstärkt und dadurch jeder weitere Versuch vereitelt.

Im Hauptquartier des Herzogs zu Tournay, so wie zu Mons,
wurde der Sieg von Laon durch Tedeum, Glockengeläute und Vic-
toriaschießen gefeiert.

43. Unternehmung Grahams gegen Bergen-op-Zoom am 8. März.

Im Anfange des März bereitete sich auch im Lager der Engländer ein Unternehmen vor. Zu schwach, etwas Ernstlicheres
gegen Antwerpen zu versuchen, faßte der Generallieutenant
Graham den Entschluß, wenigstens in den Besitz der Festung Bergen-op-Zoom zu gelangen. Seine Kundschafter scheinen ihn über die
eigentliche Sachlage getäuscht zu haben, und man behauptete sogar,

sie seien im Solde der Franzosen gewesen, um die Engländer in die ihnen gelegte Falle zu führen.

Bergen-op-Zoom *), ein Meisterwerk Cöhorn's und berühmt durch die Belagerungen der Spanier 1588 und 1622 und der Franzosen 1747, ist eine bedeutende Festung von 26 Bastionen und glücklicher Lage an der Oster-Schelde. Die Wassergräben waren indeß zur Zeit zugefroren und dadurch ein Ueberfall um so mehr begünstigt, als deren Eskarpe gar nicht, die Eskarpe der trockenen Gräben nur halb bekleidet war. Die eigentliche Stadt zählt circa 6000 Einwohner und liegt kreisförmig östlich des zum Strome führenden Kanals; die Hafenstadt dehnt sich nach Westen hin aus und liegt am Einflusse des Zoom-Flusses in die Schelde, wo er den Hafen bildet. Ihre Besatzung zählte 4000 Mann unter dem französischen General Bizanet und war für die Ausdehnung der Festung schon an sich nicht nur nicht zur Hälfte hinreichend, sondern hatte sich durch Desertion noch bis auf 2700 Mann geschwächt. Die Besatzung hatte deshalb den angestrengtesten Dienst und erschien oft gedrückt und muthlos. Diese Verhältnisse waren dem General Graham durch einen in der Stadt wohnenden früheren holländischen Officier bekannt geworden, und hierauf stützte er seinen für die Nacht vom 8. zum 9. März angeordneten Überfall.

Die eigentliche Stadt hat drei Thore: das nördliche nach Steenbergen, das östliche nach Breda, das südliche nach Antwerpen. Dagegen führt zu dem Hafenviertel nur das Wasserthor, welches mittelst des Hafens den Eingang auf der westlichen Seite bildet. Hier wohnen die Schiffseigner und Matrosen, welche den Engländern zugethan waren.

Auf Grund dieser Örtlichkeit theilte der Generalmajor Cooke, den der General Graham mit der Ausführung des Unternehmens beauftragt hatte, seine Truppen in 4 Colonnen: die erste, 1000 Mann Garden stark, vom Oberst Lord Proby geführt, sollte zwischen dem Hafen und dem Antwerpener Thore; die zweite, 1200 Mann

---

*) Vid. angeschl. Plan.

ſtark, unter Obriſtlieutenant Morrice, das Bredaer-Thor; die dritte, 650 Mann ſtark unter Oberſtlieutenant Henry, nur einen Scheinangriff bezweckend, um die Aufmerkſamkeit des Feindes zu theilen, das Thor von Steenbergen angreifen. Der eigentliche Hauptangriff war der vierten Colonne, 1400 Mann ſtark, unter den Generalen Skerret und Goore vorbehalten. — Sie ſollte, am Tho= lener Deiche vorrückend, zur Zeit der Ebbe durch das Fahrwaſſer des Kanals in das Hafenviertel einbringen, das Baſtion 1 nehmen und dann mit der 1. Colonne, die den Wall zu überſteigen hatte, in das Innere der Stadt vorgehen und die Thore von innen öffnen. Der General Graham wollte dann mit der Cavallerie durch das Antwerpener, die 2. Colonne aber durch das Bre= daer Thor einbringen. Der General Cooke befand ſich bei der 1. Colonne.

Zwiſchen 9 und 10 Uhr Abends des 8. März, eine halbe Stunde vor der feſtgeſetzten Zeit, hörte man zuerſt am Steenberger Thore lebhaftes Gewehrfeuer. Die 3. Colonne war auf die feind= lichen Vorpoſten geſtoßen und hatte ſie bis zu den Brücken=Palliſaden zurückgeworfen. Dieſer frühzeitige Angriff hatte zur Folge, daß die Garniſon unter die Waffen trat und nach der nördlichen Seite des Platzes eilte. Die Colonne eroberte auch die Palliſaden vor der über den Hauptgraben führenden Brücke. Der Brückenzug über der Cünette war aufgezogen, hinter dem Aufzuge waren auch die Bohlen ausgehoben. Zwar muthig auf der Brücke vor= bringend, gelang es doch nur einigen wenigen entſchloſſenen und gewandten Leuten, die genannten Hinderniſſe zu überwinden und das Baſtion 12 zu erreichen, um hier Alle ihren Tod zu finden. Während nun vor der ganzen Front ein verheerendes Kartätſch= feuer ſich über die an der Brücke gedrängt ſtehende Maſſe ver= breitete, mußten deren Bemühungen, die Ketten der Zugbrücke zu ſprengen, um ſo ſicherer ſcheitern, als es an geeigneten Werkzeugen fehlte. Endlich nöthigte der außerordentliche Verluſt zum Rückzuge nach einem Werke nahe am Glacis, deſſen unterirdiſche Verbin= dung mit dem Graben Schutz gewährte. Einzelne retteten ſich auf

das freie Feld, die große Mehrzahl, fast ohne Ausnahme verwundet, ward am nächsten Morgen in jenem Gange aufgefunden
und gefangen. — Unterdeß drang aber gegen 10 ½ Uhr die 4.
Colonne durch den zur Ebbezeit sehr seichten Kanal bis an den
Hafen, ohne von den wachthabenden Seesoldaten wahrgenommen
zu werden. Ehe noch der französische General Bizanet seine Reserven gegen das Wafferthor vorgehen ließ, hatte sich die 4. Colonne
am Hafen getrennt. Die eine Abtheilung unter General Goore
erstieg das Baftion 1 im Rücken, durchbrach die Pallisadirung des
nächsten Werkes und reinigte den Hauptwall bis zum Baftion 6,
also bis über das Antwerpener Thor hinaus. Alle Versuche, dieses
Thor zu öffnen, um die draußen stehende Cavallerie Grahams
einzulassen, mißlangen, während die ins Werk gesetzte Sprengung
der Zugbrücke des Wafferthores für den Erfolg wie für den
Rückzug bedeutungslos blieb. Die andere Abtheilung der 4. Colonne unter General Skerret warf sich zur Linken auf das Arsenal
und nahm die Baftione 15 u. 14, ohne großen Widerstand zu finden.
Ernstlicher ward derselbe bei Baftion 13, so daß zwischen der
Windmühle und dem Pulvermagazine ein äußerst hartnäckiger
Kampf entbrannte. Da der Angriff am Steenberger Thore den
größeren Theil der Garnison dorthin gezogen hatte, so konnten vom
Baftion 12, in welchem dieses Thor liegt, leicht Verstärkungen
herbeigerufen werden. Die Engländer wurden, nachdem ihr Anführer schwer verwundet war, zum Baftion 14 zurückgetrieben.

Die 1. Colonne unter Oberst Lord Proby fand das Eis bei
Baftion 3 gebrochen, kehrte um und suchte weiter rechts einen
günstigeren Angriffspunkt. Dadurch aufgehalten, erreichte sie erst
gegen Mitternacht mittelst Leiterersteigung das Baftion 4, welches
durch General Skerret bereits früher in Besitz genommen war.
General Cooke, hier mit eingedrungen, kannte die Fortschritte der
4. Colonne noch nicht und ließ zur Linken die Verbindung mit
ihr aufsuchen, während er nach rechts 300 Mann entsandte, um
den Angriff der 2. Colonne am Bredaer Thor zu erleichtern. Der
Überrest besetzte größtentheils die Häuser und die Gärten zwischen

Bastion 4 und dem Hafen. Nach französischen Berichten ist das Feuer des am Wasserthore zurückgelassenen Detaschements dem am Hafen sechtenden Theile der Garnison sehr lästig geworden.

Der General Goore hatte gleichfalls versucht, bis zum Brebaer Thore vorzubringen, war aber am Bastion 8 durch ein mörberisches Feuer überrascht worden. Eben sich mit großem Verluste zurück= ziehend, stieß er rückwärts auf die vom General Coole hierher gesandten 300 Mann, griff mit ihnen vereint die lebhaft verfolgenden Gegner an und warf sie unaufhaltsam bis nahe an den inmitten der Stadt liegenden Waffenplatz zurück. Hier fanden aber die Franzosen wieder Verstärkungen; das Gefecht kam in der Ant= werpener Straße zum Stehen, wobei kurz nach einander der Ge= neral Goore, die Obersten Clifton und Macdonald und mehrere andere Officiere fielen, was unbedingt zu der vollständigen Auf= lösung der Engländer den Ausschlag gegeben hat. Nur Wenige von ihnen entgingen dem Tode oder der Gefangenschaft. Aber auch die Sieger, deren Fortschritte plötzlich das wirksame Gewehrfeuer aus den Stadtgärten hemmte, kehrten um und begnügten sich mit dem Besitze des Antwerpener Thores. Zwischen beiden Theilen blieb das Bastion 5 unbesetzt.

Die 2. Colonne des Obristlieutenants Morrice fand am äußeren Brebaer Thore ebenfalls das Eis gebrochen und verlor bei dem Versuche, einen anderen Übergangspunkt zu entdecken, ihren Anführer und 200 Mann. Nachdem der nächstälteste Officier den Rückzug angeordnet und 100 Mann zum Fortbringen der Verwundeten bestimmt hatte, marschirte der Rest am Fuße des Glacis bis zum Bastion 4, wo man die von der Garbe benutzten Leitern fand und den Wall erstieg. Es scheint dies später als der vorhin er= wähnte verhängnißvolle Kampf stattgefunden zu haben.

Ungeachtet der auf diese Weise erhaltenen Verstärkung trug General Coole Bedenken, mit den nunmehr um ihn vereinigten Streitkräften von etwa 1550 Mann einen neuen Angriff zu wagen. Er glaubte den Morgen abwarten zu müssen, um übersehen zu können, ob ein wiederholter Kampf oder der Rückzug vorzuziehen fei. So verfloſſen einige Stunden, während welcher zwar das Gewehrfeuer nicht ganz ruhete, aber doch der unmittelbare Kampf aufgehört hatte; die Vertheidiger waren gleich den Angreifern er= ſchöpft und auseinandergekommen.

Aber die Franzoſen allein gewannen durch die Pauſe. Einmal indem dieſe ihnen Zeit gewährte, ſich zu faſſen und auf einer ge= nau gekannten Örtlichkeit weitere Maßregeln vorzubereiten, dann aber auch, weil während derſelben eine ſchlimme Neigung des engliſchen Soldaten freies Feld erhielt. Einige hatten ſich ſchon früher in die Häuſer zerſtreut, jetzt geſchah es in Maſſen, und der überall vorgefundene Genevre ſpielt vermuthlich eine bedeutende Rolle bei den Ereigniſſen dieſer Nacht.

Der franzöſiſche Kommandant benutzte die ihm gelaſſene Friſt, ſeine Truppen zu vereinigen, 3 Colonnen zu bilden und Alles ſo vorzubereiten, daß er ſelbſt mit dem grauenden Morgen angriffs= weiſe verfahren konnte. Aus der Zuſammenſetzung der Colonnen und der ihnen gegebenen Beſtimmung leuchtet hervor, wie wenig er den wahren Stand der Dinge kannte. Die rechte Colonne, allein zwei Dritttheile der geſammten Mannſchaft ſtark, war beordert, die Ba= ſtione 14 und 15 wiederzuerobern: und hier hielt ſich nur der Über= reſt der Colonnen=Abtheilung Skerrets mit kaum 200 Streitfähigen. Die aus circa 300 Mann beſtehende Mittel=Colonne wurde gegen den Hafen dirigirt; die linke Flügel=Colonne in gleicher Stärke ſollte vom Antwerpener Thore aus gegen die Hauptmaſſe der Engländer rücken.

Kaum dämmerte es, als der franzöſiſche Kommandant Bizanet das Zeichen zur Ausführung ſeiner Dispoſition gab. Der Kampf im Baſtion 15 konnte unter den obwaltenden Verhältniſſen nicht lange unentſchieden bleiben; die Engländer erlitten hier die voll= ſtändigſte Niederlage, zumal der Kanal, zur Zeit von der Fluth gefüllt, ihnen keinen Rückzug geſtattete.

Sofort ſtieg das Bataillon der Queue der franzöſiſchen Colonne vom Walle herab, überſchritt die Brücke am Eingange des Hafens und drang durch die Palliſabirung in das Baſtion 1. Einzelne brittische Soldaten, die vor ihm gewichen waren, sowie die am Wasserthore zurückgebliebenen, benützten dies, um zu entkommen. Allein hier zwischen den überflutheten Niederungen und dem Feuer des Wasserforts wartete ihrer nur Tod oder Gefangenschaft.

Die Mittel=Colonne, von Bizanet selbst geführt, scheint im Kampfe an den Häusern und Gärten der Hafenstadt dergestalt verwickelt worden zu sein, daß sie den Hafen nicht erreichte.

Der Führer der linken Colonne blieb noch immer in abwarten= der Stellung. General Cooke sah sich dadurch bewogen, ein Ba= taillon nach links zu entsenden. Dies fand die Lage der Dinge so übel, daß es über den Hauptwall des Bastions 2 das Freie suchte. Die auch hier überschwemmte Niederung wird dies nur höchst Wenigen gestattet haben.

Nun erst setzte sich die linke französische Colonne in Bewegung. Sie gelangte nur bis zu der gebrochenen Courtine zwischen Bastion 5 und 4, wo die Engländer ihr ein solches Feuer entgegensetzten, daß sie schleunig den Rückzug antrat.

Dennoch gestalteten sich die Verhältnisse der Britten mit jedem Augenblicke dadurch mißlicher, daß der Feind sie aus allen Wall= geschützen, die ihre Stellung erreichen konnten, mit Kartätschen und Granaten beschoß.

Cooke befahl daher den Rückzug. Da derselbe nur mittelst 10 Leitern möglich war, also äußerst langsam erfolgte und obenein durch Flankenfeuer belästigt ward, so mochte dies ein Unternehmen der schwierigsten Art sein. Noch befand sich der größere Theil der brittischen Truppen auf dem Walle, als gegen 9 Uhr Morgens von Seiten des Kommandanten die Aufforderung zum Niederlegen der Waffen an General Cooke gelangte.

Als zugleich ein englischer Stabsofficier, der schon früher in die Hände der Franzosen gefallen war und freiwillig den Parlamentair begleitete, die Versicherung aussprach, daß alle übrigen brittischen Abtheilungen entweder zurückgeschlagen, aufge= rieben oder gefangen seien, betrachtete Cooke das Eingehen in die gestellte Bedingung als eine von der Menschlichkeit gebotene

Pflicht. Er selbst, schwer verwundet, entschloß sich, das Loos sei=
ner unglücklichen Untergebenen zu theilen.

So hatte das mißlungene Unternehmen auf Bergen=op=Zoom
vier Fünftel der brittischen Armee gekostet. Es wurden gefangen
1 General (Goore), 4 Stabsofficiere (Clifton, Mercer, Macdo=
nald und Carleton), 13 Hauptleute und Lieutenants; getödtet oder
blessirt 2 Generale (Cooke und Skerret), 9 Stabsofficiere, 76
Hauptleute und Lieutenants; die Blessirten waren großentheils in
die Gewalt des Feindes gerathen. Eine französische Quelle schätzt
den Verlust der Garnison auf circa 600 Mann — darunter 100
ins englische Lager gebrachte Gefangene — und behauptet, daß
ihre Trophäen in 4 Fahnen und 2077 gefangenen Unterofficieren
und Soldaten bestanden hätten.

Da die Besatzung nur wenig mehr an Streitbaren zählte, so ging
der Kommandant gern darauf ein, sich mittelst Übereinkommens
vom 10. März seiner unfreiwilligen Gäste zu entledigen. Es wurde
beschlossen, daß alle nicht schwer blessirten Gefangenen nach Eng=
land eingeschifft werden, vor ihrer Auswechselung aber nicht
dienen sollten.

Bergen=op=Zoom blieb trotz des Unglücksfalles cernirt. Als Gra=
ham später den Entsatz des Platzes durch Maison fürchtete, ver=
einigte er die allmälig sich wieder komplettirenden Reste seines
Corps zwischen Antwerpen und Bergen=op=Zoom, während einige
Bataillone Holländer die Einschließung besorgten. Die Übergabe
fand laut Convention vom 23. April am 3. Mai statt. —

**44. Eintreffen des schwedischen Corps und der russisch=deutschen
Legion auf dem Kriegstheater.**

Am 10. März war der Kronprinz von Schweden mit dem aus
26 Bataillonen, 32 Eskabrons und 8 Batterien bestehenden schwe=
dischen Corps auf dem Marsche von Hamburg her an der Maas
eingetroffen, hatte, zufolge seiner Auslegung der Beschlüsse des
in Bar=sur=Aube am 24. Februar abgehaltenen Kriegsrathes der
hohen Verbündeten, in der Umgegend von Aachen und Lüttich

Cantonirungs=Quartiere bezogen und sich begnügt, Mastricht, Venloo, Grave und Jülich zu beobachten. Gegen die vorbereitete und von Blücher begünstigte Volksbewaffnung des linken Rheinufers hatte er Bedenken gefunden und sie untersagt. Blücher hielt es deshalb für gerathen, die im Übrigen sehr gewünschte Heranziehung der Brigade Vorstell zu der in Frankreich operirenden Armee noch einstweilen auf sich beruhen zu lassen.

Um so mehr stand er davon ab, daß sich selbst das ganze 3. deutsche Armee=Corps, wie es in seiner Absicht lag, der Opera= tionen gegen Paris anschließe. Er überließ demselben auch ferner= hin die zu Bar=sur=Aube festgestellte Aufgabe, theils die Besatzungen der niederländischen Festungen im Zaum zu halten, theils dem schlesischen Kriegsheere im Falle eines Rückzuges zur Aufnahme zu dienen und seine Basis zu sichern. —

Als der Kronprinz von Schweden von der Elbe gegen den Rhein abmarschirte, hatte er dem Generallieutenant Graf v. Wall= moden=Gimborn den Befehl hinterlassen, sobald als möglich mit den vor Harburg entbehrlichen Truppen seines Armee=Corps ihm zu folgen.

Als solche bezeichnete Wallmoden die ganze russisch=deutsche Legion und die hannoverschen Jäger der englisch=deutschen Legion, welche Truppen in drei Colonnen vom 16. bis 23. Februar Bre= men erreichten und am 27. und 28. Februar ihren Marsch nach dem Rheine antraten.

Die erste Colonne bestand aus

    dem 1. Infanterie=Regiment (1. Inf.=Brigade genannt) (Major v. Natzmer); 3 Bataillone;
    der Fuß=Batterie (Kapitain v. Maghino).

Die zweite Colonne aus

    dem 2. Infanterie=Regiment (2. Inf.=Brigade) (Obrist= lieutenant Wardenburg); 3 Bataillone;
    dem Hannoverschen Jäger=Bataillon (Oberst Graf v. Kiel= mannsegge);

der 1. reitenden Batterie (Premierlieut. v. Scheele) und
der Park=Colonne (Premierlieutenant Hoyer).

Die dritte Colonne aus

bem 1. Husaren=Regiment (Obristlieut. Freiherr v. d. Goltz);
bem 2. Husaren=Regiment (Obristl. Graf zu Dohna I. *) und
ber 2. reitenden Batterie (Premierlieut. v. Tiebemann II).

Nach bem Rapport vom 25. Februar hatte bie Legion eine
effective Stärke von 124 Officieren und 4965 Mann, so baß
incl. ber hannoverschen Jäger bie Stärke bes Corps auf pptr.
6000 Mann zu veranschlagen ist.

Die beiden ersten Colonnen hatten ben Weg über Osnabrück,
Münster, Elberfeld auf Düsseldorf genommen; bie britte war
rechts bavon über Bechta, Wester=Cappeln, Dülmen, Essen gezo=
gen. Am Rhein angelangt, setzte bie geringe Zahl von Fahrzeugen
und bas noch gehende Treibeis bem Übergange Schwierigkeiten
entgegen, boch konnte berselbe am 14., 15. und 16. März ohne
Unfall bewerkstelligt werden.

Um zu bewirken, baß bie Hoffnung ber Legion, nach langer
Verwendung auf ben weniger entscheidenden Kriegstheatern nun
endlich zu einer bankbareren Thätigkeit im freien Felbe zu ge=
langen, realisirt werde, war Graf Wallmoben von Hannover aus
birect zum Kronprinzen von Schweden nach Lüttich vorausgeeilt.

Nichtsbestoweniger erhielt er ben Befehl, vorläufig bie Festungen
Venloo und Mastricht zu beobachten.

Diese Verwendung erregte großen Verbruß, zumal sie als ber
Scheingrund angesehen wurde, durch welchen in Wirklichkeit ver=
hütet werden sollte, baß bie russisch=deutsche Legion ber unthätig
an ber Maas stehenden schwedischen Armee vorbeimarschire. Wall=
moben überließ in seinem Unmuthe und um weitere Schritte
einzuleiten, bem Generalmajor v. Arentschilbt bas Kommando.

Derselbe bilbete, sich ber Maas nähernd, aus seinen 3 Colon=

---

nen 2 gemischte Brigaben und nahm am 17. und 18. März zwischen den obengenannten beiden Festungen an der Maas Stellung. Die 2. Brigabe mit der 1. reitenden Batterie und der Park-Colonne blieb auf dem rechten Ufer des Flusses und machte Front gegen Venloo. Die Husaren beobachteten den Platz von Castel Swalmen aus, während der übrige Theil der Brigabe als Soutien in und um Roermonde stand. Die 1. Brigabe war zur Beobachtung Mastrichts bei Roermonde über die Maas gegangen und auf dem linken Ufer von Maaseyk, wo das Hauptquartier war, bis Stockheim aufgestellt, die Cavallerie auf der Straße bis Meeswyk vorgeschoben.

Doch nur bis zum 23. März dauerte dieses Verhältniß. Dem Grafen Wallmoden war es durch englischen Einfluß im Hauptquartiere gelungen, für die Legion die Bestimmung, sich mit dem General Graham vor Antwerpen zu vereinigen, auszuwirken. General v. Arentschildt setzte sich demgemäß in zwei Colonnen in Bewegung. Diejenige, welche gegen Mastricht gestanden hatte, ging über Hassalt und Diest auf Loeven; die andere hielt sich einige Meilen rechts dieser Linie.

Inwiefern die Bewegungen des Feindes die Bestimmung der Legion änderten, wird später erwähnt werden.

45. Eintreffen der v. Thielmann'schen Colonne bei dem 3. deutschen Armee-Corps. Expedition auf Maubeuge und Bombardement dieser Festung am 23. und 24. März.

Bereits am 12. März war auch die zweite Colonne des 3. deutschen Armee-Corps unter dem sächsischen Generallieutènant v. Thielmann in Brüssel angelangt. Diese sächsischen Truppen bestanden aus

dem 1. Bataillon des 2. provisorischen Linien-Regiments;

1 Marsch-Bataillon, Ersatz-Mannschaften für die Grenabiere und die Linien-Infanterie;

1 Marsch-Bataillon, desgleichen für leichte Infanterie;

der 4. Eskabron des Küraffier-Regiments, und

6 Bataillonen des 1. und 2. Landwehr-Regiments
in Summa aus 6900 Mann und 133 Pferden.

Dieser Thielmann'schen Colonne hatten sich unterwegs ange=
schlossen von der Thüringisch-Anhaltischen Division unter Oberst
Hoppe:

1 Bataillon Linie Anhalt-Dessau-Köthen und

1 Bataillon Landwehr Anhalt-Dessau-Köthen,

welche bei dem beschleunigten Abmarsche und den forcirten Mär=
schen des Prinzen Paul von Würtemberg dessen Division nicht
mehr einzuholen vermocht hatten.

Jetzt war das 3. deutsche Armee-Corps auf die ansehnliche
Stärke von 19,500 Mann angewachsen. Wenn es demselben auch
noch an zahlreicher Cavallerie gebrach, so ließ sich dieselbe augen=
blicklich in den durchschnittenen Fluren Flanderns allenfalls leichter
entbehren.

Rechnet man die Borstell'sche Brigade, das Hellwig'sche Frei=
corps und das Kosaken-Regiment Bychalow hinzu, so belief sich
— ganz abgesehen von dem vor Antwerpen stehenden Detaschement
des Generals v. Gablenz und von dem Streifcorps des Obersten
v. Geismar — die dem Herzoge von Weimar schon jetzt zur Dis=
position stehende Truppenzahl auf 27,000 Mann, 3200 Pferde
und 45 Feldgeschütze.

Die bei der immer mehr sich entwickelnden Organisation von
den Holländern gestellten Truppen erhielten meistens Separat-Be=
stimmungen im Innern des Landes, besonders vor den kleineren
noch von den Franzosen besetzten Festungen.

Auch die englischen Truppen des Generallieutenants Graham
waren wieder auf 8000 Mann Infanterie und 1500 Pferde ge=
bracht, das schwedische Corps stand bei Lüttich und die russisch=
deutsche Legion war im Anmarsche auf Antwerpen. —

Blücher, der die Niederlande niemals aus den Augen verlor,
drängte mehr und mehr den Herzog von Weimar, nunmehr die
kürzeste Operationslinie von dort in das Innere Frankreichs
vollständig frei zu machen.

In Verbindung mit der Gewinnung dieser Linie, die von Mons über Maubeuge auf Laon geht, kam es aber jetzt auch noch besonders darauf an, ein bequem und sicher gelegenes Entrepot zwischen den Haupt=Munitionsdepots und der schlesischen Armee zu errichten. Der überall scharfblickende Prinz August von Preußen hatte schon seit Mitte Februar sein Augenmerk darauf gewendet und eingehende Vorschläge gemacht. Aus seinem Hauptquartier Fismes entschied der Feldmarschall Blücher am 22. März diese hochwichtige Angelegenheit dahin, daß er auf der östlichen Linie Coblenz, auf der nördlichen Linie aber die Festung Mons dazu bestimmte. Mons hatte er deshalb gewählt, weil dieser Platz für die aus England herbeigeführte Munition am günstigsten gelegen, auch auf diese Weise die Benutzung der damals bereits großartigen Waffenfabriken und Eisengießereien Lüttichs für Zwecke der Verbündeten auf dem kürzesten Wege anzubahnen sei.

Es ist einleuchtend, daß bei der hierdurch sich steigernden Wichtigkeit der Festung Mons die kaum drei Meilen davon entfernt gelegene, von den Franzosen mit unternehmenden Truppen besetzt gehaltene Festung Maubeuge auch aus diesem Grunde mindestens sehr unbequem war.

Es mußte deshalb versucht werden, dieses Hemmniß durch eine ernste Expedition zu beseitigen, zu welcher die Voranstalten schon seit einigen Wochen im Gange waren.

Zur Ausführung derselben bedurfte es nämlich einer Anzahl schwerer Geschütze, ohne welche gegen eine Festung wie Maubeuge kein Erfolg erwartet werden konnte. Der General Graham stellte dem Herzoge von Weimar dergleichen Belagerungs= und auch Feldgeschütze, letztere jedoch ohne Bespannung, auf unbestimmte Zeit zur Verfügung. Der Kommandeur der sächsischen Artillerie, Oberst Raabe, empfing dieselben am 6. März in Herenthals und schaffte sie durch 300 Pferde Landvorspann und unter vom Antwerpener Blokadecorps gestellter Eskorte bis zum 9. über Loeven nach Brüssel. Es waren 4—24pfündige Kanonen, 8 Mörser von verschiedenem Kaliber und 6—9pfündige Feldgeschütze nebst der zugehörigen Munition. Die Belagerungsgeschütze wurden bis zum 11. nach Mons, die Feldgeschütze bis zum 10. nach Tournay ge= schafft. Letztere wurden von einem sächsischen Artillerie=Officier organisirt und vorläufig mit 40 Freiwilligen aus den Linien= Bataillonen Schwarzburg und Bernburg besetzt, bis die eigentlich dafür requirirten 60 holländischen Artilleristen eingetroffen sein würden.

Um der Expedition auf Maubeuge eine sichere Grundlage zu geben, wurden die Truppen wie folgt vertheilt:

I. **Hauptcorps von Mons.**

  a) Beobachtung gegen Conbé und Valenciennes, mit Siche= rung von Mons:

        Generalmajor v. Ryssel;

    a. gegen Conbé auf dem rechten Ufer der Haine:

      1 Bataillon Weimar;

      2 Eskabrons des Pommerschen Husaren=Regiments;

      2 Geschütze der Sächsischen 1. reitenden Batterie.

    b. in Quivrain:

      das 2. Bataillon des Sächsischen 2. Linien=Regiments;

      1 Escabron des Pommerschen Husaren=Regiments;

      2 Geschütze der Sächsischen 1. reitenden Batterie.

    c. Hauptposten in St. Ghislain:

      das 1. Bataillon des Sächsischen 2. Linien=Regiments;

      1 Eskabron des Pommerschen Husaren=Regiments;

      2 Geschütze der Sächsischen 1. reitenden Batterie.

    d. Besatzung in Mons unter dem Kommandanten des Hauptquartiers, Major v. Cerrini:

      das 1. Bataillon des Sächsischen 1. Schützen=Regiments.

  b) Hauptbeobachtungscorps gegen Valenciennes und le Quesnoy in und bei Bavay; Besetzung von Pont sur Sambre gegen Landrecy:

      Generallieutenant v. Borstell;

    10 Bataillone,

9 Eskabrons und

16 Geschütze

seiner Brigade, die hier, mit Ausnahme des Pommerschen Husaren-Regiments und der ½ — 6pfündigen schweren Fuß-Batterie Nr. 10, welche resp. unter Ryssel u. Lecoq standen, und des Elb-Infanterie-Regiments (Oberstlieutenant v. Reuß), welches unter Gablenz vor Antwerpen lag, vereinigt war. Das Brandenburgische Dragoner-Regiment stand in Dendermonde.

Generallieutenant v. Lecoq;

c) In Beaumont zur Sicherstellung der Blokade von Maubeuge gegen Philippeville:

1 Bataillon des Sächsischen 2. Landwehr-Regiments;
1 Eskabron freiwilliger Jäger des Pommerschen Husaren-Regiments.

d) Expedition gegen Maubeuge.

a. auf dem rechten Sambre-Ufer:

3 Bataillone des Sächsischen Grenadier-Regiments (Prinz Bernhard von Weimar);
das 2. Bataillon des Sächsischen 2. Schützen-Regiments;
1 Eskabron Sächsischer Küraffiere;
12 Stück schwere Feldgeschütze, incl. 4 der Preußischen halben 6pfündigen schweren Fuß-Batterie Nr. 10 (Kapitain Magenhöfer);
12 Stück englisches Belagerungs-Geschütz.

b. auf dem linken Sambre-Ufer:

das 3. Bataillon des Sächsischen 2. Linien-Regiments (Major v. Moritz);
1 Bataillon des Sächsischen 2. Landwehr-Regiments;
2 Compagnien freiwilliger Fußjäger Weimar u. Gotha;
1 Eskabron Sächsischer Küraffiere;
1 Eskabron freiwilliger Jäger Weimar und Gotha.

e) Die Beobachtung gegen Landrecy übernahm auf Anregung

des Herzogs der in Avesnes stehende russische Oberst
Nasakyn mit einem Theile seiner Truppen.

II. **Detaschirtes Corps von Tournay.**

Generallieutenant v. Thielmann;
2 Bataillone des Sächsischen 1. Linien-Regiments;
3 Bataillone des Sächsischen 1. Landwehr-Regiments;
5 Bataillone der Thüringisch-Anhaltischen Division;
2 Eskabrons des Sächsischen Kürassier-Regiments;
2 Eskabrons des Sächsischen Husaren-Regiments;
1 Sächsische 6pfündige Fuß-Batterie à 8 Geschütze;
die ½ Fuß-Batterie des Lieut. Hirsch à 3 Geschütze;
die 6 Geschütze englischer 9pfünder.

Hierzu
das Streifcorps des Majors v. Hellwig in Courtray;
das Kosaken-Regiment des Oberst Bychalow in Gent.

III. **Detaschirte Besatzung in Brüssel.**

Die 3 Landwehr-Bataillone Schwarzburg, Gotha, Wei=
mar.

Am 18. März stand Alles auf seinem Posten in der vorange=
gebenen Weise. Der Herzog verlegte an diesem Tage sein
Hauptquartier von Tournay nach Mons. Schon am
17. hatte der Generallieutenant v. Lecoq sein Quartier in Merbes
le Chateau genommen und seine Colonne in die vorwärts gelege=
nen Dörfer Granbreng, Ergueline und Jeumont einrücken lassen.
In letzterem Orte war eine Brücke über die Sambre.

Maubeuge *), an und für sich zwar nur eine kleine Festung,
war, wie wir vorher andeuteten, im gegenwärtigen Augenblicke
aber von großer militairischer Wichtigkeit. Die Werke sind von
guter Beschaffenheit und liegen größtentheils auf dem linken
Sambre-Ufer. Die auf dem rechten Flußufer liegenden Höhen
vermögen indeß dieselben zu beherrschen, und haben die Franzosen
deßhalb im Anfange des Revolutionskrieges jene Höhen in das

---

*) Vid. angeschl. Plan.

camp fortifié de Roussies hineingezogen. Die Werke dieses ver=
schanzten Lagers werden von der von Beaumont nach Maubeuge
führenden Straße durchschnitten und waren zu dieser Zeit noch in
brauchbarem Zustande. Es bedurfte nur der Verpallisabirung und
des Auffrischens einiger Böschungen.

Kann der Vertheidiger von Maubeuge im Ganzen über we=
nigstens 16,000 Mann verfügen, so ist das verschanzte Lager,
als detaschirtes Werk betrachtet, von bedeutender Wichtigkeit, und
hatte solches bereits 1793 den Österreichern bewiesen, die nach
dem Siege von Hontschooten unter dem Feldmarschall Prinz von
Sachsen=Coburg vergeblich dasselbe zu erobern versuchten. Ist der
Vertheidiger indeß nicht stark genug, das Lager zu besetzen, so
sind die Werke desselben der Stadtbefestigung nur nachtheilig, da
von hier aus eine Bestreichung der ersteren nur unvollkommen mög=
lich ist. Vom Angreifer als Parallele benutzt, gestatten sie viel=
mehr eine gedeckte und oft sogar ungesehene Annäherung an die
Festung.

Der Wallgang aller Courtinen der vom Ufer ab sich amphi=
theatralisch erhebenden Stadt ist vom Lager aus auf allen Punkten
eingesehen, die Nordseite aber völlig im Rücken zu fassen. Selbst
Büchsenschützen vermögen aus den Werken des Lagers den
Wallgang nachdrücklich zu beunruhigen. Auch auf der Ostseite,
gegen Assevent hin, liegen Höhen, welche, sobald man Meister
der dortigen Redoute ist, vortheilhafte Geschütz=Emplacements bie=
ten. Assevent, Roussies und Ferrière la grande sind Ortschaften,
welche im Bereiche der schweren Festungsgeschütze liegen.

Die 7 Bastione der Festung sind an und für sich stark. Der
südliche und südwestliche Theil derselben sowie eine Courtine der
östlichen Front sind durch nasse Gräben gedeckt, die durch Schleusen
aus der Sambre gespeist werden können. Der nördliche Theil
hat zwar nur trockene Gräben aber eine starke Contrescarpe und
ein gutes Minensystem. Der große Nachtheil der Beherrschung
der Enceinte vom Lager aus wird durch die hohen Cavaliere,
welche in allen Bastionen liegen, gemindert; besonders die beiden

gegen Bavay hin sehenden Cavaliere der Nordfront sind so hoch, daß sie nicht nur dieselbe Höhe wie das Plateau des Lagers haben, sondern ihr Feuer ungehindert über die Stadt hinwegtragen können. Das Feld vor ihrer Front beherrschen sie indeß nur durch Bohrschüsse.

Die Besatzung bestand zur Zeit aus 500 Douaniers, 500 Nationalgarbisten und 400 Mann der Anfangs März im Dorfe Rouveroy befreiten französischen Kriegsgefangenen, 35 Jägern zu Pferde und 24 schlecht berittenen Douaniers. Den Dienst der Artillerie leisteten 20 Kanoniere und eine hinreichende Anzahl Bürgergarbisten und Arbeiter aus der Waffenfabrik Ferrière la grande. Die Wälle waren mit circa 80 Geschützen besetzt und in den Zeughäusern befanden sich noch viele Wurfgeschütze.

Die Magazine enthielten hinreichende Munition, an Mundvorräthen aber den Bedarf für 2 bis 3 Monate. Gegen eine Leitersteigung, wie solche von den Verbündeten beabsichtigt und vorbereitet war, hatte sich der Kommandant, dem Spione davon Nachricht gegeben, durch Sturmwalzen, die hinter allen Brustwehren bereit lagen, sicher zu stellen geglaubt. Die Stimmung der niederen Einwohnerklasse war gegen, die der Vornehmeren für die Franzosen.

Am 18. März früh schritt der Generallieutenant Lecoq auf beiden Ufern der Sambre zur engeren Einschließung, besetzte Requignies und Boussois, verband beide Orte durch eine Laufbrücke, dann aber auch durch eine solidere für Cavallerie und Geschütz auf Kähnen, welche von Merbes le Chateau herbeigeschafft waren. In den Dörfern Cerffontaine, Roussies und Assevent wurden die Vorposten placirt. Letzteres Dorf wurde in der folgenden Nacht durch das 3. Bataillon des Sächsischen 2. Linien-Regiments unter Major v. Moritz besetzt und durch eine von Bauerwagen hergestellte Laufbrücke mit Roussies in Verbindung gebracht. Im Birkenwalde bei Roussies wurde das Faschinendepot errichtet. Am 19. wurde Cerffontaine durch 1 Bataillon, 40 Pferde und 2 Kanonen besetzt, die vorher daselbst gestandene Compagnie Schützen aber nach Ferrière la grande vorgeschoben und deffen Ausgänge barrikadirt. Am 20., nach einem refultatlofen Patrouillengefechte, wurde Hautmont vom Major v. Spiegel mit ½ Grenadier=Bataillon und 20 Pferden befetzt. Die Sambre hier zu überbrücken, um eine Verbindung mit dem General v. Borftell herzuftellen, erlaubte der hohe Wafferftand nicht. Am Nachmittage traf der Herzog von Weimar von Mons her ein und nahm fein Haupt= quartier zu Rocq. Das in Beaumont ftehende Landwehr= Bataillon ftellte 2 Compagnien zur Deckung von Rocq.

Außer einigen Patrouillen hatte die Befatzung bisher kein Le= benszeichen gegen alle diefe Anordnungen gegeben. Am 21. März früh 8 Uhr machte fie zum erften Male einen Ausfall mit 300 Mann und 30 Pferden auf dem linken Sambre=Ufer und griff Affevent lebhaft an. Major v. Moritz leiftete mit feinem Bataillon tapferen Widerftand. Als über die Laufbrücke von Requignies noch 2 Compagnien zu feiner Unterftützung herankamen, wurde der Feind mit Verluft in die Vorftadt zurückgeworfen.

Um zum Batteriebau fchreiten zu können, mußte nunmehr das verfchanzte Lager, welches man unbedingt vom Feinde befetzt glaubte, erftürmt werden.

Es ift als ein eigenthümliches Gefchick zu bezeichnen, daß gerade in diefem Momente das zur Brigade Zielinsky gehörige 3. Oftpreußifche Landwehr=Infanterie=Regiment des Major Graf Klinckowftröm auf feinem Marfche von Brüffel nach Laon, nach= dem es fchon einmal auf außergewöhnliche Weife zur Befetzung von Aloft und Dendermonde herangezogen und von dort erft am 15. März entlaffen war, die Umgegend von Maubeuge paffirte und deshalb veranlaßt wurde, zur Verftärkung des Angriffs= corps beizutragen und bei dem Angriffe auf diefen Platz mitzu= wirken. Am 21. Nachmittags rückte das Regiment von Beaumont her bei Cerffontaine ein.

Sofort traf Generallieutenant v. Lecoq folgende Eintheilung feiner Truppen:

Erste oder linke Flügel-Colonne: Major v. Spiegel.

2 Compagnien des 3. Bataillons Sächsischen Grenadier-
Regiments;
rückt von Hautmont längs der Sambre vor,

Zweite Colonne: Major Graf Klinckowström.

3 Bataillone des 3. Ostpreußischen Landwehr-Infanterie-
Regiments;
rückt von Ferrière la grande zwischen den Straßen von
Avesnes und Beaumont vor.

Dritte Colonne: Oberst Prinz Bernhard von Weimar.

2½ Bataillone des Sächsischen Grenadier-Regiments;
1 Eskadron Sächsischer Küraffiere;
2—12pfündige Kanonen;
rückt von der Gewehrfabrik bei Ferrière la grande auf
der Straße von Beaumont vor.

Vierte Colonne: Major v. Moritz.

1 Bataillon des Sächsischen 2. Schützen-Regiments;
½ Bataillon des Sächsischen 2. Linien-Regiments;
geht aus der Waldschlucht von Roussies vor und besetzt
die linke Flanke der alten Verschanzungen.

Fünfte oder rechte Flügel-Colonne: Oberst v. Berge.

1 Bataillon des Sächsischen 2. Landwehr-Regiments;
1 Compagnie des 2. Linien-Regiments;
1 Compagnie freiwilliger Jäger;
1 Eskadron Küraffiere;
geht auf dem linken Ufer der Sambre von Bouffois aus
vor; das Landwehr-Bataillon bleibt in Reserve in Affevent, die Jäger nehmen die Redoute und halten sie besetzt.

Vor der nördlichen Front der Festung patrouillirt die
von Bavay bis Glisnelle vorgegangene Jäger-Eskadron.

Hatte man gar nicht recognoscirt oder war man getäuscht
worden: genug alle Anordnungen zum Sturme erwiesen sich als
überflüssig. Die sämmtlichen Colonnen fanden die Linien des
verschanzten Lagers unbesetzt. Mit Einbruch der Dämmerung

konnte das Abstecken und der Bau der Batterien begonnen werden. Der Feind schien die Nähe der Arbeiter, der in einige Gräben geworfenen Laufgrabenwachen und der bis an den südlichen Sambre-Arm vorgeschobenen Vorposten gar nicht zu ahnen.

3 Batterien wurden in Angriff genommen: Die linke Flügel-Batterie (a) für 6 Mörser, (3—7½zöllige englische, 2—11zöllige holländische und 1—12zölliger französischer Fuß-Mörser ohne Block) und 2—12pfündige Kanonen circa 200 Schritt links der Straße von Beaumont, im Vorgraben einer noch stehenden Brustwehr des alten Lagers und durch letztere gegen die Stadt maskirt. Auf dem rechten Flügel standen die 2—12pfündigen Kanonen, für welche Scharten in die vorliegende Brustwehr eingeschnitten wurden. Die Mörser kommandirte der Adjutant Lieutenant Kriniß, die Kanonen der Souslieutenant Schubert.

Weiter vorwärts, aber rechts der Straße und der großen viereckigen Redoute, wurde die Mittel-Batterie (b), eine gesenkte Batterie für 4—12pfündige sächsische Kanonen und 4 noch herangezogene 12pfünder der preußischen Batterie Nr. 5 (Conrabi) mit großen Schwierigkeiten erbaut. Die tiefer liegenden Schichten des Bodens waren noch gefroren und mußten in Stücken losgebrochen und auf einander gepackt werden, wodurch schließlich gar keine Festigkeit erzielt wurde. Die 4 preußischen Kanonen kommandirte der Premierlieutenant Lent; die 4 sächsischen der Lieutenant Schulze.

Die Batterie des rechten Flügels (d) lag circa 700 Schritt rechts von der Straße von Beaumont, fast in gleicher Höhe mit der linken Flügel-Batterie, im Graben eines alten Werkes. Sie wurde mit 4 englischen 24pfündern besetzt und stand unter Kommando des Chefs der Sächsischen 1. reitenden Batterie, Hauptmann Birnbaum.

In der Nähe der Mittel-Batterie, hinter der Redoute (bei c), wurden 2 — 7½zöllige englische Mörser placirt, welche, gleich den Geschützen der Mittel-Batterie, vom sächsischen Artillerie-Hauptmann Rouvroy 1. inspicirt wurden. Das Bomben-Magazin lag unweit der Pulverkammer der Batterie im tiefen Graben des Werkes.

In der Frühe des 22. März, als der Morgennebel gefallen war, gewahrte der Feind die Angriffsarbeiten, machte einen Ausfall gegen dieselben durch die Porte de France mit 600 Mann Infanterie und setzte den Deckungstruppen im Verein mit dem Feuer der Festungs= geschütze gewaltig zu. Er mußte indeß um 12 Uhr Mittags, ohne seinen Hauptzweck erreicht zu haben, wieder in die Festung zurück= kehren. Die Sachsen verloren 3 Officiere, 3 Todte und 36 Ver= wundete, die Franzosen ließen 1 Officier und mehrere Todte zu= rück. Den ganzen Tag dauerte das Feuer von den Wällen und namentlich wurde der Bau der Mittel=Batterie dadurch sehr ge= stört. Am Abende war man indeß überall mit dem Strecken der Bettungen zu Stande gekommen, auch wurden 2—8zöllige Haubitzen der Sächsischen 1—12pfündigen Batterie unter dem Souslieu= tenant Zimmermann (in *e*) links rückwärts der großen Redoute der Porte de France gegenübergestellt, um gegen einen etwa wie= derholten Ausfall wirksam verwendet werden zu können. Die Ar= mirung der Batterien erforderte die Überwindung bedeutender Schwierigkeiten. Die Felder waren fast grundlos; aber der Eifer der Artillerie=Mannschaften brachte es doch dahin, daß am 23. früh 4 Uhr die Wurfbatterie des linken Flügels ihr Feuer eröff= nen und um 6 Uhr auch die beiden anderen Batterien damit be= ginnen konnten. Um 6 Uhr fing auch der Feind an, aus seinen Kanonen zu antworten und concentrirte sein Feuer hauptsächlich auf die Mittel=Batterie, dergestalt, daß die Brustwehr derselben schon nach 3 Stunden vollständig rasirt war. Um 9 Uhr schlug eine feindliche Granate auch in das in dem tiefen Graben der Redoute liegende Pulver= und Bomben=Magazin und sprengte dasselbe mit seinen 140 Bomben in die Luft. Der Hauptmann Rouvroy wurde verwundet, ein Theil der Handlanger getödtet, die Mittel=Batterie vollends zerstört und die Mannschaft deshalb zurückgezogen.

Der Vertheidiger hatte auf der Südfronte der Festung seine Ge= schütze bis auf 26 gebracht, an der Porte de France mehrere Mörser placirt und versuchte nun auch die beiden Flügel=Batterien zum Schweigen zu bringen. Dies gelang ihm nicht; die Bomben schlugen in den aufgeweichten Lehmboden, zersprangen erfolglos oder die Zünder erstickten ganz. Die Brustwehr der rechten Flügel-Batterie mußte indeß öfters ausgebessert werden. Es geschah dies durch Anwendung von Sandsäcken, welche der englische Kapitain Gardiner, der die englischen Geschütze hergeführt, gleichfalls mitgebracht hatte. Dieser Officier, sowie seine Artilleristen zeichneten sich durch rühmliche Thätigkeit und Unerschrockenheit aus, indem sie oft minutenlang auf der Krone der Brustwehr, um dieselbe auszubessern, im heftigsten feindlichen Kugelregen arbeiteten. Die linke Flügel-Batterie kämpfte mehr mit ihren eignen Geschützen, als mit dem Feinde. Der 11zöllige holländische Mörser zerschlug schon beim 8. Wurfe seine gußeiserne Laffete. Der 12zöllige französische war, wie erwähnt, ein Fuß-Mörser; für die Aufstellung auf Steinwerk berechnet, war er auf den hölzernen Bettungen sehr schwer zu handhaben, leistete jedoch immer noch hinlängliche Dienste. Die hölzernen Blöcke der 3 kleineren 7½zölligen englischen Mörser aber waren so schwach und schlecht, daß sie schon beim ersten, dritten resp. vierten Wurf zerrissen und man sich der Röhre sodann nur mit Hülfe des Eingrabens in die Erde bedienen konnte. Es geschahen indeß aus dieser Batterie trotz aller Hindernisse 442 Wurf und von den beiden 12pfündern 145 Schuß.

Der energische Widerstand des Feindes, sowie die Einsicht in die einem solchen gegenüber ganz unzureichenden Mittel der Verbündeten begannen bereits lähmend auf den Herzog zu wirken. Ein gewaltsamer Angriff vermittelst Leiterersteigung versprach keinen Erfolg; es wurde das Letzte versucht: die Aufforderung zu einer ehrenhaften Kapitulation. Der Herzog sandte seinen Adjutanten, den Hauptmann und Kammerherrn von Vißthum, als Parlamentair in die Festung und gab ihm zugleich die Vollmacht, über 100,000 Franks daselbst zu disponiren. Der Kommandant, Artillerie-Oberst Schouller, hörte zwar die Anträge mit französischer Artigkeit an, lehnte indeß jede noch so vortheilhafte Kapitulation vor versammeltem Kriegsrathe mit der lakonischen Bestimmtheit eines erprobten alten Soldaten ab.

Das Bombardement wurde deshalb bis zum Abend fortgesetzt, gegen 6 Uhr aber das Feuer von beiden Seiten eingestellt. Die Geschütze der Verbündeten wurden sogleich zurückgezogen. Damit ging des aufgeweichten Bodens wegen die ganze Nacht bis zum 24. hin. Schon versagten bei dem letzten 24pfünder alle Vor=spannpferde den Dienst, als eine Sächsische Infanterie=Compagnie sich selbst davorlegte und das Geschütz rettete. Die beiden Hau=bitzen, welche den Ausgang der Porte de France beherrschten, blieben bis zuletzt stehen.

Früh um 6 Uhr zog der General Lecoq die Truppen in dieselbe Position zurück, die sie am 21. März inne hatten, und setzte so die Blokade fort. Die Belagerungsgeschütze aber wurden über Beaumont in einem Zuge nach Mons zurück geschickt. Erst um 8 Uhr Morgens hatte der Feind den Abzug entdeckt und machte mit 500 Mann und 40 Pferden einen Ausfall auf die wieder vorwärts Ferrière la grande und Roussies aufgestellten Vorposten. 1 Ba=taillon des 3. Ostpreuß. Landwehr=Inf.=Regiments nebst 40 Jägern und 1—12pfünder, der auf der Chaussee aufgestellt war, machten den Ausfall unschädlich und trieben den Feind bis zur Vorstadt zurück. Noch zwei ähnliche Versuche hatten keinen bessern Erfolg.

Nach der Verwandlung des Bombardements von Maubeuge in die einfache Blokade war es nun auch nicht mehr nöthig, Valen=ciennes und Condé in der bisherigen Stärke zu überwachen; man zog Truppen von dort zurück und besetzte damit die Lücken von Assevent und Bavay in der Einschließung von Maubeuge.

Das 3. Ostpreußische Landwehr=Inf.=Regiment erhielt nunmehr auch die Erlaubniß, am 25. März zu seiner weiteren Bestimmung über Beaumont und Avesnes zu der späteren Vereinigung mit der Brigade Borstell abzurücken.

46. Thielmann's Fouragirung von Tournay aus. Ausfälle aus Antwerpen. Die westphälischen Landwehren treffen ein.

Der Generallieutenant v. Thielmann, der während des Versuches auf Maubeuge den Posten von Tournay mit 10 Bataillonen, 4

Eskadrons und 17 Geschützen beseht hielt und seine Vorpostenkette
bis Lille und Valenciennes vorgeschoben hatte, verspürte während
der letzterwähnten Vorgänge bei seinem lebhaften Temperamente
wenig Luft, sich durchaus passiv zu verhalten und ordnete deshalb
und um seine jungen Truppen in's Feuer zu führen, eine größere
Fouragirung auf altfranzösischem Gebiet an. Er forderte dazu auch
den Major v. Hellwig mit seinem Streifcorps auf und übertrug
ihm die Rolle, auf dem rechten Flügel durch irgend eine beliebige
Demonstration auf Lille, die Centralstellung Maisons, zu Gunsten
der Unternehmung mitzuwirken. Thielmann ließ wenige Truppen
als Vorposten, als Besatzung von Tournay, gegen Courtray und
an der Schiffbrücke von Herrines zurück und gab am 21. März
folgende Disposition:

Die erste oder rechte Flügel=Colonne: Oberst Fürst von
  Schönburg,

geht bis Cheraing an der Marque vor.

1 Bataillon des Sächsischen 1. Landwehr-Regiments;
1½ Eskadrons des Sächsischen Husaren=Regiments;
3 Geschütze der Batterie Hirsch.

Die zweite Colonne, im Centrum: Major v. François,
geht gegen Bouvines vor und bildet das Soutien der ersten
  Colonne.

1 Bataillon des Sächsischen 1. Landwehr=Regiments;
½ Eskadron Husaren und
1 Geschütz der Sächsischen 1—6pfündigen Fuß=Batterie.

Die dritte oder linke Flügel=Colonne: Generalmajor v. Brause,
steht früh 10 Uhr bei Rume auf der Straße nach Orchies zum
  Abmarsch bereit.

6 Bataillone;
2 Eskadrons Küraffiere;
9 Geschütze, und zwar 7 der Sächsischen 1—6pfündigen
  Fuß=Batterie und 2 von Holländern beseßte englische
  9pfünder.

2 Compagnien der Besatzung von Tournay decken die Colon=

nen der 100 Fouragewagen, welche auf den Straßen von Orchies und St. Amand vorrücken.

Die Husaren der ersten Colonne trafen in ihrem Vorgehen gegen Lille bald auf die stärkere Cavallerie des Feindes, warfen diese in mehreren brillanten Attacken, und verfolgten die Mame= lucken der Garde bis in die Vorstadt, wo sie indeß in das Kugel= feuer der Wallgeschütze geriethen und 2 Mann und 6 Pferde ver= loren. Dieser excès de bravoure hatte zur Folge, daß der Feind mit 4 Bataillonen, 5 Eskadrons und 6 Geschützen aus Lille her= vorbrach. Fürst Schönburg setzte sich bei Cheraing fest und zog die bei Bouvines stehende Mittel=Colonne mit in das Gefecht, das sich bis zur Dunkelheit nicht ohne gegenseitige Verluste hinzog. Bei Bouvines kam es vor, daß der 6pfünder durch einen guten Schuß die Veranlassung zur Flucht eines feindlichen Quarré's wurde. Dieses Dorf war gleichfalls bis zum Abende der Zankapfel beider Partheien, bis der Major v. François, durch den überlegenen Feind gedrängt, dasselbe, zumal es an drei verschiedenen Stellen brannte, in guter Ordnung verließ. Die feindliche Cavallerie setzte durch die Marque und verfolgte das sich aus dem tiefen Boden kaum loswindende Geschütz mit vielem Eifer, ward aber von der Bedeckung im Schach gehalten, so daß das Geschütz die Straße und dann das Bataillon erreichen konnte. In gegenseitiger Unter= stützung der in Quarré's formirten Bataillone und des mit Kar= tätschen feuernden Geschützes wurden noch mehrere Cavallerie= Attacken glücklich abgewiesen, bis endlich bei Cysoing die einbre= chende Dunkelheit die Fortsetzung des Gefechtes auf beiden Seiten unmöglich machte. Die 2. Colonne bezog bei Bourghelles, die 1. Colonne bei Baisieux das Bivouak.

Die 3. Colonne führte der Generallieutenant v. Thielmann zur Deckung der bei St. Amand vorzunehmenden Recognoscirungen persönlich über Orchies bis Pont à Marque, woselbst sie durch Ti= railleure und wenige Kanonenschüsse den 400 Mann und 50 Pferde starken Feind delogirte. Ohne irgend welchen Verlust ging dann die Colonne nach Erreichung ihres Zweckes bis Orchies zu= rück, daselbst zu übernachten.

Am 22. März früh rückte Alles wieder in die bisherige Auf= stellung bei Tournay. Der Feind folgte erst spät mit 2000 Mann bis Orchies und fouragirte nun seinerseits 2 Tage lang die ganze Gegend aus.

Der Major v. Hellwig, der an der Thätigkeit Thielmann's sich gern betheiligt hatte, war, Menin besetzt haltend, am 21. März über Roncq und Warwick, welche Dörfer er durch Infanterie= Detaschements deckte, mit seiner Cavallerie auf der großen Straße über Bondues nach Marque en Bareuil vorgegangen, hier auf 300 Mann feindliche Infanterie und 2 Kanonen, die die Marque= Übergänge vertheidigten, gestoßen und hatte sich demnächst Nach= mittags wieder auf Menin in seine bisherige Stellung zurückgezogen.

Die jungen Sächsischen Truppen hatten sich brav geschlagen; die Verluste betrugen auf beiden Seiten circa 50—60 Mann. —

Während diese Ereignisse sich vor Maubeuge und Tournay zu= trugen, war auch die Besatzung von Antwerpen nicht unthätig geblieben. Sie hatte am 21. März in der Frühe auf Kähnen ei= nen starken Ausfall die Schelde herauf gegen den preußischen Jäger=Posten bei Natten=Haesbonck und Windham unternommen und war bei Rupelmonde auf eine Patrouille gestoßen. Während des Schützengefechtes bewaffneten sich die Einwohner dieser 3 Ortschaften und ihren vereinten Anstrengungen gelang die Verhinderung der Landung und der beabsichtigten Fouragirung. Am 23. unternahm die Besatzung einen Ausfall gegen Duffel und Waelhem, um dort eine außerordentliche Kontribution auszuschreiben; auch hier wurde vom General v. Gablenz der Feind zurückgewiesen und den Dör= fern Zeit verschafft, mehr als 800 Stück Vieh und viele andere Subsistenzmittel hinter die Vorpostenkette in Sicherheit zu bringen. Am 24. griff der Feind die Vorposten vor Lier mit 200 Mann Infanterie und 30 Pferden bei Contich an. Hier standen die frei= willigen Jäger des Hauptmanns v. Liebeherr vom Elb=Infanterie= Regiment; sie gingen, unterstützt von einigen Compagnien des genannten Regiments unter Oberstlieutenant v. Reuß, dem Feinde entschlossen entgegen, während der General v. Gablenz eine Diversion gegen Duffel und Waerlos machte, so daß die Franzosen sich eiligst wieder gegen Antwerpen zurückziehen mußten.

Der preußische Obristlieutenant v. Reuß mit seinem Elb-Infanterie-Regimente sollte nunmehr zu Vorstell stoßen und durch die seit Anfang Januar auf den Kriegsschauplatz getretenen, bisher zur Besatzung von Herzogenbusch und Zütphen verwendeten 4 Bataillone des 1. Westphälischen Landwehr-Infant.-Regiments, sowie durch die beiden Jäger-Detaschements desselben unter den Kapitains v. Gillhausen und v. Witten abgelöst werden. Der Oberstlieutenant v. Rüchel kommandirte diese Truppen, die zur Zeit 65 Officiere und 2796 Mann stark waren, und rückte am 25. März in Lier und Herenthals wirklich ein. Da derselbe aber noch keinen bestimmten Befehl hatte, an der Blokade Theil zu nehmen, so wurde er zwar dazu nicht herangezogen, aber Seitens des Generals v. Gablenz auch der Oberstlieutenant v. Reuß mit seinen Truppen nicht entlassen.

Das Dilemma wegen Zutheilung einer Batterie sächsischer oder englischer Artillerie an den Oberstlieutenant v. Rüchel wurde durch die Zusicherung des Prinzen von Oranien gelöst, der das Eintreffen einer neu organisirten holländischen Batterie versprach, welche auch wirklich am 22. von Breda nach der Gegend von Antwerpen aufgebrochen war.

47. Maison's Diversion gegen Gent und Vereinigung mit der Garde-Division Roguet's. Eintreffen der 3. Colonne sächsischer Truppen unter Oberst v. Seydewitz. Walmoden löst mit der Hälfte seiner russisch-deutschen Legion Gablenz vor Antwerpen ab. Die preußischen Truppen unter Vorstell rücken zum Bülow'schen Corps ab.

Der General Maison, der nach vom Oberst v. Geismar aufgefangenen Depeschen, jetzt über circa 7000 Mann Infanterie,

897 Pferde, 14 Kanonen und 5 Haubitzen im freien Felde ge=
bot, hielt den Zeitpunkt, in welchem der Herzog von Weimar sich
mit dem größeren Theile seiner Truppen auf Maubeuge gewendet,
für geeignet, die beabsichtigte Vereinigung mit der Garde=Division
Roguet in's Werk zu setzen. Er brach am 23. März von Lille auf,
griff am 25. März die Vorposten des ambulirenden Corps des Majors
v. Hellwig bei Roncq an, verdrängte Hellwig aus Menin gegen
Courtray, stand an demselben Tage Nachmittags 3 Uhr bereits
vor Courtray und zwang Hellwig durch überlegene Kräfte, seinen
ferneren Rückzug auf Oudenarde zu nehmen. Maison folgte ihm dahin
nicht, sondern ließ nur 500 Mann in Harlebeke stehen. Major
v. Hellwig sprach in seinem Rapport die Vermuthung aus, Maison
könne sich auf Brüssel dirigiren wollen, weshalb der General v. Thiel=
mann noch an demselben Tage den sächsischen Generalmajor v. Brause
veranlaßte, durch eine Recognoscirung gegen Lille dem Major
v. Hellwig Luft zu machen. Maison kehrte sich nicht daran. Ge=
neral v. Thielmann gewann also Zeit, seine sämmtlichen dispo=
niblen Truppen zusammenzuziehen, welche der Herzog von Wei=
mar noch durch die eben angekommene 3. Colonne sächsischer
Truppen verstärken wollte.

Es war nämlich der Oberst v. Seydewitz am 25. März mit

dem 1. Bataillon, 1. Linien=Regiments;

3 Bataillonen des 3. Landwehr=Regiments;

3 Bataillonen des 4. Landwehr=Regiments;

der 4. Eskadron des Husaren=Regiments;

Ersatzmannschaften des Kürassier=, Ulanen= und Husaren=
Regiments;

der 2—12pfündigen Batterie (Hauptmann Zandt) und

dem Hauptpark der Artillerie (Major v. Großmann)

in einer Stärke von 149 Officieren, 6141 Mann und 778 Pferden
in Brüssel angelangt. Die Linientruppen dirigirte man sofort zu
ihren Regimentern; die Landwehren sollten anfänglich nach Mons
geführt werden, um den nunmehr eingeleiteten Abzug der preu=
ßischen Truppen unter v. Borstell weniger fühlbar zu machen; der

Oberſt v. Seydewitz erhielt indeß Contreordre und wurde nach Enghien, in der Richtung nach Tournay, dirigirt.

Thielmann ließ 2 Bataillone in Tournay und marſchirte mit ſeinen übrigen diſponiblen Truppen : 8 Bataillonen, 4 Eskadrons und 9 Geſchützen am 26. März früh nach Warcoing, ließ 1 Ba= taillon bei Ramegnies ſtehen, um die Schiffbrücke, die ſchon am 18. von Herrines bis Pont à Chin zurückgezogen worden war, zu decken. Vorwärts Warcoing betaſchirte er 1 Bataillon, ½ Eska= bron und 1 Geſchütz rechts gegen Sweweghem, um daſſelbe zu beſetzen, ging mit dem Gros bis Belleghem vor und ſandte von hier aus ſeinen Vortrab nach Courtray, von wo jedoch kurz zuvor der General Maiſon mit ſeiner ganzen Stärke über Deinze nach Gent aufgebrochen war. Er fand unter den Einwohnern von Courtray die Meinung verbreitet, daß Maiſon allein die Abſicht hege, ſich durch die Garbetruppen in Antwerpen auf eine reſpek= tablere Stärke zu bringen.

Da die Gelegenheit, Maiſon feſtzuhalten, entſchlüpft war, ſo kehrte Thielmann am 27. nach Tournay zurück, weitere Ordre abzuwarten.

Maiſon nahm am 26. Nachmittags Gent, warf die Koſaken des Oberſt Bychalow auf Aloſt zurück und machte den holländiſchen Obriſt Polis mit ſeinem Bataillon zu Gefangenen.

Von der Beſatzung Antwerpens war aus der Tête de Flandre wieder ein ſtarker Ausfall bis St. Nicolas und auf der Schelde unternommen worden, und die Beſorgniſſe für Brüſſel ſchienen nicht unbegründet. Im Hauptquartier zu Mons traf man deshalb folgende Anordnungen : 1 Huſaren-Eskabron geht von Leuze nach Renaix, um das Corps Hellwig's zu verſtärken; das 1. Bataillon des Sächſiſchen 1. Linien-Regiments geht von Enghien über Gram= mont nach Parike vor; 3 Bataillone des 3. Landwehr-Regiments folgen von Braine le comte jenem Bataillon bis Grammont. Dieſe Truppen wurden an die Befehle des Oberſt v. Leyſer verwieſen.

Der Oberſt Graf Lottum erhielt den Auftrag, das Kommando des Poſtens in Tendermonde zu übernehmen, die in Brüſſel

stehenden 2 Landwehr-Bataillone Weimar und Gotha nach) Aloſt
auf dem Wege nach Gent zu dirigiren und überhaupt hier alles
Verfügbare zu ſammeln. Der Vorpoſten-Kommandant vor Condé,
Oberſtlieutenant v. Thümen, wurde mit 2 Bataillonen, 3 Eskadrons und 2 reitenden Geſchützen zur Beſetzung von Leuze beordert, General v. Vorſtell aber erſucht, von ſeiner Stellung bei
Bavay aus die umliegenden Feſtungen durch Demonſtrationen zu
beunruhigen.

Die Verhältniſſe dem General Maiſon gegenüber, ſobald derſelbe
ſich mit 14,000 Mann in Antwerpen feſtſetzen ſollte, erſchienen
dem Herzoge von Weimar ſo bedrohlicher Natur, daß er mittelſt
Couriers dem Feldmarſchall Blücher, unter deſſen Oberbefehl das
3. deutſche Armee-Corps jetzt geſtellt war, Bericht darüber abſtat-
tete, da der Beſitz des wichtigen Brüſſels, wo bedeutende Vorräthe und Geldmittel angeſammelt waren, ſowie die Verbindung
nach Frankreich gefährdet ſeien.

Der Kronprinz von Schweden ſpielte in Lüttich aus politiſchen
Gründen den Zauberer; von ihm war keine Unterſtützung zu erwarten. Dagegen kam jetzt die Bereitwilligkeit des Generallieutenants Graf Wallmoden, mit ſeiner ruſſiſch-deutſchen Legion in
größere Thätigkeit zu treten und namentlich den General v. Gablenz
vor Antwerpen abzulöſen, dem Herzog von Weimar ſehr gelegen.
Wie bereits erwähnt, war der Kommandeur der Legion und des
ihr attaſchirten Hannoverſchen Bataillons freiwilliger Jäger, der
Generalmajor v. Arentſchildt, zu jenem Zwecke am 23. März in
zwei Colonnen von der Maas aufgebrochen und dirigirte ſich auf
Antwerpen. Die Beſorgniß für Brüſſel war indeß der Grund,
aus welchem der General v. Arentſchildt bei ſeinem Eintreffen in
Loeven am 27. März ein Schreiben des Civil-Gouverneurs von
Brüſſel, v. d. Horſt, mit der bringenden Aufforderung erhielt, der
Stadt zu Hülfe zu eilen. Der General leiſtete dem Geſuche Folge
und beließ nur ſeine rechte Colonne im Marſche auf Antwerpen.
Noch ehe er am 28. mit der linken Colonne von Loeven aus-
rückte, traf der General v. Wallmoden wieder bei der Legion ein,

übernahm das Kommando und billigte die geschehenen Anordnungen. Am Mittag zogen das 1. Infanterie-Regiment, die Jäger, das 1. Husaren-Regiment und die Fuß- und 2. reitende Batterie unter großem Jubel der Einwohner in die von Truppen ganz entblößte geängstigte Stadt ein, die nun erst wieder Hoffnung gewann, sich der Franzosen erwehren zu können.

Das 1. Husaren-Regiment mit der 2. reitenden Batterie rückten gleich bis Asche und Zellick vor, wohin sich auch Graf Wallmoden am 29. begab, seine Truppen von Brüssel bis Aloſt vorschiebend.

Die rechte Colonne der ruſſiſch-deutſchen Legion — nämlich das 2. Infanterie-Regiment, das 2. Husaren-Regiment und die 1. reitende Batterie — war unter dem Kommando des Obristlieutenants Wardenburg über Vilvorden nach Lier gegangen, rückte noch am 28. nach Heyſt op den Berg und Umgegend und hatte den General v. Gablenz und dessen sächsische Brigade in der Beobachtung Antwerpens abgelöst. Sie bezog Vorposten an der Nethe-Linie, indem die Orte Lier, Duffel und Waelhem jeder mit 1 Bataillon und einiger Cavallerie besetzt wurden, der linke Flügel sich aber gegen Boom ausdehnte.

General v. Gablenz brach demnächſt sofort nach Zellick auf und stellte sich unter die Befehle Wallmodens. —

Durch dieſe Veränderung der Sachlage wurde es nicht nur angängig, daß der preußische Obristlieutenant v. Rüchel mit seinem 1. Westphälischen Landwehr-Infanterie-Regimente von Lier wieder zur Besetzung von Herzogenbusch zurückgehen konnte, sondern es war auch endlich der Zeitpunkt gekommen, wo die Brigade Vorstell dem bringenden Ansuchen Blüchers folgen und sich ihm und Bülow wieder anschließen durfte. Vorstell brach — nur noch sein Elb-Infanterie-Regiment und das Pommerſche Husaren-Regiment in den Niederlanden zurücklassend — am 29. und 30. März von Bavay aus in zwei Colonnen über la Capelle nach Laon auf und wurde alsbald mit der Einschließung von Chalons beauftragt.

Troß dieſer gewaltigen Schwächung der Verbündeten in den Niederlanden gerade in dem augenblicklichen kritischen Momente, gestalteten sich die Verhältnisse für dieselben sowohl durch das Einrücken Wallmodens in den Kampfplatz, als des kürzlich erfolgten Zuzuges eines Theiles des 3. deutschen Armee-Corps noch günstig genug.

Der Generallieutenant v. Thielmann konnte nun zur Behauptung von Tournay den Oberst v. Egloffstein mit 2000 Mann zurücklassen und selbst am 28. März mit den ihm noch verbleibenden 7 Bataillonen, 4 Eskadrons und 13 Geschützen nach Oudenarde aufbrechen, wodurch er den doppelten Zweck zu erreichen glaubte, von hier aus die Franzosen in Gent zu bedrohen und ihnen den Rückweg zu verlegen, oder nach Umständen sich leichter mit den Truppen bei Alost zu vereinigen.

Das Streifcorps Hellwig's schob Thielmann, nachdem er es durch 1 Bataillon Landwehr und 2 Kanonen verstärkt hatte, nach Avelghem vor, um sich gegen Lille sicher zu stellen. Seine Vorposten standen später sogar bis Harlebeke und Deinze.

Leider hatte das pikirte Benehmen Thielmann's gegen Wallmoden, das erst durch persönliches Einschreiten des Herzogs von Weimar beseitigt werden konnte, Verzögerungen in den gemeinschaftlichen Angriffsoperationen gegen Gent zur Folge, die dem General Maison gestatteten, unbehelligt seine immerhin gefährdete Lage in eine günstigere zu verwandeln.

Dem General Maison war es nämlich nach seiner raschen Bewegung auf Gent nunmehr wirklich gelungen, am 27. seinen Hauptzweck zu erreichen, über Lokeren 5000 Mann Infanterie, 250 Pferde und 18 Geschütze der Garde Roguet's aus Antwerpen an sich zu ziehen. Maison war nunmehr 12— 15000 Mann Infanterie, 1100 Pferde und 37 Geschütze stark und fühlte sich in der Position bei Gent vollständig gesichert.

Gegen Brüssel unternahm er nichts.

Am 30. März Morgens 3 Uhr verließ er vielmehr Gent und trat seinen Rückmarsch an, forcirte die Posten von Deinze und Sweveghem und erreichte Courtray, von wo er am folgenden Morgen seinen weiteren Rückzug nach Lille fortsetzen wollte. Zur Verbergung deſſelben ließ er unter Begünſtigung eines ſtarken Nebels eine Recognoscirung gegen Tournay unternehmen, drängte die Vorpoſten bis an die Stadt hinan, zog ſich indeß, bei heranrückender Verſtärkung des Gegners, wieder zurück.

Sobald die Koſaken Bychalow's die rückgängige Bewegung des Generals Maiſon bemerkt hatten, beſetzten ſie Gent wieder und folgten dem Feinde bis Deinze, einige Nachzügler zu Gefangenen machend. Das Detaſchement des Oberſt Lottum, dem Wallmoden nur das 1. Huſaren-Regiment von ſeiner ruſſiſch-deutſchen Legion beließ, brach unverzüglich aus ſeiner Stellung bei Aloſt und Dendermonde auf, rückte Abends in Gent ein mit der Abſicht, am 31. früh dem Feinde über Deinze zu folgen. Dies geſchah zwar, doch ohne Combination mit der Unternehmung Thielmann's, und führte, wie ſpäter erwähnt werden wird, nur noch zu dem Rencontre bei Harlebeke.

48. Thielmann's Niederlage bei Sweweghem am 31. März. Bravour ſächſiſcher Cavallerie. — Rencontre bei Harlebeke.

Sobald der Generallieutenant v. Thielmann dieſe Vorgänge er= fahren hatte, zog er alle entſendeten Abtheilungen an ſich und brach noch am 30., circa 7000 Mann ſtark, von Oudenarde nach Avelghem an der Schelde auf, um am folgenden Tage die feind= liche Nachthut in ihrer linken Flanke angreifen zu können. Wall= moden und Gablenz beauftragte er, von Aloſt ſogleich auf Oude= narde zu marſchiren. Bei den bodenloſen Wegen war deren Ein= treffen bei Oudenarde jedoch erſt für den 31. März Mittags vorauszuſehen.

Graf Wallmoden hatte dies dem Generallieutenant v. Thielmann durch den Rittmeiſter Graf Wartensleben melden laſſen, rückte ſchleunig noch in der Nacht bis Velſicque und Sotteghem und langte, ohne ſich einen Aufenthalt gegönnt zu haben, am 31. früh um 10 Uhr nach einem ſehr anſtrengenden Marſche mit der Hälfte ſeiner Legion und mit der ſächſiſchen Brigade Gablenz bei Oude= narde an.

In dem stürmischen und egoistischen Charakter Thielmann's lag es indessen nicht, den Ruhm, über Maison zu triumphiren, mit Anderen zu theilen. Er traf deshalb noch in der Nacht seine An= ordnungen zum Aufbruch gegen Courtray. Mit Anbruch des Tages stieß der Vortrab Thielmann's unter dem Generalmajor v. Brause ½ Stunde diesseits Sweweghem auf den Feind, der sogleich lebhaft angegriffen und bis in die Ebene von Courtray zurückgeworfen wurde. Bei Sweweghem stellte Thielmann sein Corps in Schlachtordnung auf.

Die 1. Brigade des Generals v. Brause mit 5 Bataillonen, 3 Eskadrons Husaren und 6 Geschützen der Sächsischen 1 — 6pfün= digen Fuß=Batterie hatte — zugleich Avantgarde — den rechten, die 2. Brigade des Generals Prinz Paul von Würtemberg mit 5 Ba= taillonen, 2 Eskadrons Kürassieren und 7 Geschützen den linken Flügel. Das Corps Hellwig's erhielt die Bestimmung, von Swe= weghem aus sich links gegen Belleghem wendend, die linke Flanke zu decken.

Bald überzeugte sich der Generallieutenant v. Thielmann, daß er es nicht blos mit der Nachhut Maisons, sondern mit dessen ganzem mobilen Corps zu thun habe, das in Courtray eine kurze Rast gehalten hatte. Ja Maison sandte ihm sogar einen Parla= mentair entgegen mit der Warnung, ihn nicht mehr so schwach zu halten als früher.

Die Colonnen desselben drangen denn auch bald in 3 verschie= benen Richtungen durch die Thore der Stadt hervor, gegen die Fronte der rechten Flügel=Brigade, sowie in beiden Flanken auf den Chausseen gegen Harlebeke und Tournay vorgehend. Das Terrain setzt vermöge seines durchschnittenen Characters jedem rangirten Gefechte die größten Schwierigkeiten entgegen. Während sich überall ein heftiges Tirailleurgefecht entspann, verfolgte Maison unausgesetzt seinen Plan, die diesseitigen nicht hinreichend gedeckten Flügel, besonders den linken, zu tourniren und schließlich auf der Seite von Tournay her der Aufstellung bei Sweweghen in den Rücken zu fallen.

Ohne Hoffnung auf rechtzeitige Unterstützung Seitens Lottum's, Wallmoden's oder Gablenz's, ordnete Thielmann deshalb den Rückzug an. Der Prinz Paul von Würtemberg gab der wiederholten Abberufung und dem bestimmten Befehl zum Rückzuge kein Gehör; er sah so lange keine Gefahr im Verzuge, bis diese ihm über den Kopf wuchs und endlich von den ungeübten Landwehren nicht mehr bewältigt zu werden vermochte. Der rechte Flügel dagegen führte in bester Ordnung und ohne Übereilung seinen Rückzug aus, wobei sich die Husaren=Eskabron des Majors v. Taubenheim durch ihr präcises und richtiges Eingreifen die größeste Anerkennung erwarb.

Noch bevor die Linien=Bataillone ihre rückwärtige Bewegung antraten, war die Vorsicht angewendet worden, die gesammte Artillerie schleunigst auf die Windmühlenhöhe vor Sweweghem zu führen, sie dort unter Deckung der Küraffiere zu stellen, und ihr so eine kräftige Mitwirkung bei Ausführung des Rückzuges zu überweisen.

Der linke Flügel gerieth von Moment zu Moment in immer größere Verlegenheit; der Prinz Paul, zum rechten Flügel aus irgend welchem unbekannten Grunde abberufen, übertrug dem Oberst v. Dierschen das Kommando; aber weder diesem noch den in ihrem Eifer nicht nachlassenden Bataillons=Kommandeuren gelang es, die junge Mannschaft geschlossen und in Ordnung zu halten. Viele Officiere wurden verwundet und geriethen in Gefangenschaft, die Auflösung wurde allgemein, die Flucht nach der Straße von Avelghem drohte selbst den braven Truppen des Generals v. Brause und der Artillerie durch die dadurch herbeigeführte Verstopfung gefährlich zu werden. Der letztgenannte General mit seiner 1. Brigade, der, je schwieriger die Situation wurde, sich um so klarer bewußt blieb, daß er es sei, der die Ehre des Tages und des sächsischen Namens zu retten habe, löfete seine Aufgabe in der That mit eben so viel Tapferkeit als ruhmvoller Hingebung. Seine Arrieregarde widerstand dem Anprallen des verfolgenden Feindes, die Batterien konnten echelonweise sich

feuernd zurückziehen, um die Truppen wieder von Neuem aufzu=
nehmen. Die 3—6pfünder des Lieutenants Hirsch, unter Bedeckung
der Küraffiere, standen in Position zur Aufnahme der Nachhut,
sobald diese Sweweghem zu räumen gezwungen sein sollte. Der
Moment trat bald ein, und der Feind concentrirte auch sofort
das Feuer seiner Geschütze und Tirailleure auf die Batterie des
Lieutenants Hirsch, so daß in kürzester Zeit 3 Pferde des einen
Geschützes getödtet wurden.

Diesen Moment wahrnehmend, stürzte sich die feindliche Reiterei
auf die Batterie, um sie zu nehmen. Die 2 sächsischen Küraffier=
Escadrons brachen in diesem kritischen Augenblicke jedoch von der
Flanke aus vor, hieben die feindliche Cavallerie zusammen und
retteten wenigstens die 2 noch bespannten Geschütze. Dem mörde=
rischen feindlichen Tirailleurfeuer ausgesetzt, zogen sich die Küraf=
fiere einen Augenblick zurück, um sich von Neuem zu sammeln.
Der Feind wollte sich jetzt des stehengebliebenen 6pfünders be=
mächtigen, um ihn als gute Prise in Sicherheit zu bringen. Die
braven Küraffiere, im Verein mit der noch bei der Arrieregarde
befindlichen 4. Husaren=Escadron unter Major Stünzner, wollten
zur Rettung des Geschützes nichts unversucht lassen, stürzten sich
auf die französische Cavallerie, namentlich auf die Mameluken der
Garde, machten das Geschütz abermals frei, konnten es jedoch
nicht mehr fortschaffen und bezahlten ihre Bravour mit dem Leben
manches Reiters und 2 ihrer besten Officiere. Ihr Führer, der
Oberst v. Thümmel, wurde schwer verwundet und der Rittmeister
v. Beulwitz blieb todt auf dem Platze.

Der Rückzug der sächsischen Truppen bewegte sich über Avelghem
auf der Straße nach Oudenarde. Die Arrieregarde bildeten das
2. und 3. Bataillon des 1. Linien=Regiments, die 2 Escadrons
Küraffiere, die 4. Husaren=Escadron und die noch verbliebenen
2 Geschütze des Lieutenants Hirsch. Der Feind setzte seine Ver=
folgung nur noch mit einigen Bataillonen, Escadrons und Ge=
schützen der Division Barrois fort, nöthigte indeß die Arrieregarde,
noch öfters Stand zu halten, — zuletzt über Avelghem hinaus bei

Waermaerbe an der Schelbe, wo sich auch das Freicorps des Majors v. Hellwig den Truppen wieder anschloß, — und wendete sich dann in aller Stille zurück.

Im Ganzen betrug der Verlust der Sachsen auf allen Punkten des Gefechtes: tobt 3 Officiere, 252 Mann; verwunbet 17 Officiere, 423 Mann; gefangen unb versprengt 19 Officiere, 1194 Mann, von welchen letzteren sogar erst am Rhein einige aufge= halten unb zu ihren Bataillonen zurückgeschickt wurden.

Auf diese bittere Weise rächte sich der Ehrgeiz Thielmann's, mit seinen Landwehren, die meistens noch keinen Schuß gethan hatten, ben Veteranen Maison's entgegengetreten zu sein. Seine Truppen aber lieferten den schlagenden Beweis, welche Gefahr es hat, über ihre Zahl unb ihren guten Willen die Ungewohntheit der Disciplin unb die Dienstüchtigkeit vergessen zu wollen.

Der Prinz Paul wollte noch bei Avelghem die Scharte wieder auswetzen, warb aber vom General Thielmann zur Fortsetzung des Rückzuges auf Oubenarbe angehalten.

In Oubenarbe waren Wallmoben unb Gablenz — wiewohl, der schlechten Wege halber, mit Zurücklassung der Sächsischen 2—12= pfünbigen Batterie — unlängst eingetroffen unb hatten ihren Truppen, da Thielmann dieselben nicht abwarten zu bürfen ge= glaubt, eine kurze Rast gegönnt. Gerade als das Hauptquartier zu Tische gehen wollte, kam schaumbebeckt ein sächsischer Officier angesprengt unb brachte die Unglücksbotschaft von der totalen Nie= berlage der Sachsen unb ihrer Retirabe auf Oubenarbe. Wallmo= ben ließ sofort ausrücken. Etwa ½ Meile vor der Stabt bei Elseghem, wo der Weg von Harlebeke in die Chaussee mündet, ließ er die Truppen der Legion unb vor ihrer Front eine Bat= terie Stellung nehmen, die Brigabe Gablenz aber in gleicher Weise sich auf dem Wege nach Courtray aufstellen.

Nur mit Mühe gelang es dem Oberst v. Zezschwitz, den Gene= ral Thielmann von seinem Entschluß, nunmehr sogleich mit biesen neuen Kräften wieder gegen Maison loszugehen, abzubringen.

Thielmann glaubte Maison ruhig bei Courtray, und doch war derselbe sogleich gegen Tournay aufgebrochen.

Um indeß auch für diesen Fall eine Vorsichtsmaßregel zu treffen, ließ Thielmann den General v. Gablenz noch mit Einbruch der Nacht auf dem rechten Schelbeufer nach Tournay in größter Eile abmarschiren, während General Graf Wallmoden die Nacht über in der Stellung vor Oudenarde bivouakirte, andern Tages aber Kantonirungen bei Velsicque und Sotteghem bezog.

Hier traf sein 1. Husaren-Regiment wieder bei ihm ein, welches zum Detaschement des Obrist Grafen Lottum gehört hatte. Dieses Detaschement war am 31. früh von Gent über Deinze aufgebrochen, um das Corps Maison's zu verfolgen. Erst spät Nachmittags, als das Gefecht bei Sweweghem bereits entschieden, war die Avant=garde bei Harlebeke angelangt und hatte sich mit dem hier noch befindlichen feindlichen 300 Mann starken Arriere=Posten engagirt. Der Premierlieutenant Graf zu Dohna trieb mit der 1. Eskadron, unterstützt durch die Eskadron des Rittmeisters v. Simolin oben=genannten Husaren-Regiments, den feindlichen Posten bis unter die Mauern von Courtray zurück und scharmuzirte dort, bis die Jäger=Abtheilungen in das Gefecht gezogen wurden und den Feind gänzlich in die Stadt warfen. Als derselbe Courtray in der Nacht verließ, besetzten die Kosaken Bychalow's den Ort noch vor Ta=gesanbruch und folgten bis unter die Wälle von Lille.

Maison, der durch das Gefecht bei Sweweghem in die Lage versetzt worden war, ungehoffte Lorbeeren zu erkämpfen, dirigirte seine siegestrunken gewordenen Truppen nun auch gegen Tournay, um sich dieses Platzes durch einen Handstreich zu bemächtigen.

49. Des Oberst v. Egloffstein rühmliche Vertheidigung von Tournay am 31. März.

Der weimarische Oberst v. Egloffstein verfügte in Tournay über eine Besatzung von 3 Bataillonen, 4 Geschützen der holländisch=englischen 9pfünder Batterie und an Cavallerie über 1 Officier und 30 Husaren, welche ihm der Oberst v. Leyser bei seinem Ab=

zuge nach Oudenarde zurückgelassen, im Ganzen also nur über 2100 Mann mit 30 Pferden. Maison's Recognoscirung am 30. im Frühnebel konnte wegen des Mangels an hinreichender Cavallerie den oben angegebenen leichten Erfolg haben. Der Oberst v. Egloffstein nahm indeß alsbald seine frühere Stellung bei Orcq wieder ein und rückte auf des Generallieutenants v. Thielmann Aufforderung am 31. März in der Richtung auf Courtray sogar bis in eine Stellung zwischen Marquin und Pecq vor. Er hörte das Kanonenfeuer des Gefechts von Sweveghem, ohne nähere Nachrichten eintreiben zu können, bis am Nachmittage seine Patrouillen mit der Meldung zurückeilten, daß Maison die Richtung auf Tournay einschlage. Hierauf marschirte Egloffstein sogleich in seinen ihm anvertrauten Platz zurück und ordnete alle schon vorher vorbereiteten Vertheidigungsmaßregeln an, soweit seine schwachen Kräfte für die Ausdehnung der zumal sehr verfallenen Werke der bedroheten Fronte des linken Scheldeufers zureichten. Die 4 Geschütze wurden in die Spitzen der Bastione, 2 Bataillone auf die Wälle postirt, das Bataillon Gotha auf dem Markt in Reserve gehalten. In diesem Momente traf das 1. Bataillon des 1. Linien-Regiments unter Major v. Larisch von Grammont, von wo der Generallieutenant v. Thielmann es nach Tournay entsandt hatte, ein und verstärkte so auf eine erfreuliche Weise die Besatzung und ihren Muth. Um 5 Uhr Nachmittag langten die Spitzen der feindlichen Colonnen vor Tournay an, und Maison ließ sogleich den Angriff ohne weitere Vorbereitungen und Hülfsmittel auf das Thor der Septfontaines richten. Die Besatzung wies ihn blutig zurück. Dem folgte ein mehrstündiges Bombardement und das Beschießen des nach Lille führenden obengenannten Thores. Der glückliche Zufall, daß die Batterie statt des Thores einen alten in der Nähe stehenden Thurm für dieses hielt und mit allen Kräften demontirte, schonte die Vertheidigungsfähigkeit des Thores.

Während dieses Intermezzo's hatten die Franzosen Leitern und Sturmgeräth herbeigeschafft und schritten in der bereits eingetretenen Dunkelheit in 4 Colonnen gegen alle 4 Thore des linken

Schelbeufers vor. Troß der Zersplitterung der geringen Kräfte des
Vertheidigers schlug derselbe doch alle brüsken Angriffe mit her=
vorzuhebender Bravour ab. Der Feind wiederholte den Anlauf
zum zweiten und britten Male mit eben so wenig Erfolg, ließ
400 Tobte vor dem Plaß und setzte das Bombardement noch einige
Zeit hinburch fort.

Um 9 Uhr Abends traf das von Leuze herbeigerufene Pommersche
Husaren=Regiment des Oberstlieutenants v. Thümen, früh 4 Uhr aber
auch der von Oubenarde abgesandte General v. Gablenz mit seiner
Brigade in Tournay ein. Am 1. April in aller Frühe trat des=
halb der General Maison, statt, wie beabsichtigt, den Angriff zu
erneuern, seinen Rückzug nach Lille an, wohin die Division Bar=
rois, welche er bei Avelghem gegen Thielmann zurückgelassen, von
diesem Orte bereits abmarschirt war.

Die Vertheidigung Tournays durch Egloffstein war eine um
so glänzenbere That, als sie noch an demselben Tage die gewaltige
Nieberlage bei Sweweghem einigermaßen zu verwischen im Stande
war.

**50. Der Kronprinz von Schweden will bis gegen Brüssel vor=
rücken. Neue Truppen=Aufstellung des Herzogs von Weimar.
Das Pommersche Husaren=Regiment und das Elb=Infan=
terie=Regiment schließen sich ihrer Brigade Vorstell wieder an.**

Die letzten Operationen des Generals Maison hatten dem
Hauptquartiere des Herzogs von Weimar die Überzeugung ver=
schafft, daß die augenblicklichen Zwecke des 3. deutschen Armee=
Corps: der Schuß Westflanderns, die Sicherheit Brüssels, dessen
unbehelligte Verbindung mit der schlesischen Armee in Frankreich
und die Einschränkung der Ausfälle und Streifereien der Ant=
werpener Besatzung gegen die Landschaft des linken Schelbeufers,
nur durch eine nachhaltige Behauptung von Gent und durch Her=
stellung guter Communicationen zu erreichen möglich seien. Deshalb
unterzog man sich der Mühe der Ermittelung, ob die wenigen
noch nicht abgetragenen alten Befestigungen Gents geeignet sein

würden, ohne allzugroßen Aufwand an Zeit und Geld eine ge=
nügende Vertheidigungsfähigkeit zu erlangen. Gent glich indeß
bereits einer offenen Stadt; nur die Citadelle Trutz=Gent, einst
von Carl V erbaut, vermochte den Anforderungen zu entsprechen,
und wurde deshalb beschlossen, sie durch passagere Einrichtungen
zu verstärken.

Das größte Hinderniß aber, welches sich allen strategischen Ope=
rationen der Verbündeten entgegenstellte, waren die Wege, deren
versumpfter Zustand in dieser Jahreszeit und in diesen eigen=
thümlichen Provinzen alle Bewegungen erschwerte, viele unmöglich
machte. Der Herzog von Weimar hatte sich vom ersten Moment
seines Auftretens auf diesem Kriegsschauplatze für diesen wichtigen
Gegenstand interessirt, nach allen Richtungen Ingenieure ausge=
sandt, ohne indeß etwas Anderes thun zu können, als von der
vorgerückteren Jahreszeit eine Verbesserung zu erwarten.

Da beide Bedingungen mithin so schnell als nöthig nicht zu
erlangen waren, so suchte der Herzog durch eine neue Aufstellung
der Truppen ein annäherndes Äquivalent zu schaffen. Es kam
ihm dabei zu statten, daß selbst der Kronprinz von Schweden ent=
schlossen schien, wenigstens zum Schutz von Brüssel dahin vorzu=
rücken und sich auch wirklich Ende März mit einer schwedischen
Division an der Beobachtung von Antwerpen betheiligte. Dadurch
konnte Wallmoden seine 2. Brigade von Antwerpen zu sich heran=
ziehen. Der Oberst Graf Lottum durfte das am 30. März eilig
nach Gent geführte gemischte Corps wieder auflösen, ging für
seine Person als Militairgouverneur nach Brüssel zurück, wohin
er die zur Besatzung daselbst gehörige 3. Escadron des Branden=
burgischen Dragoner=Regiments von Dendermonde mitnahm.

Die freiwilligen Jäger des preußischen 1. Westphälischen Land=
wehr=Regiments, welche der Oberstlieutenant v. Rüchel bei seinem
Zurückgehen von Lier nach Herzogenbusch trotz aller Proteste zu=
rücklassen mußte und die den Zug des Grafen Lottum von Gent
nach Courtray rühmlich mitgemacht hatten, wurden wieder nach
Lier dirigirt.

Endlich hielt man auch das dem Generallieutenant v. Borstell gegebene Versprechen, den Oberstlieutenant v. Thümen mit seinem Pommerschen Husaren-Regimente nun ebenfalls seiner Brigade folgen zu lassen, sobald die beabsichtigte neue Truppenaufstellung zur Ausführung gediehen sei. Es geschah am 3. April.

Die neue Truppenaufstellung fand am 2. April statt. Ihre Hauptzüge sind: Bei Tournay und Mons stehen 2 Hauptbetasche= ments, bei Ath deren Hauptreserve; Gent ist besetzt und hält einen Verbindungsposten in Oudenarde. Das Hauptquartier ist in Brüssel.

Im Speziellen war die Eintheilung folgende:

1. Detaschement bei Tournay: Generallieutenant v. Thiel= mann.

Infanterie:

Sächsische Brigade: Generalmajor v. Brause 6 Bataillone;
Thüringisch Anhaltische Brigade: Prinz Paul
    von Würtemberg   5 Bataillone;

Cavallerie:

Sächsische Ulanen   2½ Eskabrons;
Brandenburgische Dragoner (Graf Lottum) 2   „

Artillerie:

Sächsische 1. 6pfündige Fuß=Batterie   8 Geschütze;
des Lieutenants Hirsch 6pfünder   2   „
Holländisch=englische 9pfünder Batterie 6   „

Summa 11 Bataillone, 4½ Eskabrons, 16 Geschütze.

Die Vorposten stehen

    gegen Courtray in Ramegnies;
    gegen Lille in Orcq, Marquin, Blandain ꝛc.;
    gegen Valenciennes und Condé in Cherq, An=
    toing, Villemeau, Erc, ꝛc.

2. Detaschement bei Mons: Generallieutenant v. Lecoq.

Infanterie:

Sächsische Brigade: Generallieutenant
    v. Lecoq   7 Bat., 3 Comp.;
Sächsische Brigade: Generalmaj. v. Ryssel 6 Bat.

Cavallerie:

Sächsische Husaren	3 Eskabrons;
Weimar-Gotha freiwillige Jäger	1 „
Kosaken von Bychalow und Rebreef	2 Regimenter;

Artillerie:

Sächsische 1. 12pfünder Batterie	8 Geschütze;
Sächsische 1. reitende Batterie	6 „

Summa 13³⁄₄ Bataillone, 4 Eskabrons, 2 Kosaken-Regimenter, 14 Geschütze.

Die Vorposten stehen

gegen Conbé und Valenciennes in St. Ghislain;

gegen Valenciennes und Maubeuge in Bavay,
Ears, Bettignie ꝛc.;

gegen Maubeuge und Philippeville in Beaumont;

3. Hauptreserve bei Ath: Generalmajor v. Gablenz.

Infanterie:

Sächsische Jäger und Infanterie	6 Bataillone;

Cavallerie:

Sächsisches Kürassier-Regiment	4 Eskabrons;

Artillerie:

Sächsische 2. 12pfünder Batterie	8 Geschütze;
Sächsische 2. reitende Batterie	6 „

Summa 6 Bataillone, 4 Escabrons, 14 Geschütze.

4. Abgesonderte Garnisonen:

in Enghien, später in Mons 1 Bat. Weimarische Landw.

in Brüssel   2 „   Gotha-Schwarzbur-
gische Landwehr.

Summa 3 Bataillone.

5. In Gent: Das Streifcorps des Majors v. Hellwig mit
einem Verbindungsposten in Oudenarde.

Der Artillerie-Hauptpark stand in Brüssel, der mobile Park in
Mons, die Intendantur und das Fuhrwesen in Roeulx.

Der Generallieutenant Graf Wallmoden übernahm das Kom=
mando aller Reserven und schloß sich mit seiner russisch=deutschen
Legion unter Generalmajor v. Arentschildt in einer Stärke von
7 Bataillonen, 8 Escadrons und 24 Geschützen denselben an. Sein
Hauptquartier nahm er in Lessines, seine Hauptaufstellung bei
Grammont am Denber=Fluß.

Seinen Befehlen war sowohl die Reserve bei Ath unterstellt,
als auch das jetzt vor Antwerpen stehende preußische Elb=Infan=
terie=Regiment des Oberstlieutenants v. Reuß, welches während
der letzten drohenden Ereignisse von Brüssel dahin herangezogen
war und sein Füsilier=Bataillon unter Major Le Blanc selbst über
Aloft hinaus bis nach Hilleghem zwischen hier und Oudenarde
vorgeschoben hatte, jetzt aber in seine bisherige Aufstellung bei
Mecheln wieder abrückte.

Während diese neuesten Verfügungen noch in der Ausführung
begriffen waren, ging die Meldung des Oberstlieutenants v. Rüchel
im Hauptquartier ein, daß er von seinem kommandirenden Gene=
ral, dem Prinzen von Hessen=Homburg, nun den bestimmten Be=
fehl erhalten habe, mit seinen 4 Bataillonen preußischer Westphä=
lischer Landwehr abermals von Herzogenbusch nach Mecheln auf=
zubrechen und sich zur Verfügung des Herzogs von Weimar zu
stellen. Der Herzog befahl ihm, die längst projectirte Ablösung
des preußischen Elb=Infanterie=Regiments (v. Reuß) nun ohne
Verzug in's Werk zu setzen, 1 Escadron englischer Cavallerie und
2 Kanonen an sich zu ziehen, die General Graham zu seiner Ver=
fügung stellen werde, auch in Verbindung mit 2 Bataillonen, 1
Escadron und 2 Geschützen neu gebildeter holländischer Truppen,
die er in Lier finden werde, die Blokade von Antwerpen in der
bisherigen Art fortzusetzen.

Leider war diese „bisherige Art" eine ziemlich planlose, da
selten oder nie vom General Graham eine Instruction oder ein
Befehl ausgegeben wurde. Wenn dies zufällig nicht von schlimmen
Folgen begleitet gewesen, so lag es einfach daran, daß die feind=
liche Besatzung seit einiger Zeit sich auf keine größeren Unter=

nehmungen einließ. Ihre Posten standen am Glacis, und ihre
Patrouillen, die nur aus Infanterie bestanden, entfernten sich nie
weiter als auf eine Stunde vom Platz. Nur selten wurden einige
Schüsse zwischen Posten und Patrouillen gewechselt. Der Dienst
vor der Festung war deshalb zwar leicht, aber für die nach Thätigkeit strebenden Truppen sehr wenig interessant.

Der Oberstlieutenant v. Reuß wurde angewiesen, nach erfolgter
Ablösung vor dieser Festung mit seinem Regimente über Brüssel
nach Mons abzumarschiren und sich den verschiedenen Abtheilungen
preußischer Truppen anzuschließen, die der Oberst Graf Lottum
dort sammele und im Begriff stehe, sie persönlich dem im Innern
Frankreichs stehenden Armee-Corps Bülow's zuzuführen.

51. Waffenstillstand.

Den Maßregeln der Verbündeten gegenüber war der General
Maison seinerseits auch nicht unthätig gewesen. In peinlicher Ab-
wartung der sich bei Paris entwickelnden Ereignisse hatte er zwar
größere Unternehmungen nicht versucht, aber er kräftigte seine
Truppenstärke fortwährend durch Heranziehung der entbehrlichen
alten Truppen aus den rückwärts gelegenen Festungen, sie dort
durch neue Aushebungen ersetzend, und beunruhigte unablässig die
Einschließungstruppen vor Maubeuge, Valenciennes und Condé,
wo jetzt fast täglich kleinere Recognoscirungs-Gefechte vorfielen.

Endlich aber ging am 3. April im Hauptquartiere des Herzogs
von Weimar zu Brüssel die Nachricht von dem am 31. März
durch die alliirten Heere vor Paris errungenen Siege und von
dem am 1. April stattgehabten Triumph-Einzuge der verbündeten
Souveraine in jene Metropole ein. In Brüssel, Tournay, Mons
und allen größeren von den Alliirten besetzten Städten wurde
diese Begebenheit durch Te Deum, Glockengeläute und Victoria-
schießen gefeiert, ohne daß man dabei außer Acht ließ, daß der
General Maison vielleicht diese für ihn niederdrückende Nachricht
zu einer äußersten Anstrengung benutzen könnte, um seinem be-

drängten Kaiser zur Hülfe zu eilen oder doch den gesunkenen Ruhm der französischen Waffen seinerseits durch eine glänzende That zu retten.

Der General Maison setzte sich wirklich am 4. April mit seinem ganzen mobilen Corps von Lille aus in Bewegung gegen Süden, zu der er zum eiligeren Transport seiner Infanterie allein 6000 Wagen zusammengebracht hatte. Noch am 4. April war Maison in Orchies, am 5. in Valenciennes. Es schien die Vermuthung des Herzogs, der übrigens mit größter Rührigkeit allen Bewegungen Maisons auf der Spur war, nicht ungerechtfertigt, Napoleon könne die Absicht haben, sich, über Rheims und Laon kommend, zwischen die Festungen der französischen Niederlande zu werfen, und General Maison könne ihm hierzu die Bahn brechen wollen. Der Generallieutenant v. Thielmann erhielt deshalb den Auftrag, bei Bury gegen Condé eine concentrirte Aufstellung zu nehmen, während die Reserven unter Gablenz ihm bis Beloeil nachrücken, General Wallmoden aber sich bei Ath concentriren sollte. Der Generallieutenant v. Lecoq dagegen sollte, unter Sicherung von Mons, sich zum Einrücken in eine Stellung bei Frameries gegen Maubeuge und Valenciennes bereit halten, während eine Verbindung mit dem Thielmann'schen Corps herzustellen sei. Auf diese Weise sicherte man die gefährdete Verbindung mit dem Inneren Frankreichs.

Die strikte Ausführung wurde, um keinen Lufthieb zu thun, indeß noch vorbehalten, bis die Absichten Maison's noch klarer hervortreten würden. Der Herzog verlegte am 6. April sein Hauptquartier wieder von Brüssel nach Enghien, um den Begebenheiten näher zu sein.

An demselben Tage Abends 7 Uhr meldete Generallieutenant v. Thielmann von Tournay aus, daß Maison mit seinem ganzen Corps von Valenciennes wieder aufgebrochen sei und sich nach Douay gewendet habe. Wollte er wirklich auf Paris marschiren, so lag es nicht in den Befugnissen des Herzogs, ihm jetzt schon mit dem Armee-Corps zu folgen; er gab ihm aber wenigstens eine beobachtende Seitenbegleitung unter dem Rittmeister Thompson, einem dem russischen Feldjäger=Corps angehörigen Officier, der mit den Kosaken Rebreef's Schritt vor Schritt ihm zur Seite folgen sollte. Als aber gleich darauf der Kronprinz von Schweden im vollen Anmarsch auf Brüssel war und endlich sich bereit er= klärt hatte, in die bisherige Stellung des 3. deutschen Armee= Corps einzutreten, traf der Herzog alle Maßregeln, Maison mit seinen besten Truppen zu folgen.

Dieser Plan änderte sich durch des Generals Maison plötzliches Umkehren von Douay nach Lille, wo Unruhen ausgebrochen und Desertionen in größter Ausdehnung vorgekommen waren. Am 7. langte er in Lille wieder an. Die Depeschen aus Paris, welche den neuen Umschwung der Dinge enthielten, ließen ihn die beab= sichtigte Offensive und den Marsch nach Paris aufgeben; der In= halt derselben hatte ihn bis zur Ohnmacht angegriffen und sein Unmuth war ohne Grenzen.

Alle Anordnungen des Herzogs von Weimar wurden in Folge dessen suspendirt; nur mußte der Graf Lottum den Schweden Brüssel räumen, nach Mons gehen und von hier aus mit allen gesammelten preußischen Truppen den längst vorberei= teten Marsch zum Armee=Corps Bülow's antreten.

Am 9. April ging im Hauptquartier die Nachricht von Mar= monts Abfall und der Thron=Entsagung Napoleon's ein. Maison, wie alle französischen Generale, wurden aufgefordert, sich der neuen Königlichen Regierung der Bourbons zu unterwerfen und im Ein= verständnisse mit ihren bisherigen Gegnern zuförderst alle Feind= seligkeiten einzustellen. Es wurden Verhandlungen angeknüpft, die bei den französischen Truppen anfangs nichts weniger als eine willige Aufnahme fanden. Die Festung Ostende ließ den abge= schickten Parlamentair gar nicht ein, Givet und Philippeville op= ponirten auf's Nachhaltigste. Es war jedoch jeder aus bloßer Leidenschaftlichkeit hervorgehende partielle Widerstand den über= wiegenden Verhältnissen gegenüber zu schwach, und der General Maison hatte sich diesen auch bereits selbst gefügt.

Am 12. April traten zu Pont à Treſſin zwiſchen Tournay und Lille die beiderſeitigen Kommiſſarien zum Abſchluß eines Waffen= ſtillſtandsvertrages zuſammen, der alſo lautete:

Art. 1. Der Waffenſtillſtand iſt auf unbeſtimmte Zeit feſtgeſetzt.

Art. 2. Die Feindſeligkeiten können nur nach 5tägiger Aufkün= digung wieder anfangen.

Art. 3. Die Demarkationslinie zwiſchen beiden Armeen folgt vom linken Ufer der Sambre bis Menin den Grenzen des Nord=Departements.

Art. 4. Um den alliirten Armeen die große Landſtraße von Mons nach Beaumont gänzlich frei zu laſſen, kann die Be= ſatzung von Maubeuge auf dem linken Sambreufer ihre Vorpoſten nicht anders als in den Dörfern Verſillies und Rocq und auf der zwiſchen dieſen beiden Dörfern gezogenen Linie aufſtellen. Alles vorwärts der Grenze des Nord=De= partements begriffene Land bleibt neutral.

Art. 5. Die Stadt Menin ſoll der franzöſiſchen Armee gehören; die Demarkationslinie zwiſchen jenem Platze und dem Meer folgt der großen Landſtraße von Menin nach Turnhout und von da in einer geraden Linie, die ſich in gleicher Entfernung von Blankenburg nach Oſtende bis an's Meer hinzieht; jedoch bleiben die Dörfer und Städte, welche ſich auf dieſer Linie befinden, neutral. Die Poſten der beiden Armeen können bloß 1 Stunde von dieſer Linie aufgeſtellt werden.

Art. 6. Von Maubeuge bis Landrecy folgt die Demarkations= linie dem rechten Ufer der Sambre; jedoch ſollen die Plätze Maubeuge und Landrecy auf dem rechten Ufer dieſes Fluſſes einen Rayon, der vom Fuße des gedeckten Weges aus einen Strich Landes von 3000 Toiſen Breite umfaßt, erhalten.

Art. 7. Da ſich das Kommando der Armee Sr. Durchlaucht des Herzogs von Weimar nicht bis jenſeits der Sambre er= ſtreckt, ſo werden Sr. Excellenz der General Graf Maiſon mit dem zu Laon ſtehenden Civil= und Militair=Gouverneur

über Alles, was die Demarkationslinie im Innern Frankreichs betrifft, in Unterhandlung treten.

Art. 8. Da auch Sr. Durchlaucht der regierende Herzog von
Sachsen-Weimar die vor den Festungen Antwerpen, Bergen-
op-Zoom, Vliessingen und Breskens stehenden Truppen nicht
kommandiren, so willigen Sr. Durchlaucht darin, Pässe für
den Officier ausfertigen zu lassen, welchen Sr. Excellenz der
General en chef Graf Maison Sr. Königlichen Hoheit dem
Kronprinzen von Schweden oder demjenigen, welcher in dessen
Abwesenheit kommandirt, zusenden werden, um über Alles,
was jene Festungen betrifft, zu unterhandeln.

> Gez.: Brigade-General Baron Maureillon, Kommandant
> en chef des Genie-Corps.

> Obrist und Adjutant Kommandant Baron de Col-
> lignet.

> General-Major Baron v. Wolzogen, Chef des Ge-
> neralstabes des 3. deutschen Armee-Corps.

> Oberst Baron v. Niesemeuschel, Vorposten-Kom-
> mandant.

Dieser Vertrag wurde von beiden Kommandirenden genehmigt
und vollzogen. Die Feindseligkeiten fanden aber keine Erneuerung
und der Krieg in Holland, Brabant und Flandern blieb beendet.
Am 16. April wurde Antwerpen zur Übergabe aufgefordert, und
am 18. erklärte sich auch der Divisions-General Graf Carnot für
König Ludwig XVIII. Er vermochte es jedoch nicht über sich zu
gewinnen, die am 2. Mai stattfindende Übergabe der von ihm so
ruhmvoll vertheidigten Festung selbst zu vollziehen, hatte dies Geschäft einem eigens dazu beorderten General übertragen und war
nach Paris abgereist. Die Übergabe geschah an den englischen
General Graham mit 38 Linienschiffen und 10 Fregatten, von
denen ein Dritttheil wieder an Frankreich zurückfiel. —

Am 17. April bezogen die Truppen des 3. deutschen Armee-
Corps ausgedehntere Kantonirungen längs der französischen De-

markationslinie und in einigen auswärts gelegenen Departements
und zwar:

bie Brigade des Gen.-Lieut. v. Lecoq in Mons u. Umgegend,

bie Brigade des Gen.-Maj. v. Gablenz in Namur u. Umgegend,

bie Brigade des Gen.-Major v. Ryssel in Gent u. Umgegend,

bie Brigade des Gen.-Major v. Brause in Brügge u. Umgegend,

bie Thüringisch-Anhaltische Brigade v. Egloffstein in Tournay und Umgegend,

das Streif-Corps Hellwig's in Courtray und Umgegend,

bie russisch-deutsche Legion des Generallieutenants Graf Wallmoden in Alost und Umgegend,

das Hauptquartier war Enghien und

ber Haupt-Artillerie-Park blieb in Brüssel. —

Zu gleicher Zeit traf die vierte größere Colonne sächsischer Er-
gänzungstruppen bei Brüssel ein und zwar:

das 1. Bataillon des 3. provisorischen Linien-Regiments;

das 1. Bataillon des 2. leichten Infanterie-Regiments;

½ Eskadron (85 Pferde) des Ulanen-Regiments;

1 Eskadron (173 Pferde) des Husaren-Regiments;

bie 2. 6pfündige Fuß-Batterie (Hauptmann Knauth);

ber 2. mobile Artillerie-Park;

ber Verpflegungs-Park.

Bei der Wahrscheinlichkeit des nahen Friedensschlusses wurden
schon am 26. April von Namur aus die Freiwilligen und am 29.
April die sämmtlichen sächsischen Landwehren entlassen und über
bie Etappenplätze Lüttich und Aachen nach dem Rheine dirigirt.
Auch die beiden russischen Kosaken-Regimenter der Obersten Bychalow und Rebreef wurden am 2. Mai in Marsch nach dem
Rheine gesetzt, und das Streifcorps des Majors v. Hellwig verband sich mit dem in Westflandern zwischen Lille und St. Omer
einrückenden preußischen Armee-Corps des Generallieutenants
v. Bülow. Der Oberstlieutenant v. Rüchel mit seinen 4 Bataillonen
Westphälischer Landwehr ward an die Befehle seines kommandirenden Generals, des Prinzen von Hessen-Homburg, der in Münster

stand, gewiesen und über Gelbern zurück dirigirt. Er trat am 30. April seinen Marsch von Mecheln dahin in 2 Colonnen an.

Als der Herzog von Weimar am 21. April auf erbetenen Urlaub nach Paris abreisete, wurde das 3. deutsche Armee=Corps zunächst in Stellvertretung, später aber definitiv dem Generallieutenant Freiherrn v. Thielmann, der sein Hauptquartier in Tournay behielt, unterwiesen. Noch vor erfolgtem Friedensschlusse erhielt es neue Kantonirungen zwischen Aachen und dem linken Rheinufer, welche es zu Ende Juni nochmals vertauschte, indem es, unter den Oberbefehl des preußischen Generals v. Kleist tretend, längs des Mosel= und Rhein=Ufers von Coblenz bis Bonn bislocirt wurde.

Der Oberst v. Egloffstein mit seiner Anhaltisch=Thüringischen Brigade trennte sich vom Corps, ging bereits am 24. Juni bei Andernach über den Rhein und nach der Heimath zurück.

Die schwedische Armee setzte sich noch im April in Marsch nach Holstein; der Kronprinz von Schweden war am 11. von Brüssel abgereist und am 16. in Paris eingetroffen. In den ersten Tagen des Mai verließ er Paris, schiffte sich am 25. Mai in Trave=münde auf einem schwedischen Linienschiffe ein und kam am 3. Juni in Stockholm an.

Die russisch=deutsche Legion trat nach erfolgtem Friedensschlusse und der Niederlegung des Kommandos Seitens des Generals v. Wallmoden unter dem Oberst v. Clausewitz zunächst zum 3. deutschen Armee=Corps, darauf unter preußischen Oberbefehl und später in preußische Kriegsdienste und bezog Kantonirungen bei Siegburg im Herzogthum Berg, später bei Mühlheim u. Düsseldorf.

Vom 2. deutschen Armee=Corps des Herzogs von Braunschweig=Lüneburg, welches gleichfalls die Bestimmung hatte, nach Holland und Belgien zu marschiren, trafen nur das Mecklenburg=Schwe=rinische Kontingent und die hanseatischen Truppen wirklich am Rhein ein. Ihnen folgten die beinahe 10,000 Mann starken braunschweigischen Truppen, welche zu dem englischen Truppen=corps des Generallieutenants Sir Thomas Graham stoßen sollten.

Ihre Formation hatte viel Zeit gekostet, und als sie im März abmarschiren wollten, verzögerten Davoust und der Eisgang des Rheins den Beginn ihrer Bewegungen.

Die hannoverschen Truppen und das dänische Hülfscorps marschirten noch später ab und gelangten beide nicht bis auf den Kriegsschauplatz, da ihnen die Nachricht von der Einnahme von Paris und der Abbankung Napoleon's früher zukam.

Die noch nicht eroberten Festungen in Holland, Brabant und Flandern wurden nun zufolge der in Paris abgeschlossenen Übereinkunft den verbündeten Truppen übergeben: Deventer am 26. April; Antwerpen, wie bereits erwähnt, am 2. Mai; Bergen-op-Zoom am 3. Mai; das Fort Baatz, die Stadt Veere und die Forts von Helder und Texel am 4. Mai; an demselben Tage auch die holländische Flotte des Admiral Verhuel. Endlich auch Grave, Vliessingen, Naarden, Coevorden, Mastricht, Venloo und Delfzyl.

Die Organisation der bewaffneten Macht der der Freiheit zurückgegebenen Staaten von Holland, sowie die des provisorischen Gouvernements von Brabant und Flandern schritten nun in gleichem Verhältnisse vor, als die Ausschiffung neuer Transporte von englischen Truppen sich fast täglich mehrte. Denn England war nach den vorläufigen Stipulationen des Pariser Friedens vor Allem dazu berufen, diese jungen Staaten unter seinen speciellen Schutz zu nehmen und den ungestörten Fortgang ihrer gouvernementalen Schöpfungen zu sichern.

Nachträgliche Ergänzungen und Erläuterungen.

---

1. Die Namen der Truppentheile von damals und jetzt.

Ohne Zweifel durften im Texte die Namen der Truppentheile nur so erscheinen, wie sie zur Zeit des Feldzuges lauteten. Eben so zweifellos verlangt das Interesse für dieselben, ihre heutigen Benennungen sich stets dabei zu vergegenwärtigen. Für manchen dürfte deshalb folgende Nebeneinanderstellung beider, so weit sie die preußischen Truppen betreffen, wünschenswerth sein.

I. Das 3. preußische Armee-Corps v. Bülow.

3. Brigade: Prinz von Hessen-Homburg resp. v. Zielinsky.

2. Ostpreußisches Grenadier-Bataillon;	jetzt Füsilier-Bataillon des Kaiser Alexander Garde-Grenad.-Regiments. Nr. 1.
3. Ostpreußisches Infanterie-Regiment;	jetzt 3. Ostpreußisches Grenadier-Regiment Nr. 4.
4. Reserve-Infanterie-Regiment;	jetzt 3. Westphälisches Infanterie-Regiment Nr. 16.
3. Ostpreußisches Landwehr-Infanterie-Regiment;	jetzt 1. Ostpreußisches Landwehr-Regiment Nr. 1; resp. 5. Ostpreußisches Infanterie-Regiment Nr. 41.
1. (Leib-) Husaren-Regiment;	jetzt 1. Leib-Husaren-Regiment und Königs-Husaren-Regiment (1. Rheinisches) Nr. 7; (letzteres ist aus der 1. Esk. des Stamm-Regiments und aus dem schlesischen National-Cavalerie-Regiment formirt).
6pfündige Fuß-Batterie Nr. 5 (v. Glasenapp) der Brandenburgischen Brigade;	jetzt 3. 6pfündige Batterie des Pommerschen Feld-Artillerie-Regiments Nr. 2.

4. Brigade: v. Thümen.

4. Ostpreußisches Infanterie-Regiment;	jetzt 4. Ostpreußisches Grenadier-Regiment Nr. 5.
5. Reserve-Infanterie-Regiment;	jetzt 4. Westphälisches Infanterie-Regiment Nr. 17.
2. Pommersches Landwehr-Infanterie-Regiment;	jetzt 2. Pommersches Landwehr-Regiment Nr. 9, resp. 6. Pommersches Infanterie-Regiment Nr. 49.
Ostpreußisches Jäger-Bataillon (2	jetzt Ostpreußisches Jäger-Bataillon

Compagnien; die 2 anderen Compagnien befanden sich bei dem 1. Armee-Corps);

1. Pommersches Landwehr-Cavallerie-Regiment;

6pfündige Fuß-Batterie Nr. 6 (Ludewig) der Brandenburgischen Brigade;

Nr. 1 und Pommersches Jäger-Bataillon Nr. 2.

jetzt 4. Landwehr-Ulanen-Regiment.

jetzt 4. 6pfündige Batterie des Brandenburgischen Feld-Artillerie-Regiments Nr. 3 (General-Feldzeugmeister).

5. Brigade: v. Borstell.

Pommersches Grenadier-Bataillon;

1. Pommersches Infanterie-Regiment;

2. Reserve-Infanterie-Regiment;

Elb-Infanterie-Regiment;

2. Kurmärkisches Landwehr-Infanterie-Regiment;

Pommersches Husaren-Regiment;

6pfündige schwere Fuß-Batterie Nr. 10 (Magenhöfer) der Brandenburgischen Brigade;

jetzt 1. Bataillon des Kaiser Franz Garde-Grenadier-Regiments Nr. 2.

jetzt Grenadier-Regiment König Friedrich Wilhelm IV. (1. Pommersches) Nr. 2.

jetzt 3. Pommersches Infanterie-Regiment Nr. 14.

jetzt 1. Magdeburgisches Infanterie-Regiment Nr. 26.

jetzt 1. Brandenburgisches Landwehr-Regiment Nr. 8, resp. 5. Brandenburgisches Inf.-Regiment Nr. 48.

jetzt Pommersches Husaren-Regiment (Blüchersche Husaren) Nr. 5.

jetzt 1. Compagnie des Pommerschen Festungs-Artillerie-Regiments Nr. 2.

6. Brigade: v. Krafft.

Colberg'sches Infanterie-Regiment;

9. Reserve-Infanterie-Regiment;

1. Neumärkisches Landwehr-Infanterie-Regiment;

2. Pommersches Landwehr-Cavallerie-Regiment;

Das 1. Bataillon wurde das 2. Bataillon des 2. Garde-Regiments zu Fuß; das 2. und 3. Bataillon bilden das 2. Pommersche Grenadier-Regiment (Colberg) Nr. 9.

jetzt 4. Pommersches Infanterie-Regiment Nr. 21.

jetzt 3. Pommersches Landwehr-Regiment Nr. 14, resp. 7. Pommersches Infanterie-Regiment Nr. 54.

jetzt 4. Landwehr-Ulanen-Regiment.

6pfündige Fuß-Batterie Nr. 16 (Spreuth, später Baumgarten) der Preußischen Brigade;

jetzt 1. 6pfündige Batterie des Niederschlesischen Feld-Artillerie-Regiments Nr. 5.

Reserve-Cavallerie: v. Oppen.

Brigade v. Treskow.

Regiment Königin-Dragoner;

die 1. Eskadron ist jetzt die 4. Eskadron des 1. Garde-Dragoner-Regiments; die übrigen Eskadrons bilden seit 26. Mai 1819 das Kürassier-Regiment Königin (Pommersches) Nr. 2.

Brandenburgisches Dragoner-Regiment (Prinz Wilhelm);

jetzt Brandenburgisches Dragoner-Regiment Nr. 2.

2. Westpreußisches Dragoner-Regiment;

jetzt Westpreußisches Kürassier-Regiment Nr. 5; auch Theile davon im Rheinischen Kürassier-Regiment Nr. 8.

Brigade v. Hobe.

Westpreußisches Ulanen-Regiment;

jetzt Westpreußisches Ulanen-Regiment Nr. 1.

2 Eskadrons des 2. Schlesischen Husaren-Regiments;

vid v. Hellwig'sches Freicorps.

Pommersches National-Cavallerie-Regiment (hatte nur 3 Eskadrons);

2 Eskadrons bilden jetzt die 2. und 3. Eskadron des 1. Garde-Dragoner-Regiments; die andere Eskadron ist im 1. Pommerschen Ulanen-Regiment Nr. 4 enthalten.

Brigade v. Sydow.

2. Kurmärkisches Landwehr-Cavallerie-Regiment;

jetzt Theile des 2. Landwehr-Dragoner- und des 3. Landwehr-Husaren-Regiments.

4. Kurmärkisches Landwehr-Cavallerie-Regiment;

jetzt ein Theil des 6. schweren Landwehr-Reiter-Regiments.

Reitende Artillerie.

Reitende Batterie N. 5. (v. Reindorf) der Brandenburgischen Brigade;

jetzt 2. reitende Batterie des Pommerschen Feld-Artillerie-Regiments Nr. 2.

Reitende Batterie Nr. 6 (v. Steinwehr, später Jenichen);

jetzt 1. reitende Batterie des Pommerschen Feld-Artillerie-Regiments Nr. 2.

Reserve-Artillerie: v. Röhl.

12pfündige Batterie Nr. 4 (Meyer) der Preußischen Brigade;	jetzt 1. Compagnie des Garde-Festungs-Artillerie-Regiments.
12pfündige Batterie Nr. 5 (Conrabi) der Brandenburgischen Brigade;	jetzt 1. 12pfündige Batterie des Pommerschen Feld-Artillerie-Regiments Nr. 2.
6pfündige Fuß-Batterie Nr. 19 (Baumgarten, später v. Liebermann) der Preußischen Brigade;	jetzt 1. 6pfünbige Batterie des Westphälischen Feld-Artillerie-Regiments Nr. 7.
Reitende Batterie Nr. 11 (Borchardt) der Brandenburgischen Brigade;	jetzt 1. reitende Batterie des Magdeburgischen Feld-Artillerie-Regiments Nr. 4.

Pioniere.

Feld-Pionier-Compagnie Nr. 4 (v. Rohwedel);	jetzt Theil des Magdeburgischen Pionier-Bataillons Nr. 4.
Feld-Pionier-Compagnie Nr. 5 (v. Zaborowski);	jetzt Theil des Garde-Pionier-Bataillons.

Ferner:

1. Westphälisches Landwehr-Infanterie-Regiment;	jetzt 3. Westphälisches Landwehr-Regiment Nr. 16, resp. 7. Westphälisches Infanterie-Regiment Nr. 56.

II. Das v. Hellwig'sche Freicorps.

Dessen Infanterie:	jetzt ein Theil des Füsilier-Bataillons des 2. Mageburgischen Infanterie-Regiments Nr. 27 (den übrigen Theil vid. v. Reiche's Jäger-Bataillon).
Dessen Cavallerie: 2 Escabrons des 2. Schlesischen Husaren-Regiments;	jetzt Rheinisches Ulanen-Regiment Nr. 7.

III. Das v. Reiche'sche Jäger-Bataillon.

Bildet jetzt den Haupttheil des Füsilier-Bataillons des 2. Magdeburgischen Infanterie-Regiments Nr. 27, dessen 1. u. 2. Bataillon aus dem Elb-Reserve-Bataillon und den Resten eines Westphälischen Regimentes stammen.

IV. Das v. Lützow'sche Freicorps.

Dessen Infanterie;

jetzt 1. Rheinisches Infanterie-Regiment Nr. 25.

Dessen Cavallerie;

jetzt Thüringisches Ulanen-Regiment Nr. 6. Aus der 1. Esfabron (Rittm. v. Aschenbach) ging das jetzige 2. Rheinische Husaren-Regiment Nr. 9 hervor.

Dessen Artillerie;

jetzt 2. reitende Batterie des Rheinischen Feld - Artillerie - Regiments Nr. 8.

V. Die russisch-deutsche Legion.

1. Infanterie-Regiment (v. Natzmer);

jetzt 4. Rheinisches Infanterie-Regiment Nr. 30.

2. Infanterie-Regiment (Wardenburg);

jetzt 1. Thüringisches Infanterie-Regiment Nr. 31.

Die Jäger-Compagnie;

jetzt Theile des Brandenburgischen Jäger-Bataillons Nr. 3 u. des Magdeburgischen Jäger-Bataillons Nr. 4.

1. Husaren-Regiment (v. d. Golz);

jetzt 1. u. 2. Esfabron des Ostpreußischen Ulanen-Regiments Nr. 8.

2. Husaren-Regiment (Graf Friedrich zu Dohna);

jetzt 3. u. 4. Esfabron des Ostpreußischen Ulanen-Regiments Nr. 8.

1. reitende Batterie (v. Scheele);

jetzt 3. reitende Batterie des Brandenburgischen Feld - Artillerie - Regiments Nr. 3 (General - Feldzeugmeister).

2. reitende Batterie (v. Tiedemann);

jetzt 1. reitende Batterie des Rheinischen Feld - Artillerie - Regiments Nr. 8.

Fuß-Batterie (v. Maghino);

wurde im August 1814 ganz aufgelöst.

Die Park-Colonne;

wurde die Munitions-Colonne N. 19.

2. Notizen über die Freicorps und die russisch-deutsche Legion.

Abgesehen von den vielfachen Partisanen-Detaschements, die bei allen neuen Unternehmungen, besonders gern vom General v. Oppen, dem bewährten Avantgarden - Führer, gebildet wurden, um den Vortruppen frei voran zu schwärmen, den momentanen Eroberungen der Kosaken einen festeren Halt zu geben und den Kommandirenden durch Meldungen Aufklärung zu verschaffen — wir erwähnen namentlich die Detaschements der Lieutenants Süren und v. d. Osten vom Pommerschen National-Cavallerie-Regimente —, sind es die

Freicorps, die mit ihren geschlosseneren Kräften häufig auch im Laufe der Geschichte des vorbeschriebenen Feldzuges eine Rolle spielen, und deren Entstehung und Zusammensetzung hier kurz zu gedenken, gewiß des Interesses nicht enbehrt.

Das v. Hellwig'sche Freicorps.

Hellwig trat früh in preußische Kriegsdienste und zwar in das Husaren-Regiment v. Plöß, ward als Lieutenant nobilitirt und machte sich schon 1806, als er nach der Schlacht bei Jena mit circa 40 Husaren in der Gegend von Eisenach 8000 preußische Gefangene befreit und zum Corps des Herzogs von Weimar gebracht hatte, einen Namen.

Die beiden Eslabrons des 2. Schlesischen Husaren-Regiments unter Major v. Hellwig, welche den Feldzug in Rußland nicht mitgemacht hatten, waren im Anfange des Krieges von 1813 mit 2 Eslabrons des 1. Schlesischen Husaren-Regiments zu einem interimistischen Husaren-Regimente unter Major v. Blücher vereinigt worden. Indessen erhielt Major v. Hellwig sehr bald die Allerhöchste Erlaubniß, als Partisan mit seinen beiden Eslabrons nach eigenem Ermessen agiren zu dürfen.

Sich bereits vor dem Waffenstillstande den Bewegungen des v. Bülow'schen Corps anschließend, überfiel er am 13. April 1813 mit seinen 2 Eslabrons 2000 Baiern unter Graf Rechberg zu Langensalza und nahm ihnen 5 Kanonen und viele Gefangene ab.

Schon im Mai hatte v. Hellwig angefangen, auch den Stamm zu einem Infanterie-Corps anzuwerben, welches bald 100 Mann betrug, später aber die Stärke eines Bataillons erreichte. In dieser Verfassung haben wir ihn während des ganzen Feldzuges in Holland, Brabant und Flandern in nie unterbrochener Thätigkeit vor uns.

Bei dem Frieden 1814 wurde seine Cavallerie der Stamm des jetzigen Rheinischen Ulanen-Regiments Nr. 7, während seine Infanterie mit dem v. Reischeichen Jäger-Bataillon vereinigt, das Füsilier-Bataillon des 27. Infanterie-Regiments, heutigen 2. Magdeburgischen Infanterie-Regiments Nr. 27, formirte.

Das v. Lützow'sche Freicorps.

Das v. Lützow'sche Freicorps, officiell „das Königlich Preußische Freicorps" genannt, verdankt den Majoren v. Lützow und v. Petersdorff seine Entstehung. Schon unter dem 18. Februar 1813 erfolgte die Allerhöchste Genehmigung dazu. v. Lützow wurde Chef, v. Petersdorff Kommandeur.

Formations-Orte waren: für die Infanterie das Städtchen Zobten, für die Cavallerie das nahe dabei liegende Dorf Rogau. Schon Ende März zählte die Infanterie 4 Compagnien, die Cavallerie 2 Eslabrons (eine Husaren- und eine Ulanen-Eslabron), und das Corps konnte nach Sachsen aufbrechen, um gegen den Feind zu rücken. Aus den Selbst-Equipirten wurden jetzt 2 Fuß- und 1 reitendes Jäger-Detaschement (letzteres als „Eslabron") gebildet.

Ende April traf aus der Altmark eine dort vom Rittmeister v. Bismark formirte zweite Hufaren-Eskadron ein, so daß das Corps nun 1400 Mann Infanterie und 340 Pferde zählte.

Von Sachsen nach der unteren Havel und Elbe geführt, erhielt es starken Zuzug aus der Altmark und Mecklenburg. Eine dritte Hufaren-Eskadron kam aus Tangermünde an. Während der Major v. Petersdorff in Havelberg an der Formation und Ausbildung weiter arbeitete, hatte der Chef des Corps, Major v. Lützow, mit 400 Pferden des älteren Bestandes einen Streifzug nach Thüringen und dem Voigtlande angetreten, wo er am 9. Juni die Nachricht von dem Abschluß des Waffenstillstandes erhielt. Auf dem Rückwege nach der Elbe begriffen, erlitt er am 17. in der Nähe von Leipzig, bei Kitzen, den bekannten Überfall, dem nur die Ulanen-Eskadron ganz entging, während von den anderen Eskadrons Viele niedergehauen, noch Mehrere gefangen wurden und nur Einzelne entkamen. Der Verlust, der 305 Pferde betrug, wurde jedoch noch während des Waffenstillstandes gedeckt, und die Cavallerie wieder auf 480 Pferde gebracht.

Im Juli wurde das 2. Bataillon durch die in den Marken, Sachsen und Schlesien geworbenen 3 Compagnien, worunter sich die in Berlin errichtete Tyroler Jäger-Compagnie des Dr. Ennemoser befand, in Schweidnitz vollzählig. Mit ihm wurde das 2. Fuß-Jäger-Detaschement verbunden.

Das 3. Bataillon formirte sich in Havelberg aus sächsischen und überelbischen Mannschaften.

Die Cavallerie bestand nunmehr nach ihrem Retablissement aus der 1. Eskadron (Ulanen), der 2. Eskadron (das Jäger-Detaschement), der 3. Eskadron (die Ulanen-Eskadron, welche sich bei Kitzen gerettet), der 4. Eskadron (Hufaren) und der 5. Eskadron (Hufaren), welche zur Zeit des Überfalls bei Kitzen noch nicht formirt war.

Auch Artillerie wurde errichtet. Der Minister v. Voß zu Havelberg schenkte dem Corps 3 eiserne 2½pfündige Kanonen, welche durch den nachmaligen Lieutenant Gärtner als reitende Artillerie ausgerüstet wurden. Aus Schlesien stieß bei Nauen eine durch den Premierlieutenant Fritze errichtete halbe Fuß-Batterie, aus 2—3pfündigen Kanonen und 1—7pfündigen Haubitze bestehend, zum Corps, welche später um 2—3pfündige Kanonen vermehrt wurde, die das Militair-Gouvernement zwischen Elbe und Oder dem Corps überwies.

In dieser Zusammensetzung nun aus

3 Bataillonen Infanterie (das 1. und 3. aus à 4 Musketier-Compagnien und 1 Jäger-Detaschement; das 2. aus 3 Musketier-, 1 Tyroler-Jäger-Compagnie und 1 Jäger-Detaschement bestehend);

5 Eskadrons Cavallerie (2 Hufaren-, 2 Ulanen- und 1 Jäger-Eskadron);

½ Fuß- und

½ reitenden Batterie

bestehend, trat das Corps auf Allerh. Befehl Ende Juli zum v. Bülow'schen Armee-Corps über, von welchem es, nach einer speciellen Ordre des Kronprinzen von Schweden, am 4. August zum Wallmoden'schen Corps, das damals an der Nieder-Elbe seinen eigenen Kriegsschauplatz hatte, detaschirt wurde. Aus diesem Grunde ist es S. 28 bei dem Wallmodenschen Corps aufgeführt. Bei demselben hatte es ruhmvollen Theil an den Gefechten bei Lauenburg, Zarrenthin, Mölln, an der Göhrde ꝛc.

Eine größere Ausdehnung erhielt das Lützow'sche Freicorps nun nicht mehr. Eine Allerh. Kabinets-Ordre vom 22. November 1813 beschränkte es auf seinen dermaligen Bestand an Bataillonen, Escadrons und Geschützen, wie solcher vorausgegeben. Die Kopfzahl wurde zwar nicht begrenzt, doch, während die Cavallerie sich bis auf 770 Pferde erhöhete, sank die Infanterie um 200 Mann. Die Artillerie wurde ganz in reitende verwandelt, wozu die holsteinschen Kontributionen die nöthigen Mittel lieferten.

Als die Operationen an der Stecknitz im November 1813 ihren Abschluß fanden, versprach der Kronprinz von Schweden d. d. Lüneburg, den 26. November 1813 dem General v. Bülow die baldige Nachsendung des Lützow'schen Corps nach dem Rhein; statt dessen ließ er es zu den Einschließungstruppen vor Hamburg abmarschiren. Bülow erbat wiederholt und dringend die Nachsendung des Corps und zeichnete seine Marschdirektion nach Flandern vor. Jedoch erst mit dem Eintritt des Jahres 1814 entließ es der Kronprinz von Schweden. Lützow eilte mit seiner Cavallerie nach dem Rheine voraus, eröffnete sich für einzelne Theile derselben eine nicht unrühmliche Theilnahme an den Gefechten in Flandern, an dem vom Gen. v. Tschernitscheff gelieferten Gefecht bei Lüttich und an einem äußerst beschwerlichen, aber höchst bedeutsamen Streifzug in den Ardennen, für dessen glückliche Ausführung und namentlich für die bewirkte Rettung eines Geschütztrains von 24 Kanonen ihm, auf Antrag Bülow's, das eiserne Kreuz I. Klasse verliehen wurde.

Die Lützow'sche Infanterie wurde den vor Jülich aufgestellten Truppen zugewiesen, woselbst sie in den 3 Kriegsmonaten des Jahres 1814 mehrere glückliche Gefechte bestand.

Nach dem Frieden von Paris traten die freiwilligen Jäger des Corps in großer Anzahl wieder in ihre Hörsäle und Verwaltungszweige zurück. Eine Allerh. Cab.-Ordre vom 30. April 1814 zollte ihrer treubewährten Hingebung und Opferwilligkeit die verdiente Anerkennung. Die Tyroler Schützen-Compagnie kehrte theils in ihre Berge zurück, theils blieben die Leute in Preußen ansäßig.

Die Reste des Corps bezogen am 12. Juli bleibende Quartiere um Cleve und wurden dem Armee-Corps des Gen.-Lieut. v. Borstell überwiesen, dessen Hauptquartier damals in Crefeld war. Dann traten sie zum Observations-Corps des Gen. Kleist v. Nollendorf.

Schon am 8. Mai 1814 war die Lützow'sche Artillerie, weil sie sich stets sehr gut genommen und nach der Versicherung des Gen. v. Holtzendorff in sehr gutem Zustande befand, als reitende Batterie Nr. 14 der Schlesischen Artillerie-Brigade zugewiesen und dem v. Borstell'schen Corps zugetheilt. Sie trat dahin über mit 4 Off., 13 Uoff., 20 Bomb., 2 Tromp., 1 Chir., 113 Kan., 2 Schmieden, 11 Trainsold., 6 Knechten, 216 Pferden, 8 Kanonen und 7 Fahrzeugen.

Mit welchen Namen das Lützow'sche Corps heute als ehrenwerthe Bestand- theile der preuß. Armee angehört ist sub 1 angegeben.

Die specielleren Daten findet man in dem interessanten Werke: Ludw. Sta- witzky, Geschichte des K. Pr. 25. Inf.-Rgts., Coblenz, Bädeker 1857.

Das v. Reiche'sche Jäger-Bataillon.

Das Königlich Preußische ausländische Jäger-Bataillon v. Reiche ist durch den Hauptmann a. D. L. v. Reiche, der schon vor 1806 an den topographischen Arbeiten in Westphalen, welche der General v. Lecoq leitete, Theil genommen und seit dieser Zeit vielfache Verbindungen dorthin unterhalten hatte, gegründet worden. Eine Allerh. Cab.-Ordre vom 10. März 1813 autorisirte ihn dazu. Ende März waren schon 360 Mann beisammen, darunter viele junge Leute mit eigener Equipirung, die den Stamm zur Er- richtung eines besonderen Jäger-Detaschements bildeten. Mehrere unter diesen waren Inländer, besonders Berliner.

Anfangs April wurde das Bataillon nach Pritzwalk, dann nach Perleberg, endlich nach Lenzen verlegt; Ende dieses Monats stand es mit 800 Mann (darunter viele ehemalige Westphälische Soldaten) in 4 Compagnien und einem Jäger-Detaschement von 160 Mann formirt da. Die Detaschements-Jäger waren mit Büchsen, die anderen mit Bajonettflinten bewaffnet.

Vor dem Waffenstillstand kam das Bataillon nicht mehr zur Verwendung gegen den Feind. Nach Abschluß desselben dem v. Bülow'schen Corps über- wiesen, wurde es, höherer Anordnung zufolge, von diesem zu dem Wallmo- denschen Corps detaschirt, bei dem es bis Anfang November verblieb und an den wichtigsten Ereignissen desselben rühmlichen Antheil nahm. Dann wurde es dem Bülow'schen Corps zurückgegeben, bei dem es während des Feldzuges in Hol- land verblieb. Es war in der Blokade von Venloo begriffen, als der Frie- densschluß erfolgte.

Hiernach hätte das Reiche'sche Jäger-Bataillon S. 28 nicht mehr unter der russisch-deutschen Legion, sondern abgesondert unter dem 3. Preußischen Armee- Corps v. Bülow's aufgeführt werden müssen, was zu berichtigen gebeten wird. Seine Einrangirung in die Königl. preußische Armee nach erfolgtem Friedensschlusse 1814 ist sub. 1 angegeben.

Die russisch-deutsche Legion.

Nicht den durchaus preußischen Character der vorgenannten Freicorps tra- gend, muß die russisch-deutsche Legion dennoch hier ihre Erwähnung finden, weil ihre Truppentheile als solche zuletzt in den Verband des preußischen Heeres übertraten.

Als Gründer der Legion ist der Kaiser Alexander von Rußland zu be- trachten. Die Vermittlung dazu ging von dem seit 1811 am russischen Hofe lebenden, durch Napoleon aus seinen Erblanden vertriebenen Herzog Peter von Oldenburg aus. Der frühere Kommandeur der aufgelösten Oldenburgischen Truppen, Oberst v. Arentschild, wurde berufen, zunächst vorzugsweise außer

Thätigkeit sich befindende preußische Officiere um sich zu sammeln. In Berlin von Gneisenau unterstützt, wurden denn auch bald ausgezeichnete Männer für das russische Project gewonnen, wie z. B. v. Clausewitz, Graf Chasot, Graf zu Dohna, v. d. Goltz, v. Tiedemann, Monhaupt, v. Natzmer, v. Stülpnagel, u. v. A. Zugleich wurde die Idee, aus den zahlreichen deutschen Truppen Napoleon's, die man zum Abfall zu bewegen hoffte, ein Corps für den russischen Dienst zu werben, in's Auge gefaßt. Der Oberst v. Arentschildt erhielt vorläufig den Auftrag, nach seinem Ermessen zur Ausführung zu schreiten.

Damit war zwar die Bildung der russisch-deutschen Legion verfügt, doch erst der von Prag nach Petersburg berufene Minister v. Stein sollte System und Lebenskraft hinein bringen. Am 28. Juni 1812 wurde der Prinz Georg von Oldenburg an die Spitze der rein militairischen Angelegenheiten des Unternehmens gestellt. Man hatte auf das Herüberziehen ganzer preußischer Regimenter gerechnet, aber die überall gleiche preußische Disciplin vereitelte diese Hoffnung. Man mußte deshalb den Plan dahin ändern, die Legion aus deutschen Gefangenen zu formiren. Reval und Kiew wurden zunächst die Versammlungspunkte der letzteren und die Werbebüreaus dort aufgeschlagen. Je weiter der Rückzug Napoleon's gegen Westen ging, je weiter westlich wurden auch die Formationsorte geschoben. Besonders war es Königsberg, wohin durch General Graf Wittgenstein's Fürsorge alle preußischen Gefangenen dirigirt werden sollten. Doch nur Wenige von den Vielen kamen der Legion zu statten: die Indolenz der russischen Behörden führte sie in's Innere Rußlands, schlechte Behandlung machte sie abgeneigt, grassirende Krankheiten rieben sie auf. So verzögerte sich die Sache. Und als Preußen im Frühjahre 1813 mit eigenen kräftigen Rüstungen vorging, da mußte die Legion eine andere minder groß angelegte Tendenz und Form annehmen. Ihr Etat wurde auf 10,000 Mann festgesetzt.

Der Oberst v. Arentschildt, 51 Jahre alt, in vielfachen selbst außereuropäischen Feldzügen verbraucht, von Familiensorgen belästigt, entsprach zwar nicht mehr ganz der für sein außerordentliches Verhältniß geforderten Thatkraft, seine unerschütterliche Rechtlichkeit und sein strenges Pflichtgefühl werden indeß unvergeßlich bleiben. Im September 1812 war das 1. Bataillon vollzählig und die Formation der Jäger-Compagnie begonnen; erst im Februar 1813 stand das 2., Ende März das 3., im April das 4. Bataillon da, letzteres unter Kapitain v. Horn, der seine Jäger-Compagnie dafür abgab. Als im Mai in Königsberg auch das 1. Husaren-Regiment vollzählig geworden, und mittlerweile die 1. reitende Batterie und die Park-Colonne von Monhaupt formirt waren, war die 1. Brigade vollendet, vereinigte sich in und bei Königsberg und marschirte, als die Infanterie englische Gewehre aus Coblenz erhalten hatte, 5000 Mann stark unter Oberst v. Arentschildt auf den Kriegsschauplatz ab.

Noch im Mai entstand die 2. reitende Batterie und das 2. Husaren-Regiment. Die Geschütze und Fahrzeuge, für jede reitende Batterie 6—6pfündige bronzene Kanonen und 2—4½zöllige Einhörner, 16—2rädrige Munitionskarren à 3 Pferde, 2 Vorrathswagen und 1 Feldschmiede, — alles vortreffliches Material aus dem Petersburger Arsenal — langten erst Anfangs Juli an. Inzwischen war das 5. Bataillon formirt und ging mit der 2. reitenden Batterie per Schiff nach Rügen und dann über Stralsund nach Mecklenburg, wo die 1. Brigade stand. Die Park-Colonne blieb bis zu ihrer vollständigen Ausrüstung in Barth bei Stralsund stehen.

Schon fehlte es nun an weiteren Mannschaften. Im 1. Husaren-Rgiment dienten Ostpreußen, Litthauer, Würtemberger, Sachsen und Bayern; im 2. Leute aller Länder, auch Croaten, Illyrer, Polen, französische Schweizer, selbst Italiener und Franzosen; in der Jäger-Compagnie gelernte österreichische und schweizer Jäger; in der Artillerie waren auch alle Länder vertreten; Preußen und einige Holländer standen im 1., Baiern und einige Preußen und Holländer im 2., Leute aller kleinen deutschen Contingente im 3. und 4., ein großes Gemisch aller Nationen im 5. Bataillon. Da fügte es ein glückliches Geschick, daß man bei dem Durchmarsch durch Landsberg daselbst Mannschaften des am 2. April bei Lüneburg durch v. Dörnberg gefangenen Sächsischen Regiments Prinz Maximilian fand, aus denen sich das 6. Bataillon bildete. Das 7. ward endlich aus einem Stamme, den ein Kapitain v. Reiche aus desertirten und gefangenen Sachsen angeworben, im September und October in Dömitz formirt, die Errichtung des 8. aber wurde ganz aufgegeben und dagegen in Barth eine Fuß-Batterie organisirt; zu welcher die Infanterie 180 Mann abgab. Ihre Ausrüstung geschah mit 8 ziemlich verbrauchten englischen eisernen 9pfündern. Auch die Park-Colonne hatte englische Munitionswagen. Alle Pferde kamen aus Rußland.

Das Ganze hatte einen preußischen Typus erhalten, da die Mehrzahl der Officiere, besonders der Kommandeure, Preußen waren; es galt das preußische Militair-Gesetz von 1808 und das preußische Exercier-Reglement von 1812.

Am 6. Juli 1813 in der Convention von Peterswaldau war Ausrüstung und Unterhaltung der Legion von Rußland an England übergegangen; der Minister v. Stein hatte im Interesse der Legion schon lange dahin gestrebt. Der Kaiser von Rußland behielt nur die Oberhoheit über sie. Das englische Cabinet hatte darauf gedrungen, daß der General Graf Wallmoden und unter ihm die Obersten v. Gneisenau und v. Dörnberg die Legion kommandiren sollten.

Wallmoden, 44 Jahre alt, ein Mann von reichen Erfahrungen, durchdringendem Verstande und ruhiger Entschlossenheit, hatte im März 1812, als Österreich mit Napoleon in Bündniß trat, den österreichischen Dienst quittirt, sich nach England begeben und auf eine Verwendung in Spanien gerechnet. Statt dessen erhielt er im Anfang April 1813 die obere Leitung der an der Niederelbe fechtenden Streifcorps v. Tettenborn, v. Dörnberg, v. Tschernitscheff ic. Schon im Juni erhielt er das Kommando über ein dort zu errichtendes Armee-Corps unter Oberbefehl des Kronprinzen von Schweden. Zu diesem sollte auch die russisch-deutsche Legion stoßen. In Folge dessen wurde am 28. Juni der englische Generallieutenant Graf Wallmoden-Gimborn zugleich zum russischen Generallieutenant und zum Chef der Legion ernannt, Oberst v. Arentschildt aber zum Generalmajor befördert. Letzterer blieb Chef der 1. Brigade, die 2. erhielt der Generalmajor v. Dörnberg. Der Oberst

v. Gneisenau war inzwischen der preußischen Armee erhalten worden; v. Clausewitz und v. Stülpnagel blieben als Generalquartiermeister und Generaladjutant an Wallmoden's Seite.

Die Legion stieß in Mecklenburg zum Wallmoden'schen Corps und wurde während des Waffenstillstandes fleißig geübt. Am 1. August standen in der Front 150 Officiere, 5987 Mann und 2280 Pferde. Die Infanterie wurde nun so zusammengestellt, daß 2 ältere und 1 jüngeres Bataillon Brigaden (Regimenter) formirten: das 1., 2. und 5. Bataillon die 1. Brigade (v. Natzmer), das 3., 4. und 6. Bataillon die 2. Brigade (Wardenburg). Beide Brigaden bildeten die 1. Division unter General v. Arentschildt. Die Jäger stießen zum hannoverschen Jäger-Corps des Oberst Graf Kielmansegge; die Cavallerie und die Artillerie zu der Cavallerie-Division unter General v. Dörnberg. Die Artillerie-Brigade hatte der Kapitain Monhaupt als russischen Obristlieutenant zum Chef erhalten; ein Depot unter Kapitain v. Gregersdorf stand in Neu-Brandenburg.

So in das Wallmoden'sche Armee-Corps eingereiht, nahm die Legion Theil an den Begebenheiten in Mecklenburg, an der Elbe und in Holstein. Die Gefechte an der Göhrde und bei Sehestedt geben neben vielen anderen geringfügigeren Affairen rühmliches Zeugniß von ihrer Mitwirkung.

Zu Anfang Februar 1814 trat die Legion in hannoversche Besoldung. Als der Kronprinz von Schweden sich nach dem Rheine zu in Bewegung setzte, sollte Wallmoden ihm mit den bei der Blokade von Harburg entbehrlichen Truppen seines Corps folgen. Dieser bestimmte die Legion dazu. So kam sie zur Thätigkeit in den Niederlanden, wie der Text solches speciell angibt.

Mit dem Frieden 1814 beginnen weitläufige Verhandlungen über die Zukunft der Legion. Hannover wollte sie aufnehmen, auch die Niederlande hatten dies Verlangen. Am 2. Juni 1814 nahm sie den Namen „deutsche Legion" an und stieß zum 3. deutschen Armeecorps (v. Thielmann) unter Oberbefehl des Generals Grafen Kleist v. Nollendorf.

An 100 Officiere traten in ihr ursprüngliches Vaterland zurück: Graf Wallmoden nach Österreich, v. Dörnberg nach Hannover, General v. Arentschildt erhielt sein Gehalt als Pension und zog sich nach Hildesheim zurück, Oberst Wardenburg wurde Chef des neu errichteten Contingents Oldenburgs, Oberst v. Clausewitz übernahm als ältester Officier das Kommando der Legion, v. Pfuel das 1., v. Stülpnagel das 2. Infanterie-Regiment.

Die Übernahme durch General v. Thielmann geschah am 16. Juli bei dem Durchmarsch durch Lüttich.

Im September, während der Cantonements bei Düsseldorf, Mühlheim (Stabsquartier) u. Deutz, ging die Besoldung der Legion auf Preußen über. Am 10. November verabschiedete man alle nicht freiwillig bleibenden Ausländer, damit sie bei ihren häufigen Desertionen nicht auch noch ihre ganze Equipage mitnahmen. Bei der Cavallerie und Artillerie fehlte es jetzt dergestalt an Leuten, daß 1 Mann 4 Pferde verpflegte, obgleich bereits die Fuß-Batterie zur Completirung der reitenden Batterien aufgelöst war und Infanteristen hinein versetzt, die überschießenden Pferde ausrangirt resp. an die sächfifche Cavallerie abgegeben waren. Bewaffnung, Bekleidung und Pferde waren in bester Ordnung.

Zufolge der in Paris mit dem Kaiser von Rußland getroffenen Übereinkunft, wurde am 29. März 1815 der definitive Übertritt der Legion zu Preußen angeordnet; am 18. April löste sich die Legion als solche auf, ihre Truppentheile legten die preußischen Feldzeichen an und traten zum 3. Armee-Corps über, das sich in der Umgegend von Diekirch im Luxemburgischen unter General v. Thielmann bildete. Oberst v. Clausewitz wurde Chef des Generalstabes, Oberst Monhaupt Kommandeur der Artillerie, Oberst v. d. Goltz erhielt das 7. Dragoner-Regiment, Graf zu Dohna das 8. Ulanen-Regiment. Die neue Benennung der Truppentheile ist aus den sub 1 angegebenen Notizen zu entnehmen.

Zu einer eingehenderen Information über die Geschichte der Legion ist das vortreffliche Werk von Barthold v. Quistorp, Berlin 1860, vorzüglich zu empfehlen.

3. Über das Verhältniß der Brigade-Kommandeure.

Zu Seite 21 ff.

Unter dem 4. August 1813 befahl Se. Majestät der König für das 1., 2. und 3. Armee-Corps, daß die Infanterie-Regimenter der Linie einer jeden Brigade unter das Kommando eines besonderen Brigade-Kommandeurs, der dabei zugleich auch Führer seines Regimentes bliebe, treten sollten; wogegen die in der Brigade befindlichen Landwehr-Regimenter, sowie die Batterie und die Cavallerie wie bisher unmittelbar unter dem Brigade-Chef verbleiben sollten. Bei dem 4. Armee-Corps fiel diese Anordnung fort, weil dasselbe, mit Ausnahme weniger Reserve-Regimenter, nur aus Landwehr-Regimentern bestand.

4. Einige artilleristische personelle und andere Notizen.

Zu Seite 24.

Am 8. December wurde der Oberst v. Holtzendorff, Brigade-Chef der Brandenburgischen Artillerie-Brigade, zum Generalmajor befördert. Unter ihm kommandirten resp. die Reserve-Artillerie und die den Brigaden zugetheilte Artillerie die Majore v. Röhl, v. Mahltessen und v. Steinwehr.

In des Letzteren Stelle erhielt Ende December 1813 der Secondelieutenant Jenichen auf dringende und wiederholte Verwendung des Gen. v. Holtzendorff die reitende Batterie Nr. 6, zu deren Ruhme er bereits als Zugführer so wesentlich beigetragen hatte.

Der Kommandeur der reitenden Batterie Nr. 5, v. Reinborf, war bereits am 26. August 1813 zum Stabskapitain befördert. —

Unter dem 7. Januar 1814 bestätigte der Prinz August von Preußen, Chef der gesammten Artillerie, daß der Kapitain Baumgarten die 6pfündige Fuß-Batterie Nr. 19 an den Lieutenant v. Liebermann übergebe, dagegen aber die 6pfündige Fuß-Batterie Nr. 16 des Kapitain Spreuth, der eine höhere Be-

ſtimmung erhalten, übernehme. Schon mit dem 1. December 1813 hatte, in
Vorausſicht der Genehmigung, v. Holtzendorff dieſe erſt am 19. December
beantragte Verſetzung interimiſtiſch veranlaßt, — wodurch mehrfach gefundene
Verſchiedenheiten in dem Namen der Kommandeure beider Batterien ihre Er-
llärung finden. — (Vid. Anm. S. 83.)

Es war dem Bülow'ſchen Corps die Nachſendung einer ihm noch fehlenden
6pfündigen Fuß-Batterie verhießen worden. Der Obriſtlieutenant v. Merlatz
in Berlin hatte den Auftrag, ſie mit einem Credit von 3000 Thlr. auszu-
rüſten. Am 25. December ſandte er ſie mit Vorſpann Tag und Nacht hindurch nach Holland ab. Der Lieutenant Schrader wurde zu ihrem Kommandeur ernannt. Sie erhielt die Nr. 34 und iſt heute die 1. Haubitz-Batterie des
Magdeburgiſchen Feld-Artillerie-Regiments Nr. 4. In dem hier beſchriebenen
Feldzuge kam ſie in den Niederlanden nicht mehr zur Thätigkeit.

Zu Seite 38.

Als Bülow ſich von Minden nach Münſter in Marſch ſetzte, beſtimmte er
Minden zu ſeinem Depot. Die Befeſtigungen dieſes Platzes waren durch die
Franzoſen in guten Stand geſetzt und er eignete ſich deshalb beſſer dazu als
Münſter.

Durch die äußerſt ſchlechten Wege hatte die Reſerve-Artillerie ſehr gelitten,
auch fehlten den Parks noch viele Pferde. Bülow beſchloß deshalb, von den
12pfündigen Batterien der Reſerve-Artillerie zunächſt nur eine preußiſche und
eine ruſſiſche Batterie, die er mit Pferden und den übrigen Bedürfniſſen
komplett ausrüſten ließ, aus Minden nach Holland mitzunehmen. Es waren
dies die 12pfündige Batterie Nr. 5 (Conradi) und Nr. 7 (v. Dietrichs). Die
übrigen 2—12pfündigen Batterien, die Munitions-Colonnen Nr. 3, 4 und 6
und die Handwerks-Colonne blieben bis auf weitere Ordre daſelbſt zurück.

Betreffs der Munition hatte der Obriſtlieutenant v. Merlatz in Berlin
den Befehl, pro Geſchütz 100 Schuß reſp. Wurf durch Frachtfuhren nachzu-
ſenden. Der Lieut. Steinheuſer war mit der Aufſicht darüber und weiteren
Verwaltung betraut. Da aber dieſe Maßregel bei der bald darauf eintretenden
ungemeinen Schnelligkeit der Operationen des Bülow'ſchen Corps nur unzu-
reichend war, ſo wurde Münſter zum Entrepot beſtimmt.

Der überall thätige General v. Holtzendorff wußte ſich aber noch eine direc-
tere Hülfe zu verſchaffen: er ſetzte die in der Grafſchaft Mark und im Herzogthum Berg gelegenen Pulvermühlen für ſich in Thätigkeit. Sein Adjutant,
Kapitain v. Safft, erhielt den Befehl, ſich von der Gewiſſenhaftigkeit dieſer
Etabliſſements an Ort und Stelle zu überzeugen. Das Reſultat ergab 200
Centner Pulver pro Monat. Zur Beziehung von Eiſen-Munition wurden mit
den Gießereien in der Gegend von Eſſen Verbindungen angeknüpft.

Zu Seite 43 u. a. a. O.

Die 2 Haubitzen jeder preußiſchen Batterie bildeten damals das 4. und 5.
Geſchütz in derſelben, ſo daß bei einer Theilung in ½ Batterien jede 1 Haubitze erhielt, wenn es nicht beſonders anders befohlen wurde.

Zu Seite 41—50.

Die der Avantgarde unter General v. Oppen beigegebenen 1¼ Batterien waren die 6pfündige Fuß-Batterie Nr. 19 (Baumgarten) und die ¹/₂ reitende Batterie Nr. 6 (Steinwehr). Der Major v. Röhl war Kommandeur dieser Avantgarden-Artillerie.

Der General v. Oppen hielt mit Recht sehr viel von diesem Stabsofficier; er rühmt in seinen Berichten über die schönen Waffenthaten von Doesburg, Zütphen und Arnheim denselben „als während der ganzen Dauer des Krieges durch große Thätigkeit und zweckmäßige Placirung der Artillerie, besonders bei dem Sturme auf Arnheim, und durch die dabei bewiesene Tapferkeit von Neuem ruhmvoll ausgezeichnet." —

Bei dem Angriff auf Zütphen ist im Texte der 6pfündigen Fuß-Batterie Nr. 19 (Baumgarten) nicht gedacht. Dieselbe muß betheiligt gewesen sein, denn der General v. Oppen gedenkt in seiner Relation des bei derselben ge-standenen Lieutenants v. Liebermann, der bei dem Angriff auf Zütphen durch sein ruhiges, vorzüglich geleitetes Feuer zur Übergabe des Platzes wesentlich beigetragen habe. Dasselbe Lob giebt er übrigens auch dem Kapitain v. Stein-wehr. Ferner wurden die Lieutenants v. Röhl und Doussa für ihre Ent-schlossenheit und Tapferkeit in den Gefechten des 25. November, der Lieute-nant Gervais für Doesburg und Arnheim und der Kapitain v. Reindorff für Arnheim zu Belohnungen empfohlen.

Zu Seite 131.

Der Lieutenant Arnold stand bei Hoogstraten nicht in der 6pfündigen Fuß-Batterie Nr. 19, sondern in der reitenden Batterie Nr. 11 (Borchhardt). Der General v. Borstell bezeichnet ihn als im feindlichen Gewehr- und Kartätsch-feuer unerschrocken und tapfer und empfiehlt ihn der Gnade Sr. Majestät des Königs. Auch in den Affairen bei Antwerpen wird der Lieut. Arnold vom Gen. v. Holtzendorff, nebst Kapt. Baumgarten, besonders rühmlich namhaft gemacht.

5. Deventer nicht erobert.

Zu Seite 47.

In Zütphen wurde der Obristlieut. v. Reuß, Kommandeur des Elb-Infan-terie-Regiments, Kommandant. Die Besatzung wurde aus Truppentheilen seines Regimentes und einem Detaschement des 1. Pommerschen Landwehr-Cavallerie-Regiments gebildet, bis solche später vom 1. Westphälischen Land-wehr-Regiment abgelöst wurde. —

Die Festung Deventer wurde nicht von den Verbündeten erobert, sondern blieb vom Feinde besetzt. Die Angabe mehrerer Quellen, daß sie schon im November 1813 durch Gagarin's Kosaken genommen sei, ist unrichtig.

Aus F. Harkort's Werke „die Zeiten des 1. Westphälischen Landwehr-Re-giments" entnehmen wir darüber noch folgende Specialitäten:

Nachdem in den ersten Tagen des Januars 1814 die 4 Bataillone des 1.

Weſtphäliſchen Landwehr-Regiments, unbewaffnet und nur mit Mänteln bekleidet, in Eilmärſchen ihren Sammelplatz Zütphen erreicht, am 5. engliſche Gewehre und am 6. ſcharfe Patronen empfangen hatten, galt es, ihnen Gelegenheit zur Thätigkeit und Einſchulung zu verſchaffen.

Der Obriſtlieutenant v. Reuß beorderte den Kapitain v. Ropparb ſchon am 6. Januar mit 3 Officieren und 200 Mann des 1. Bataillons genannten Regiments, 1 Officier und 100 Mann des 2. Bataillons des Elb-Infanterie-Regiments, 50 Markaner Jägern, 1 Unterofficier und 12 Ulanen des 1. Pommerſchen Landwehr-Cavallerie-Regiments und 800 Mann Holländiſchen Landſturms zur Einſchließung von Deventer.

Deventer liegt circa 2 Meilen nördlich von Zütphen auf dem rechten Ufer der Yſſel, und zwar in der Mitte des Bogens, welchen der Fluß von dem Dorfe Wylſt ab beſchreibt. Ein hoher Damm bildet die Sehne dieſes Bogens. Weſtlich daran liegt Twello, über welches Dorf die Hauptſtraße nach Zütphen führt.

Den Vortrab des Detaſchements machten die Ulanen. Gegen Abend ſtießen ſie auf einen Trupp von 40 franzöſiſchen Gendarmen, warfen dieſelben, machten 2 Gefangene und erbeuteten einen Wagen mit Lebensmitteln.

Vorwärts Twello wurde Aufſtellung genommen, und eine Infanterie-Feldwache auf dem rechten Flügel bei Wylp, eine andere auf dem linken Flügel bei Langenhard placirt.

Am 7. Januar bei Tagesanbruch erhielt das Detaſchement Geſchützfeuer von den Wällen, und ſpäter machten die Franzoſen mit 1 Bataillon, 40 Pferden und 2 Geſchützen einen Ausfall.

Die Weſtphäliſche Landwehr war bis zum Damme vorgedrungen. Ohne alle Kriegserfahrung, ſelbſt noch im Gebrauch der Feuerwaffe ungeübt, wurde ſie geworfen. Mit Hülfe der Jäger und Ulanen gelang es indeß dem Kapitain v. Ropparb, rückwärts eine Stellung zu nehmen, um Nachſchub aus Zütphen zu erwarten. Die Piſtole in der Hand ſammelte er mit großer Geiſtesgegenwart ſeine Leute. Die Jäger beſtanden einen Cavallerie-Angriff. Der Officier der Feldwache des rechten Flügels hielt ſich in der linken Flanke des Feindes.

Gegen 2 Uhr langte der Major v. Plettenberg mit dem Reſte des 1. Bataillons 1. Weſtphäliſchen Landwehr-Regiments, 160 freiwilligen Jägern und 2 Kanonen und 1 Haubitze der 6pfündigen Fuß-Batterie Nr. 19 unter dem Lieutenant v. Liebermann zur Unterſtützung an.

Die Landwehr formirte ſich in Colonnen; die Jäger vertrieben den Feind aus dem durchſchnittenen Terrain bis hinter den Damm von Twello, welcher hartnäckig vertheidigt wurde. Die Jäger durchbrachen die ſchwach beſetzte Flanke, ſetzten über den Damm und nahmen den Feind im Rücken. Dieſer zog ſich unter die Kanonen der Feſtung zurück, wurde jedoch bis hinter die Wälle geworfen.

Die Geſchütze und Landwehr-Reſerve kehrten Abends nach Zütphen zurück. Bei einbrechender Nacht meldete ſich aber der Kommandeur des holländiſchen Landſturmes mit 800 Mann, welche in die nächſten Dörfer gelegt wurden.

Am 8. Morgens fielen die Franzosen wieder aus, warfen die mittlere Feldwache und nahmen den Dumm in Besitz. Das Feuer der Landwehr und Jäger trieb sie wieder aus dieser Stellung, selbst der Landsturm rückte in's Treffen und verlor leider seinen wackeren Kommandeur und 3 Mann.

Auch am 9. machte der Vertheidiger einen neuen Ausfall; allein die jetzt bereits geübteren Truppen wiesen denselben, trotz des Feuers von den Wällen, auf das Entschiedenste zurück.

Schon am Abende dieses Tages wurde das Detaschement des Kapitains v. Rappard nach Zütphen zurückgezogen, da dem russischen Obersten Bychalow und seinem Kosaken-Regimente die fernerweite Cernirung von Deventer übertragen worden war.

Auch Bychalow wurde später abgelöst, Deventer aber bis zum Frieden nicht genommen.

6. Schlußwort.

Erst wenn alle officiellen Quellen eröffnet sein werden, namentlich wenn die von der historischen Abtheilung des Kgl. Pr. Generalstabes redigirte Geschichte der Nordarmee bis zu dem hier dargestellten Feldzuge gediehen ist, wird es möglich sein, die aus dem Kampfe mit den vielen Widersprüchen der vom Verfasser benutzten Quellen hervorgegangenen Zweifel und Ungenauigkeiten gänzlich zu beseitigen und wesentliche Ergänzungen eintreten zu lassen.

Schließlich sei noch auf die vortrefflichen Charakterzeichnungen, die das vorgenannte gediegene Werk (1. Heft, S. 166 ff.) über die Generale v. Bülow, v. Borstell, Prinz Ludwig von Hessen-Homburg, v. Thümen, v. Krafft, v. Oppen und v. Holtzendorff giebt, als hier von größtem Interesse, besonders hingewiesen.